【告発の書】

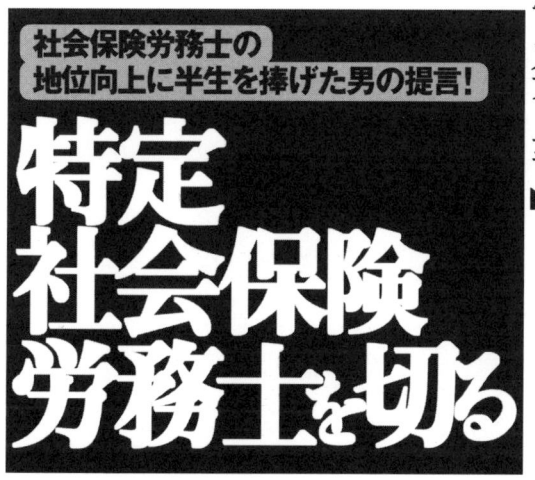

社会保険労務士の
地位向上に半生を捧げた男の提言!

特定社会保険労務士を切る

河野順一

花伝社

特定社労士保険労務士を切る

目次

はじめに ……………………………………………………… 1

序　章
法改正のポイント ……………………………………………… 7
ここが問題 ……………………………………………………… 8

1章　「社会保険労務士裁判外紛争解決手続代理業務能力担保措置検討会の報告書」を理解するためのQ&A

社会保険労務士裁判外紛争解決手続代理業務能力担保措置検討会報告書 ………………………………………… 12

特定社会保険労務士とはなにか
――検討会報告書を理解するためのＱ＆Ａ――　………… 24

（１）検討会の設置の趣旨 …………………………………… 24

Q1　ＡＤＲ（Alternative Dispute Resolution）とはどのようなものなのか ………………………………………………… 24

Q2　平成13年の「個別労働紛争の解決の促進に関する法律」とはどのような法律なのか ……………………………… 27

Q3　平成14年のあっせん代理はどうして限定的なものとなったのか ……………………………………………………… 31

Q4　司法改革推進本部決定「今後の司法改革制度の推進について」とは …………………………………………………… 35

Q5　他士業との違いは ……………………………………… 39

Q6　調停とは ………………………………………………… 41

Q7	あっせん、調停、仲裁とは …………………………	44
Q8	60万円の根拠は ……………………………………	47
Q9	代理とは何か ………………………………………	49
Q10	本社労士法の法改正の内容はどのようなものか ………	51
Q11	紛争解決手続の代理業務はどこまでできるのか ………	54
Q12	社労士法第23条の撤廃で何が変わるのか …………	60

（2）「信頼性の高い能力担保措置」の検討の基本的視点… 62

Q13	能力担保措置は本当に必要だったのか ……………	62
Q14	社労士が行える不服申立ての代理とは ……………	65
Q15	仲裁の代理ができるのに、あっせん、調停の手続代理で今さら能力担保措置なのか ………………………	69
Q16	研修免除は「法の下の平等」に反するのではないか ……	73

（3）その他のＱ＆Ａ ……………………………………… 76

Q17	ズバリ、特定社労士と一般の社労士の違いは ………	76
Q18	特定社労士の、需要は見込めるか …………………	80
Q19	法律や行政解釈を正すには …………………………	84
Q20	既得権の保護についてはどうなっているのか ………	88
Q21	「労働争議」と「個別労働紛争」の違いは …………	91
Q22	弁護士法第72条と、社労士の代理の関係はどうなっているのか ………………………………………………	93
Q23	今後の法改正に向けてどうすべきか ………………	98

2章　第162回国会で成立した社労士法改正の概要

（1）社会保険労務士法の一部改正案の審議経過 ………… 101

（2）改正法の概要 …………………………………………… *101*

（3）あっせんと、調停の意味 …………………………… *103*

（4）閣議決定時に行われた、厚生労働省発表の内容 ……… *105*

3章 今改正に至るまでの経緯

（1）司法改革制度と社労士法改正の流れ ………………… *111*

（2）平成10年社労士法の改正（政府提案）の解説 …… *113*

　　①背景は労働省（現　厚生労働省）職員の夏休み確保？／*113*
　　②不服申立ての代理は複雑で難しいが、社労士にはその力量がある／*114*
　　③社労士法第23条の撤廃は、次期、社労士法改正時へ先送り／*115*

（3）平成14年社労士法の改正（議員提案）の解説 …… *116*

　　①あっせんの代理はできても、和解の代理はできない／*116*
　　②常識では考えられない「あっせん代理」の実態／*117*
　　③法改正の趣旨がまったく生かされていない／*118*
　　④改正内容に関する、インタビュー記事／*120*
　　⑤社労士法第23条の撤廃は、再び先送り／*132*

（4）これまでの社労士法改正の背景における考察 ……… *134*

目 次

4章　他士業の現状及び司法統計の数字から見えてくるもの

（1）社労士法の改正で参考とされる他士業 …………… *137*

（2）司法書士の場合 …………………………………… *137*

 ①制度の概略／*137*

 ②司法書士特別研修制度／*139*

 ③試験内容／*139*

（3）弁理士の場合 …………………………………… *139*

 ①制度の概略・・・特許庁のHPより／*139*

 ②研修内容／*142*

 ③試験について／*142*

（4）決して高いとはいえない、司法書士の関与率 ……… *145*

5章　今回の社労士法改正の問題点

（1）「あっせん」と「和解」は密接不可分 …………… *152*

 ①平成14年法改正のあっせん代理／*152*

 ②平成17年法改正も不当に制限された代理権／*155*

（2）これまで行えたことが、行えないことの不利益変更　*159*

 ①国会における、民主党内山あきら委員の質問から／*159*

②既得権の政令による、経過措置／*160*
　　　③既得権が経過措置で保護される事実について、連合会の認識／*162*

（３）試験は、競争試験ではなく、研修終了試験とすべき　*171*

（４）第１ステージ・第２ステージ受講者の優遇は不公平　*172*
　　　①連合会執行部は社労士会員全体ではなく、一部の権益に固執している／*172*
　　　②法改正の能力担保を想定した研修でない／*173*
　　　③情報開示がされていない…もともと能力担保のある社労士が、排除されている／*174*
　　　④第５回検討会議事録の検討と要点／*175*
　　　⑤第６回検討会議事録の検討の要点／*201*
　　　⑥泣訴状／*209*
　　　⑦他士業で研修履修者の優遇はされていない／*222*
　　　⑧目的がはっきりしない研修を受けた者を優遇することは、国民が不利益を被る／*222*

（５）過重な担保能力措置は必要なのか　………………………… *223*
　　　①平成10年改正法とのアンバランス／*223*
　　　②労働法を知らない弁護士／*224*
　　　③簡裁では本人訴訟がほとんど。司法書士等も過重な能力担保措置は必要ないのでは　／*225*

（６）「社会保険労務士裁判外紛争解決手続代理業務能力
　　　担保措置検討会」は役割を果たしているのか　……… *228*
　　　①過去の国会議事録が引用されていない／*228*
　　　②「あっせん」と「和解」が分離されていることへの質疑が不十分／*228*
　　　③国会答弁のための検討会か／*230*
　　　④能力担保措置緩和に向けた、検討会の設置／*233*

(7) 社労士法第 23 条撤廃について ……………………………… **234**

(8) 厚生労働省の社労士に対する権限を制約 ……………… **238**

　　①立法趣旨を省みない不当な通達で権限を制約／**238**
　　②厚生労働省から連合への天下り体質／**240**

(9) 連合会は会の代表である ………………………………… **242**

　　①連合会は、全体の権益を考える立場にある／**242**
　　②会員に対して公平な情報開示がされていない／**244**
　　③法が適正に運用されていないことへの、指摘すべき義務を怠っている／**245**
　　④過去の法改正との整合性を主張していない／**246**

6章　検証から見えるもの

(1) 問題点の横断 …………………………………………… **247**

(2) 今回の法改正で何が変わったのか …………………… **249**

　　①平成 14 年改正の一般的なあっせん代理／**249**
　　②今改正法における代理制限／**250**
　　③考察／**254**
　　　（ア）代理権限の制限／**254**
　　　（イ）今回の法改正は、本来の代理に戻っただけ／**258**
　　　（ウ）法体系のピラミッド、憲法の下に通達／**258**
　　　（エ）既得権の保護をすべきである／**259**

(3) 終わりに ………………………………………………… **260**

資 料 編

1 社会保険労務士法の一部を改正する法律　理由 ……… *264*
2 参考 URL……………………………………………………… *275*

はじめに

今法改正の概要

　第162回国会において、社会保険労務士法の一部を改正する法案が審議され、平成17年6月10日に成立し、同月17日に法律第62号として公布された。

　改正された社会保険労務士法においては、社労士法第23条が撤廃され、次の新たな業務が扱えることとなった。

（1）　雇用の分野における男女の均等な機会及び待遇の確保等に関する法律第14条第1項の調停の手続について、紛争の当事者を代理すること。

（2）　都道府県労働委員会が行う個別労働関係紛争に関するあっせんの手続について、紛争の当事者を代理すること。

（3）　個別労働関係紛争（紛争の目的の価額が民事訴訟法第368条第1項に定める額（60万円）を超える場合には、弁護士が共同受任しているものに限る。）に関する民間紛争解決手続であって厚生労働大臣が指定するものが行うものについて、紛争の当事者を代理すること。

　また、平成14年社労士法改正で行うことができることとされた、個別労働関係紛争の解決の促進に関する法律に基づき、都道府県労働局に置かれる紛争調整委員会のあっせん代理の業務にくわえ、これら紛争解決手続代理業務を行うためには、必要な学識及び実務能力に関する研修であって厚生労働省令で定めるもの（以下「研修」という。）を修了した社会保険労務士に対し行われる紛争解決手続代理業務試験（以下「試験」という。）に合格し、かつ登録にその旨が付記された社会保険労務士（特定社会保険労務士）に限り行うことができるとされている。

　この法改正につき、社会保険労務士会では「司法への参入の大きな一歩を踏み出せ、喜ばしい限りである」とか、「大きな成果である」とか、高い評

価をしている。

本当に画期的な法改正か

　確かに法文上、これまで制限されていた労働争議の不介入条項は撤廃され、同時に、これまでできなかった労働委員会や民間紛争解決手続でも、社労士が紛争の当事者を代理できるようになり、職域の拡大がはかられたかのように見える。

　しかし、その**代理の内容、法文の整合性、既得権の保護といった観点から検討を加えても、果たして職域が拡大したと言い切れるのだろうか。**

　残念ながら、もともと不服申立ての代理が行える社会保険労務士にとって、法律のどの教科書でもお目にかかれない不完全な代理をするために、受益者負担で受講しなければならない63時間もの研修や、そのうえ試験まで課せられ、挙句の果てには既得権すら認められないという改正内容は、職域の拡大どころか人権侵害である。この事実が信じられないのであれば、法改正の内容を時系列的に追い、国会議事録や、社労士会連合会に設置された「社会保険労務士裁判外紛争解決手続代理業務能力担保措置検討会」の議事録をひも解いてみるとよい。これらの資料から、こうした事実がつぶさに理解できるはずだ。

　当職にとって最初から、今回の社労士法改正には釈然としないものがあった。こうした漠然とした疑念から地道な検証を始めたのだが、膨大な資料を読み込むほどに、疑いが確証に代わっていった。そして、あまりにも我々社労士の人権が軽んじられていることを知り、またしても公憤を禁じえなくなった。

草莽崛起

　30有余年、当職の社労士人生をふりかえれば、「行政書士への社労士資格の付与阻止」「不服申立ての代理権付与」「労働争議不介入条項の撤廃」「税理士との年末調整の業際問題」「簡易裁判所の訴訟代理権付与」など、よくこれだけ様々な問題が起こり、その都度意見書を認め、内外を喚起してきたものだと嘆息するものである。いつも、問題にかかわるのはこれを最後にし

たいと思いながら、結局数々の事案にかかわってきてしまった。

還暦を迎える今年、またしても社労士法改正に対して一言言わざるを得なくなってしまった。

いま、これを認めている当職の心は寂寥感で満ち満ちている。

その心境は、吉田松陰の強烈な愛国心、憂国心に酷似している。

松蔭は、長期にわたる鎖国の末、世界から孤立し、行き詰まりの様相を濃くしつつあった幕藩体制に対し、どうすれば自国を防御することができるかを真摯に問い、兵学者としての立場から何とかしなければとする強烈な使命感を帯びていった。そうしたとき、全てにおいて先例を尊び未曾有の状況に柔軟に適応できない幕府の政治姿勢が、どうしようもない欠陥に思えてならなくなったのだ。「何とかしなければ」、というその焦燥から幕府への忠誠心のはずの発言が、はたから見れば痛烈な現状批判と映ったのであろう。そしてその真意をよそに、松蔭は異端視され、ついには尊皇攘夷思想に向かうこととなる。この幕末の偉人は、「在野よ立ち上がれ」と、地方から中央への変革を誘因する「草莽崛起」を唱えた。

意見を述べるということ

当職は松蔭の胸の内を想い、自らの境遇に重ね落涙を禁じえない。総じて黙っていれば小利口でいられるものを、「何とかしなければ」との焦燥感から、要所要所で意見を述べてきた。若い頃は、正義感に突き動かされ、嬉々として諸事にあたった感もなきにしもあらずだが、酸いも甘いも知り尽くした当職の年齢で、こうして意見しなければならないことに、ただただ寂寞としている。

さらに、三十にして世を去らなければならなかった松蔭は、辞世の句「留魂記」で、次のように述べている。

「十歳で死ぬからといって、決して長い将来を無にしたわけではない。十歳には十歳の者の四時（春夏秋冬）がある。そしてそれなりに花を咲かせ、種を残していくのだ。

わたしは三十にして実をつけてこの世を去る。それが単なる籾殻なのか、あるいは成熟した米粒であるかはわからないが、同志がわたしの志を継いで

くれるなら、それはわたしが蒔いた種が絶えずに、穀物が年々実っていくといっていいだろう。そうなれば、わたしも残った者に収穫をもたらしたということで、恥じる気持ちもなくなる。同志よ、このことをよく考えてもらいたい」

　当職も、同様な問いを日々自問自答している。だが、わたしの足跡は、成熟した米粒であることを信じている。問題意識を持つ社会保険労務士が、出てきてくれることを切望している。

司法の病巣、それは行政の壁だった

　ところで4年前、当職は『司法の病巣弁護士法72条を切る』を花伝社から上梓した。だが、その後多角的に検証を進めるに、隣接法律専門職の職域拡大を阻む真のリバイヤサンは、弁護士法ではなくどうも行政であったようである。

　確かに弁護士法第72条の存在により、非弁護士の法律事務の取扱いが禁止され、我々がクライアントを十分にサポートできないことは事実だ。しかし、弁護士法第72条には抜け道がある。

　事実、同条は平成15年の司法書士等への簡易訴訟代理の拡大により、但書が大幅に緩和された。改正前のそれは、「但し、この法律に別段の定めがある場合は、この限りでない」と定められており、実際には、弁護士法で別段の定めがなされることはなかったので、この規定に制度上の例外が認められたためしはなかった。

　それが一転し、改正後の条文は「但し、この法律又は他の法律に別段の定めがある場合は、この限りでない。」とされており、すなわち個々の隣接法律専門職の法改正をすれば、他士業の者でも法律事務が行えることとなった。しかも時代の潮流は、規制緩和の観点から「独占業務に対する廃止」への追風が吹いている。したがって今後も弁護士法第72条は、一層緩和される傾向にあるといえるだろう。

　他方、行政について言及すれば、行政立法ならどの法律の教科書にも存在しない不完全な代理制度（平成17年社労士改正）を作ることもできるし、

たとえ議員立法であったとしても、行政が快しとしない内容であれば、行政通達で代理を大幅に制限（平成14年社労士改正）することもできてしまう。

すなわちこれは、世の中の仕組みは行政の胸三寸で回ってしまうということにほかならない。この暴挙に異議を唱えなければ、当然のごとく、さまざまな事柄が行政の都合で進められてしまうこととなるだろう。

後進の諸君に

「あしたに道をきかば夕べに死すとも可也」

これを言った孔子が生きた時代は、乱れに乱れた戦乱の世で、一番売れた代物は義足。「生まれてこないよりは、生まれてきてよかった」と思える世の中、安泰の世が築けたならば、自分はいつ死んでもいいと嘆き悲しんでいる様をあらわしている。

当職も、「社労士にならないより、社労士になってよかった」と実感できる社労士会が作られたならば、いつでも発言を辞めよう。むしろ、早く辞めたいというのが本音である。

これまで自らの人生をかけて、全身全霊で情熱を注いできた社労士という仕事を、後進に最良の形で引き継いでおきたいという親心から、当職は本書の出版に臨んだ。

誰も「代理の本質」、「法の下の平等」の観点から、本音で本法改正の解釈を行わないので、真実が見えてこないのは仕方のないことかもしれない。だが、私たち社会保険労務士は、法律の実務に携わる士業である。

人権感覚を研ぎ澄まし、まずは自らの人権侵害に対して、鋭い嗅覚で真実を嗅ぎ分け、侵害の事実に対しては可及的速やかに防御の一手を講じなければならない。 それすらできない法律実務家には、クライアントの人権を代理する大役は務まらないはずだ。

士業たるもの、行政や上部機関が行うことを鵜のみにせず、常に真贋を見極める眼力を涵養して欲しい。「代理とは」「法の下の平等とは」、これは社労士の問題のみならず、他士業のあり方にも相通じるものがある。

本書を読み込むことで、ADRに欠かせない人権感覚を、深めていただけるものと確信する。

　最後に本書の出版にあたり、数々の拙著を愛読してくださる読者の皆さん、いつも講演を聞いてくださる皆さん、そして本来の業務にくわえ緊急出版の準備をしてくれた江戸川労務管理事務所の皆さん、特にわたしの能力の限界を感じたときや厭世観に陥ったときなど、いつも暖かい手を差し伸べてくれる同志寺田知佳子氏には、言葉で言い尽くせないほどの不動の励ましと有益な助言と意見、また愚痴一つ言わず陰に陽に本書の製作に惜しみなく協力してくれた滝口修一氏、ここに多くの皆さんに深く感謝する次第である。このような暖かい皆さんのご支援がなかったら、本書を世に送り出すことは不可能だった。さらに、緊急にもかかわらずこの本の出版を快諾いただいた花伝社社長平田勝氏に、この場をお借りして深謝する次第である。

平成18年1月吉日
合　掌
河野順一

序章

法改正のポイント

　今回の社会保険労務士法改正のポイントは、大きく以下の3つであることを確認しておきたい。

　第1に、「紛争解決手続代理業務の拡大」であるが、これは個別労働関係紛争解決促進法に基づき都道府県労働局が行うあっせんの手続の代理に加え、新たに次の代理業務を追加するというものであり、以下の代理業務には、当該手続に関する相談、和解の交渉及び和解契約の締結の代理を含むとされている。

（1）　個別労働関係紛争について都道府県労働委員会が行うあっせんの手続の代理
（2）　男女雇用機会均等法に基づき都道府県労働局が行う調停の手続の代理
（3）　個別労働関係紛争について厚生労働大臣が指定する団体が行う紛争解決手続の代理（紛争価額が60万円を超える事件は弁護士の共同受任が必要）

　第2に、上記の業務を行うためには、「**紛争解決手続代理業務に係る研修を履修し、かつ試験に合格しなければならない**」ということである。

　そして、第3に「**社会保険労務士の労働争議への介入を禁止する規定を削除する**」というものである。

　本改正法の施行に向け、全国社会保険労務士会連合会に設置された、「社会保険労務士裁判外紛争解決手続代理業務能力担保措置検討会」では、研修内容、試験方法等の詳細につき、7回にわたり検討が重ねられた。

ここが問題

　一見、今法改正により、社会保険労務士の職域が拡大したかのように錯覚するが、この法案には大きな問題を含んでいることを見逃してはならない。しかも、行政の胸三寸で何でもできる、恣意的な背景を認識しなければならない。

　まず、最大の問題点は、「あっせんの手続の代理」や「調停の手続の代理」に大きく制限が加えられていることである。第2に、これまで社会保険労務士の資格があれば行えた「**紛争調整委員会における個別労働関係紛争のあっせん代理**」が、この法改正の後「**紛争解決手続代理業務に係る研修を履修し、かつ試験に合格**」した、「**特定社会保険労務士**」にしか行えなくなってしまう点である。平成10年の社労士法改正時、「**審査請求**」ならびに「**再審査請求**」の代理権が付与された経緯では、担保能力の云々の議論なく、今日までこれを業として行ってきている事実があるにもかかわらず、である。

　第3に、特定社労士となるための研修及び試験については、**簡易裁判所の訴訟代理が行える司法書士や弁理士の能力担保レベルを引き合いに出して検討された点である。たがが、場外交渉は認められない極めて限定された都道府県労働委員会が行うあっせんの手続の代理や都道府県労働局が行う調停の手続の代理、しかも民間型にあっては、紛争価額が60万円を超える事件は弁護士の共同受任との代理業務を行うに当たっての能力担保である。訴訟代理と同列に論じられようはずがない。

　さらに、今回の法改正前に全国社会保険労務士会連合会が自主的に行った司法研修への出席者約3,600人につき、特別な扱いをしようとするのもいかがなものか。情報開示が行われず、司法研修を受けることができなかったその他26,000人の権益は守られないのだろうか。

　くわえて、平成10年、平成14年の社労士法改正時における国会議事録をひも解くと、立法や行政解釈のからくりが見て取れるのである。弁護士法第72条を金科玉条に、本当は社会保険労務士に権限を与えたくない行政の胸の内が読み取れる。

　本書ではこれらの問題点に付き、国会議事録、社会保険労務士裁判外紛争

解決手続代理業務能力担保措置検討会の議事録もあわせ、法改正の背景、内在する問題の詳細を浮き彫りにしていこう。

　自らの権利が侵害されているのに、それを守ることもできず、いや気づきもしない法律家に、人様の権利の代理などできようはずはない。すくなくとも、法律に携わり、クライアントの代理を行う者は人権感覚に敏感でなければならないはずである。

　本書により、問題意識の高揚と共に、人権感覚の涵養を期待するものである。そして、隣接法律専門職種（社労士、司法書士等）の職域に関する最大の壁は、弁護士法ではなく実は行政であることを確認するものである。

> ※司法研修の出席者につき、社労士会連合会は当初第2ステージ修了者を約3,800人としていたが、実際には約3,600人であると修正した。したがって本書では基本的にこの人数を約3,600人と表記するが、議事録等の記載は原文のまま3,800人としてあるのでご注意をいただきたい。
>
> 　また、国会等の議事録については原文に忠実な形で掲載してあることを申し添えておく。

1章 「社会保険労務士裁判外紛争解決手続代理業務能力担保措置検討会の報告書」を理解するためのQ&A

　平成17年9月1日、第7回社会保険労務士裁判外紛争解決手続代理業務能力担保措置検討会で「社会保険労務士裁判外紛争解決手続代理業務能力担保措置検討会の報告書」が取りまとめられた。

　本章はこの内容を正しく理解するために、報告書に即してQ&Aを作成したものである。対象となる報告書の中身につき、欄外に索引を設けたので利用してもらいたい。なおこの報告書のより一層の理解を深めるため、報告書の末尾に、「その他のQ&A」も作成したので、こちらも大いに参考として欲しい。

社会保険労務士裁判外紛争解決手続代理業務
能力担保措置検討会
報 告 書

平成17年9月1日
社会保険労務士裁判外紛争解決手続代理業務能力担保措置検討会

目　次

第1　検討会の設置の趣旨
　　1　社会保険労務士による紛争解決手続代理業務の拡大について
　　2　検討会の設置及びその目的
第2　「信頼性の高い能力担保措置」の検討の基本的視点
第3　検討の経過
第4　検討の結果
　　1　研修
　　2　試験
　　3　その他

1章　「検討会報告書」を理解するためのQ＆A

第1　検討会の設置の趣旨

1　社会保険労務士による紛争解決手続代理業務の拡大について

　21世紀の日本を支える司法制度を目指して様々な司法制度改革が行われ、その道筋を示した平成13年6月12日付司法制度改革審議会意見書において裁判外の紛争解決手段（ＡＤＲ）の拡充・活性化の方向が示された。<u>ＡＤＲの拡充・活性化は、社会で生起する多様な紛争を、利用者の自主性を活かし、簡易・迅速かつ廉価に、そして多様な分野の専門家の知見を活かすことにより、法律上の権利義務の存否にとどまらない実情に沿った解決を実現することを可能にするとした。</u>➡（Ｑ1）また、ＡＤＲの担い手の確保については、隣接法律専門職種など非法曹の専門家の活用を図るため、職種ごとに実態を踏まえてその在り方を個別的に検討し、こうした業務が取扱い可能であることを法制上明確に位置付けるべきであるとも指摘している。

　ところで、個別労働関係紛争は、経済の低迷、雇用構造の変化などにより、このところ逐年増加し、平成13年には、個別労働関係紛争をその実情に即し、迅速かつ適正な解決を図ることを目的に<u>「個別労働関係紛争の解決の促進に関する法律」</u>➡（Ｑ2）が制定され、さらに<u>平成14年には、社会保険労務士法が改正され、社会保険労務士は、個別労働関係紛争の解決の促進に関する法律に基づき、都道府県労働局に置かれる紛争調整委員会のあっせん代理の業務を行い得ることとなり、極めて限定されたもの</u>➡（Ｑ3）ではあるが、個別労働関係紛争に係る紛争解決手続の代理業務の一翼を担うこととなった。

◆Ｑ1
ＡＤＲ（Alternative Dispute Resolution）とはどのようなものなのか（p.24）

◆Ｑ2
平成13年の「個別労働紛争の解決の促進に関する法律」とはどのような法律なのか（p.27）

◆Ｑ3
平成14年のあっせん代理はどうして限定的なものとなったのか（p.31）

◆Q4
司法改革推進本部決定「今後の司法改革制度の推進について」とは (p.35)

◆Q5
他士業との違いは (p.39)

◆Q6
調停とは (p.41)

◆Q7
あっせん、調停、仲裁とは (p.44)

◆Q8
60万円の根拠は (p.47)

◆Q9
代理とは何か (p.49)

◆Q10
本社労士法の法改正の内容はどのようなものか (p.51)

◆Q12
(Q10関連) 社労士法第23条の撤廃で何が変わるのか (p.60)

　一方、ADRの拡充・活性化については、司法制度改革推進本部事務局に置かれたADR検討会において、さらに論議が進められ、平成16年11月26日、司法制度改革推進本部は、「今後の司法制度改革について」を決定➡（Q4）し、その決定において社会保険労務士を、司法書士、弁理士及び土地家屋調査士とともに➡（Q5）、裁判外紛争解決手続における当事者の代理人としての活用を図ることとした。即ち、「信頼性の高い能力担保措置」を講じた上で、次に掲げる事務が社会保険労務士の業務に加えることとされた。

　① 雇用の分野における男女の均等な機会及び待遇の確保等に関する法律第14条第1項の調停➡（Q6）の手続について、紛争の当事者を代理すること。

　② 都道府県労働委員会が行う個別労働関係紛争に関するあっせん➡（Q7）の手続について、紛争の当事者を代理すること。

　③ 個別労働関係紛争（紛争の目的の価額が民事訴訟法第368条第1項に定める額（60万円）➡（Q8）を超える場合には、弁護士が共同受任しているものに限る。）に関する民間紛争解決手続であって厚生労働大臣が指定するものが行うものについて、紛争の当事者を代理➡（Q9）すること。

　さらに、この紛争解決手続代理の事務には、紛争解決手続について相談に応ずること、当該手続の開始から終了に至るまでの間に和解の交渉を行うこと及び当該手続により成立した和解における合意を内容とする契約を締結することが含まれる➡（Q9）ものとしている。

　この司法制度改革推進本部の決定を具体化するため、政府は、社会保険労務士法の一部改正案を国会に提出し➡（Q10、Q12）、同法案は、平成17年6月10日に

成立し、同月17日に法律第62号として公布された。改正された社会保険労務士法においては、上記の新たな業務は、紛争解決手続代理業務➡（Q11）を行うのに必要な学識及び実務能力に関する研修であって厚生労働省令で定めるもの（以下「研修」という。）を修了した社会保険労務士に対し行われる紛争解決手続代理業務試験（以下「試験」という。）に合格し、かつ登録にその旨が付記された社会保険労務士（特定社会保険労務士）に限り行うことができるとされている。この研修と試験が「信頼性の高い能力担保措置」である。

◆Q11
紛争解決手続の代理業務はどこまでできるのか（p.54））

2　検討会の設置及びその目的

　本検討会は、「信頼性の高い能力担保措置」の具体的内容を検討することを目的として、全国社会保険労務士会連合会（以下「連合会」という。）が設置したものである。

　本検討会は、社会保険労務士の活動状況等を踏まえ、社会保険労務士が行う個別労働関係紛争に係る紛争解決手続代理業務に必要な学識及び実務能力について検討を加えたうえ、研修及び試験の内容、方法等について、具体的な案を示して報告を行うことを任務としている。

　研修及び試験については、本検討会の報告に沿って行われるべきであると考える。

第2 「信頼性の高い能力担保措置」の検討の基本的視点

　個別労働関係紛争の紛争解決手続代理業務において社会保険労務士には、日々の業務で培われた労働に関する専門家としての知見が求められている。全ての社会保険労務士は、当然この専門家の知見を有すべきものであるが、その内容は必ずしも一様ではない。加えて、代理業務は、代理人の行為がそのまま依頼者の権利義務に影響を及ぼすこととなるものであり、依頼者のリスクは大きく、従って代理人の責任や負担は重い。このため、能力担保措置として、登録間もない社会保険労務士から経験豊かな社会保険労務士まで全ての社会保険労務士を対象に、紛争解決手続代理業務を行うのに必要な学識及び実務能力に関して、あらかじめ明確に定められた水準の研修を行い、また、その研修の修了を確認するための試験を行う必要がある。　➡（Q 13）このようにして社会保険労務士制度の上で、労使始め国民に対し、社会保険労務士が紛争解決手続代理業務を行う能力を有することを担保する必要がある。この研修は、不足している学識や実務能力を補うだけのものではなく、また、既に会得している学識や実務能力についても研修を不要とするものではない。全ての社会保険労務士が能力担保措置を経て特定社会保険労務士になることが想定され、期待されているのである。

　紛争当事者の間にあって代理業務を行う社会保険労務士にとって、専門家としての倫理の確立は、不可欠である。特に従来からの倫理に加えて、平成14年の社会保険労務士法の改正で、法第22条として新たに規定されたところであり、今回の法改正で特定社会保険労務士の制度が設

◆Q 13
能力担保措置は本当に必要だったのか（p.62）

けられたことにより規定が改められているが、同規定の解釈や実際の運用を中心に理解を深めていく必要がある。

　紛争解決手続は、裁判外とはいえ法による紛争解決の手段であり、単に当事者の合意を目指すだけではなく、その内容が専門家の知見を反映し、紛争の実情に即し、法に適った適正な解決を図るものでなければならない。そのためには、憲法を頂点とする法の体系の中で、個別労働関係法の制度及び理論を理解する必要がある。同時に、個別労働関係法制は、社会保険労務士の専門分野に属するものであり、理解をさらに深く、さらに広くすることも大切であることは言うまでもない。

　また、紛争解決手続は、裁判外とはいえ、代理人は、依頼者のために主張、反論等を行い、必要な資料の提出等を行って適正な解決を目指すものである。従って、<u>紛争解決手続のなかで行われる主張、反論等を的確に行うための実務能力、手続において行われる和解のための交渉に関する実務能力など実務能力の習得、向上を図る必要がある。</u>➡（Q14、Q15）

　さらに、前述のとおり、全ての社会保険労務士は能力担保措置を経て特定社会保険労務士になることが想定され、期待されているのであるから、全ての社会保険労務士の受講等を容易にするものでなければならない。このため、研修や試験が行われる場所が特定の大都市のみに限られることなく、できるだけ地元に近い所で受講や受験ができるようにすること、研修や試験の実施は、土曜日及び日曜日を中心に行うことなどを考慮すべきである。

　なお、研修の受講費用については、基本的には、受講者の負担によるべきものであるが、一人でも多くの社会保険労務士が受講できるよう、可能な限り低廉なものとなるよう努力すべきである。

◆Q14
社労士が行える不服申立ての代理とは（p.65）

◆Q15
仲裁の代理ができるのに、あっせん、調停の手続代理で今さら能力担保措置なのか（p.69）

第3　検討の経過

　本検討会の開催状況及び検討項目は、次のとおりである。

第1回　平成17年1月28日（金）

　「能力担保研修のあり方」として、平成13年度から平成16年度まで連合会が第1ステージ及び第2ステージと分けて行った司法研修（以下「司法研修」という。）の実施状況等を踏まえて、以下の事項について検討及び論点整理を行った。
　・研修の実施方法、内容及び問題点

第2回　平成17年2月22日（火）
　「能力担保研修のあり方」について、以下の実情を踏まえて、検討を行った。
　・都道府県労働局の紛争調整委員会におけるあっせん代理の実績
　・都道府県社会保険労務士会の総合労働相談所の実績
　・司法研修のカリキュラム

第3回　平成17年3月31日（木）
　「今後の検討の方向性」として、社会保険労務士会における対応の実情を踏まえて検討し、以下の事項について論点整理を行った。
　・ＡＤＲ代理業務に必要な研修の内容
　・会員の責任と倫理

第4回　平成17年4月20日（水）
　研修の内容、必要となる知識、能力及び時間等の方向

性について、検討会の中間報告とすることを踏まえて検討を行った。

第5回　平成17年6月29日（水）
　「能力担保措置の概要」として、研修の内容、時間について、研修を実際に実施した場合の受講者数、会場のシミュレーションを踏まえて検討を行った。

第6回　平成17年8月2日（火）
　中央発信型の講義の科目及び時間、グループ研修並びにゼミナール、司法研修の受講者に関し研修科目及び受講時間の一部免除について意見調整を行い、「能力担保措置の概要（案）」の検討を行った。

第7回　平成17年9月1日（木）
　「能力担保措置検討会報告書(案)」について検討を行った。

第4 検討の結果

　社会保険労務士の活動状況等を踏まえ、社会保険労務士が行う個別労働関係紛争に係る紛争解決手続代理業務に必要な学識及び実務能力について検討を行った結果、研修及び試験の内容、方法等について、以下のような能力担保措置を設けるのが適当との結論に達した。

　1　研修
(1) 研修の実施主体
　研修の実施主体としては、社会保険労務士の団体で唯一の全国組織であること、組織の体制がしっかりしていること等の理由により、連合会がふさわしい。
　研修を連合会が行う場合、連合会は、都道府県社会保険労務士会に協力を求め、できるだけ多くの社会保険労務士が円滑に受講できるよう努めるものとする。
(2) 研修の構成
　研修は、講義、グループ研修及びゼミナールの三つの方式で構成し、総時間数は63時間とする。
(3) 講義
　講義は、30時間とする。講義の内容は、全国同一のものとする。ビデオ、衛星放送等を利用した実施を検討することとする。
　講義の科目、内容及び時間は、次のとおりとする。
　①専門家の責任と倫理　　　　　　　　　　3時間
　②憲法（基本的人権に係るもの）　　　　　3時間
　③民法（契約法、不法行為法の基本原則に係るもの）
　　　　　　　　　　　　　　　　　　　　　6時間
　④労使関係法　　　　　　　　　　　　　　3時間
　⑤労働契約・労働条件　　　　　　　　　　8時間

⑥個別労働関係法制に関する専門知識（裁判例の研究）
　　　　　　　　　　　　　　　　5時間
⑦個別労働関係紛争解決制度　　　2時間
(4) グループ研修
　グループ研修は、18時間とする。グループ研修は、支部等を単位に指導的な社会保険労務士を中心に10名程度のグループを作り、下記5のゼミナールの予習や意見交換を行う。具体的には、ゼミナールで行うケーススタディに関する申請書や答弁書の起案等を行う。
　なお、グループ研修が自主的、効果的に行えるようテキスト等の教材を作成することが必要である。
(5) ゼミナール
　ゼミナールは、15時間とする。ゼミナールは、30人から50人程度のクラスを作り、双方向で行う。具体的には、ケーススタディを中心に争点整理、起案、和解、交渉の技術、権限と倫理等についてロールプレイ等の手法を取り入れて行う。
(6) 講師
　講師は大学教員、弁護士、社会保険労務士等、幅広く協力を求めるべきである。ゼミナールの講師については、事前に講師の研修等を行って、全国で行われる研修の内容及び水準を統一する。
　更に、紛争解決手続代理業務に精通した社会保険労務士を講師とするため、連合会及び都道府県社会保険労務士会は、人材の養成に意を用いることが必要である。
(7) 研修の修了基準等
　この研修は、紛争解決手続代理業務を行うために法律上の根拠に基づいて行うものであり、受講者は、全ての課程を真摯に履修しなければならないことは当然のことである。ただし、受講者に不可避な事態が発生し、修了

基準を満たさなかった場合には、次回の研修で、一定の範囲内において未受講の科目を補習することを可能とするなどの配慮も併せて考慮すべきである。

2　試験

試験は、紛争解決手続代理業務を行うに必要な学識及び実務能力を有するかどうかを判定するために行われるものであるが、その判定は、修了した研修の内容を理解し得たかどうかを基本に行われるべきである。また、実務能力の判定という趣旨から、個別労働関係紛争に関する具体的事例について、専門的解決能力及び実践的知識を問うものとする。設問の一部については、社会保険労務士の権限と倫理に関する問題を含めるものとする。試験の方法については、記述式とし、その時間は、2時間とする。

3　その他

研修及び試験の実施について、初年度である平成18年度においては、研修、試験を2回ずつ行うように努めるべきである。

また、連合会は、社会保険労務士のADRに関する能力の向上を目的に司法研修（第1ステージ及び第2ステージ）を実施したが、司法研修と能力担保措置の研修の内容を比較、評価をしたところ、司法研修の受講者については、研修の実施の際に受講に関して講義の受講を12時間（⑤の一部、⑥及び⑦）免除するとともにグループ研修での起案等について個人で行うことを認めるという特例措置を設ける。➡（Q 16）

◆Q 16
研修免除は「法の下の平等」に反するのではないか（p.73）

1章 「検討会報告書」を理解するためのQ＆A

検討会名簿

委　員	氏　　名	職　　名（報告書提出時）
座　長	渡辺　章	専修大学法科大学院教授
委　員	中窪裕也	九州大学大学院法学研究院教授
委　員	平野裕之	慶應義塾大学大学院法務研究科（法科大学院）教授
委　員	遠山信一郎	弁護士（第一東京弁護士会）
委　員	鵜飼良昭	弁護士（横浜弁護士会）
委　員	馬橋隆紀	弁護士（埼玉弁護士会）
委　員	中井敏夫	全国社会保険労務士会連合会専務理事
委　員	小澤　勇	全国社会保険労務士会連合会常任理事

オブザーバー（報告書提出時）

機関名及び役職	氏　名
法務省大臣官房司法法制部付検事	内堀宏達
厚生労働省労働基準局労働保険徴収課課長	森岡雅人
厚生労働省大臣官房地方課労働紛争処理業務室長	増田嗣郎

その他のQ＆A

Q17　ズバリ、特定社労士と一般の社労士の違いは（p.76）

Q18　特定社労士の、需要は見込めるか（p.80）

Q19　法律や行政解釈を正すには（p.84）

Q20　既得権の保護についてはどうなっているのか（p.88）

Q21　「労働争議」と「個別労働紛争」の違いは（p.91）

Q22　弁護士法第72条と、社労士の代理の関係はどうなっているのか（p.93）

Q23　今後の法改正に向けてどうすべきか（p.98）

特定社会保険労務士とはなにか
――検討会報告書を理解するためのＱ＆Ａ――

（１）検討会の設置の趣旨

 ＡＤＲ（Alternative Dispute Resolution）とはどのようなものなのか

　裁判外紛争解決手続は、ＡＤＲとも呼ばれ、「訴訟手続によらず民事上の紛争を解決しようとする紛争の当事者のため、公正な第三者が関与してその解決を図る手続」をいう。わが国には、裁判所、行政機関、民間等の多様な主体による、仲裁・調停・あっせんなどの様々な形態のＡＤＲがある。現在のところ、裁判所の調停などは大いに利用されているものの、それ以外の手続は国民の間になかなか定着せず、必ずしも十分には機能していないという状況にある。

　ＡＤＲは厳格・慎重な手続にしたがって行われる訴訟に比べて、紛争の実情に応じて迅速かつ柔軟な解決を図ろうとするもので、このようなＡＤＲを利用しやすくすることで満足のいく紛争解決を図ることが期待されていた。また、一般に、裁判に比べ費用も時間もかからず、第三者を介した非公開の話し合いや交渉が中心なので精神的な負担感も小さいとされる。

　そこで、ＡＤＲの機能を充実することにより、紛争の当事者が解決を図るのにふさわしい手続を選択することを容易にし、国民の利便性と権利の実現に資することを目的として制定されたのが「裁判外紛争解決手続の利用の促進に関する法律（平成16年12月１日公布）」（いわゆるＡＤＲ法）である。

　具体的には、ＡＤＲの基本理念を定め、国等の責務を定めるほか、ＡＤＲのうち、民間事業者の行う和解の仲介（調停、あっせん）の業務について、その業務の適正さを確保するための一定の要件に適合していることを法務大臣が認証する制度を設け、また、その認証を受けた民間事業者の和解の仲介

の業務については、「時効の中断」「訴訟手続の中止」等の法的効果が与えられることになっている。

なお、法務省のHPに、ADR法の詳細が記されているので、URLを紹介しておこう。

http://www.moj.go.jp/KANBOU/ADR/adr01.html

裁判外紛争解決手続の拡充・活性化

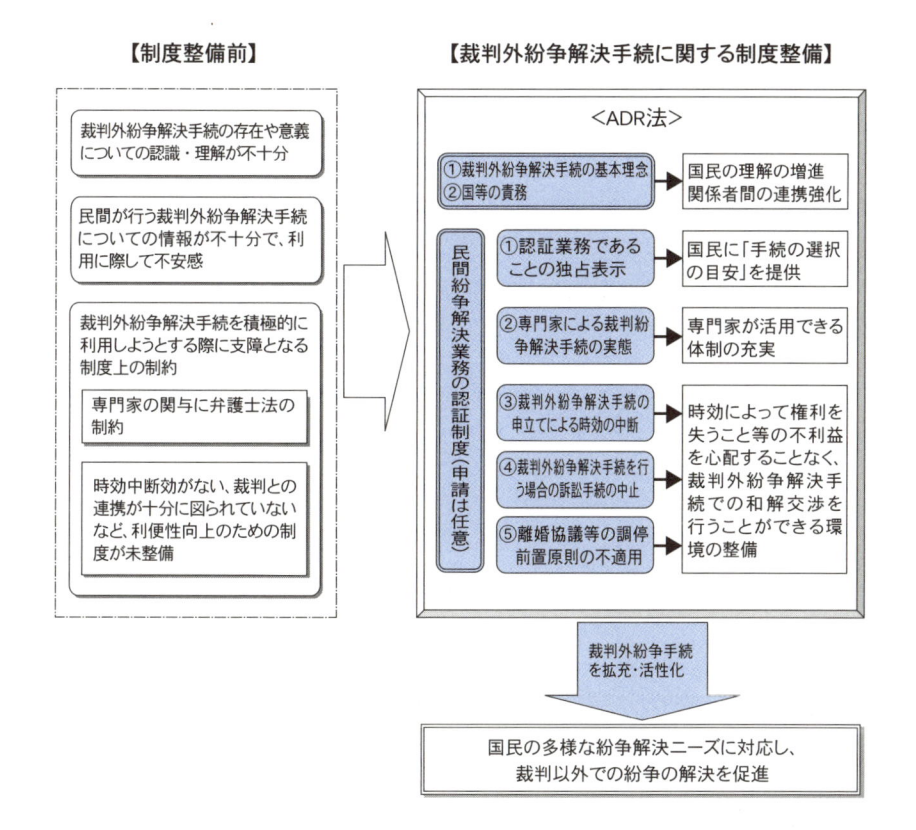

【制度整備前】
- 裁判外紛争解決手続の存在や意義についての認識・理解が不十分
- 民間が行う裁判外紛争解決手続についての情報が不十分で、利用に際して不安感
- 裁判外紛争解決手続を積極的に利用しようとする際に支障となる制度上の制約
  - 専門家の関与に弁護士法の制約
- 時効中断効がない、裁判との連携が十分に図られていないなど、利便性向上のための制度が未整備

【裁判外紛争解決手続に関する制度整備】

＜ADR法＞

①裁判外紛争解決手続の基本理念
②国等の責務
→ 国民の理解の増進 関係者間の連携強化

民間紛争解決業務の認証制度（申請は任意）
- ①認証業務であることの独占表示 → 国民に「手続の選択の目安」を提供
- ②専門家による裁判紛争解決手続の実態 → 専門家が活用できる体制の充実
- ③裁判外紛争解決手続の申立てによる時効の中断
- ④裁判外紛争解決手続を行う場合の訴訟手続の中止
- ⑤離婚協議等の調停前置原則の不適用
→ 時効によって権利を失うこと等の不利益を心配することなく、裁判外紛争解決手続での和解交渉を行うことができる環境の整備

↓ 裁判外紛争手続を拡充・活性化

国民の多様な紛争解決ニーズに対応し、裁判以外での紛争の解決を促進

なお、主な ADR には、次のようなものがある。

司法型 ADR	
民事調停	裁判所
家事調停	裁判所
行政型 ADR	
国民生活センター・相談部	内閣府
国民生活センター・消費者苦情処理専門委員会	内閣府
交通事故相談所	内閣府
中央労働委員会	厚生労働省
中央建設工事紛争審査会	国土交通省
電気通信事業紛争処理委員会	総務省
法務省・人権擁護機関	法務省
民間型	
交通事故紛争処理センター	内閣府
全国消費生活相談員協会	内閣府
患者の権利オンブズマン	内閣府
日本証券業協会証券苦情相談室	金融庁
家電製品PLセンター	経済産業省
日本消費者協会	経済産業省
日本広告審査機構	公取委と経産省
各地の弁護士会仲裁センター	弁護士会

> …コメント… 「社労士」と「ＡＤＲ」
> 社労士は、個別労働関係紛争解決におけるＡＤＲの担い手として、その専門性の活用が期待されているはずなのだが、「特定社労士」になるためには63時間もの研修、試験という高いハードルを課せられ、行える代理の範囲も不完全なものとなっている。

Q2 平成13年の「個別労働紛争の解決の促進に関する法律」とはどのような法律なのか

　近年、多様な雇用形態の出現により、例えば企業組織の再編や人事労務管理の個別化等といったことに伴い、労働関係に関する事項についての個々の労働者と事業主との間の紛争が増加している。こうした紛争の最終的解決手段としては裁判制度があるが、裁判には多くの費用と時間がかかるため、立場の弱い労働者は泣き寝入りするケースも少なくない。また、労働者と事業主という継続的な関係を前提とした円満な解決のためには、職場慣行を整えることが重要である。

　これら個別労働関係紛争について、実情に即した迅速かつ適正な解決を図るため、「個別労働関係紛争の解決の促進に関する法律」が平成13年10月1日に施行され、各都道府県労働局長の助言・指導制度、紛争調整委員会のあっせん制度の創設等により総合的な個別労働関係紛争解決制度の整備が図られている。

　この法律の趣旨は、裁判所における民事訴訟、労働調停、都道府県労政主管事務所・地方労働委員会等における労働相談、あっせん、労使団体等における労働相談等からなる複線的な個別労働関係紛争解決システムの一環として、全国的なセイフティ・ネットとしての制度の創設を行うものである。

　対象となる紛争とは、例えば「配置転換」「転籍出向」「在籍出向」「解雇の有効性」「就業規則の変更に伴う労働条件の変更」「企業経営上の必要性による解雇（いわゆる整理解雇）」「採用内定の取消」「雇止め」「募集・採用」「職場におけるセクシュアルハラスメント」等の個別労働関係紛争である。ただし、次のような紛争は本法律の対象としていない。
1　労働関係調整法第6条に規定する労働争議
2　国営企業及び独立行政法人の労働関係に関する法律第26条第1項に規定する紛争
3　男女雇用機会均等法第12条に規定する紛争

　この法律の施行により、「都道府県労働局長の助言・指導制度」や「紛争調整委員会によるあっせん制度」が整備されたわけだが、次にそれぞれの

具体例をあげておこう。

◆「労働局長の行う助言・指導」
　個別労働関係紛争の問題の中には、法令や判例の理解が十分ではないために不適切な行為をしたことにより生じているものも多数あり、これらについては、問題点及び解決の方向性を的確に示すことにより迅速に解決できるものであること等から、より簡易な個別労働関係紛争解決制度として設けられたものである。

1　都道府県労働局長は、個別労働関係紛争（労働関係調整法第6条に規定する労働争議に当たる紛争及び国営企業及び特定独立行政法人の労働関係に関する法律第26条第1項に規定する紛争を除く。）に関し、当事者の双方又は一方からその解決につき援助を求められた場合は、当事者に対し、必要な助言又は指導をすることができるものとされる。
2　都道府県労働局長は、1の助言又は指導をするため必要があると認めるときは、広く産業社会の実情に通じ、かつ、労働問題に関し専門知識を有する者の意見を聴くものとされている。
3　事業主は、労働者が1の援助を求めたことを理由として、当該労働者に対して解雇その他不利益な取扱いをしてはならないとされている。

◆「あっせん」
　紛争当事者の間に第三者が入り、双方の主張の要点を確かめ、双方に働きかけ、場合によっては両者が採るべき具体的なあっせん案を提示するなど、紛争当事者間の調整を行うことにより、その自主的な解決を促進するものである。
　あっせん案はあくまで話し合いの方向性を示すものであり、その受諾を強制するものではない。

1　都道府県労働局長は、個別労働関係紛争（労働者の募集及び採用に関する事項についての紛争を除く。）について、紛争当事者の双方又は一方からあっせんの申請があった場合において当該労働関係紛争の解決のために必要があると認めるときは、紛争調整委員会にあっせんを行わせ

るものとする。
2 事業主は、労働者が1の申請をしたことを理由として、当該労働者に対して解雇その他不利益な取り扱いをしてはならないとされている。

労働紛争解決システムの概要

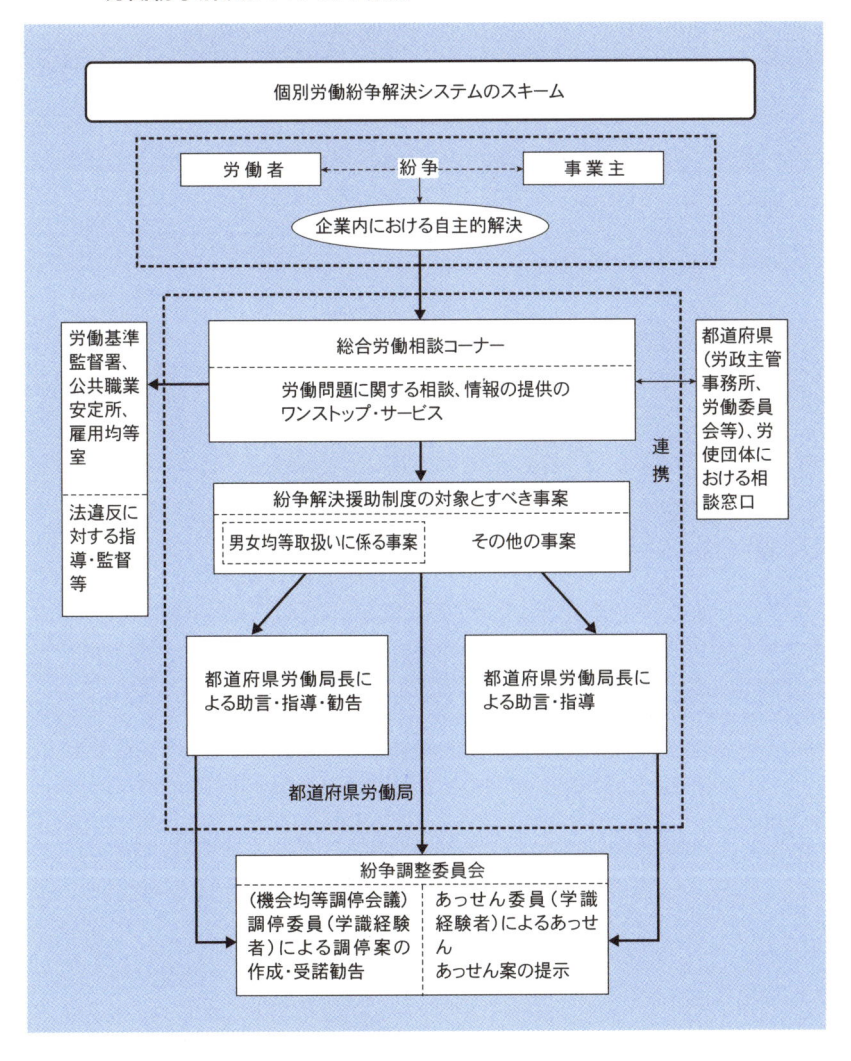

```
個別労働紛争解決システムのスキーム

    労働者 ----紛争---- 事業主
         企業内における自主的解決

労働基準           総合労働相談コーナー           都道府県
監督署、                                          （労政主管
公共職業     労働問題に関する相談、情報の提供の    事務所、
安定所、        ワンストップ・サービス            労働委員
雇用均等                                          会等）、労
室                                                使団体に
                                                  おける相
法違反に     紛争解決援助制度の対象とすべき事案   談窓口
対する指
導・監督     男女均等取扱いに係る事案  その他の事案
等                                                 連
                                                   携

    都道府県労働局長           都道府県労働局長
    による助言・指導・勧告     による助言・指導

              都道府県労働局

                 紛争調整委員会
    （機会均等調停会議）      あっせん委員（学識
    調停委員（学識経験        経験者）によるあっせん
    者）による調停案の        あっせん案の提示
    作成・受諾勧告
```

> **…コメント…「社労士」と「個別労働紛争の解決の促進に関する法律」**
> 　社労士は、「個別労働紛争の解決の促進に関する法律」に基づき、平成14年の社労士法改正で、各都道府県労働局が行うあっせん手続の代理が行えるようになった。また、本法改正でも、特定社労士が行えるあっせんの手続の代理も、この法律に基づくものとされている。

Q3 平成14年のあっせん代理はどうして限定的なものとなったのか

まず、平成14年法改正あっせん代理に係る法文を確認しておこう。

社会保険労務士法　第2条第1項

　1の4　個別労働関係紛争の解決の促進に関する法律（平成13年法律第112号）第6条第1項の紛争調整委員会における同法第5条第1項のあっせんについて、紛争の当事者を代理すること（以下「あっせん代理」という。）。

この法文につき、厚生労働省から次の通達が出されている。

「社会保険労務士が個別労働紛争制度に関わるときの対応について」厚生労働省地発第0401053号（平成15年4月1日付）……厚生労働大臣官房地方課長より都道府県労働局長にあて（抜粋）

> 3（2）社会保険労務士の業務範囲の限界
>
> 　社会保険労務士は、弁護士法第72条に触れるため、単独では、あっせんの場での和解契約を締結することができないことから、依頼人である紛争当事者が同席しない場合、和解契約をあっせんの場で締結することのないように注意すること。
> 　なお、通常、あっせん期日は一回で終了し、その場で紛争当事者間で和解契約が締結されるが、当該あっせん期日において和解契約が締結されないときは、
> ① 紛争当事者の気が変わり、後日再度あっせん期日を設定しても、和解しない又は他の条件設定を要求してくる等の意思が示され、先にあっせんを行った意味が失われるおそれがあること
> ② いたずらにあっせん手続が伸び、紛争当事者のあっせん参加意思を削ぐこと
> ③ 業務手続が煩雑になること

> 等の弊害が生じるおそれがあることから、あっせん期日に代理人となる社会保険労務士に対し、依頼人である紛争当事者があっせん期日に同席するよう指示し、また、必要に応じて紛争当事者に対し直接説得すること。
> また、仮に、第一回のあっせん期日が開催され、その場で相手方の紛争当事者が和解する意思を示したものの、社会保険労務士の参加だけで紛争当事者の同席がなかったときは、相手方の紛争当事者が署名した和解契約書を社会保険労務士に持たせ、これに依頼人である紛争当事者の署名をさせ、持参させる等により、第二回目のあっせん期日を設定し、いたずらに相手方の紛争当事者のあっせん期日参加を強いることとならないよう配慮すること。

平成 14 年社労士法改正により、個別労働関係紛争解決促進法に基づく都道府県労働局の紛争調整委員会におけるあっせんで、社労士が依頼人を代理することが認められた。

あっせんとは、紛争当事者の間に第三者が入り、双方の主張の要点を確かめ、双方に働きかけ、場合によっては両者が採るべき具体的なあっせん案を提示するなど、紛争当事者間の調整を行うことにより、その自主的な解決を促進するものである。ただし、あっせん案はあくまで話し合いの方向性を示すものであり、その受諾を強制するものではない。したがって、あっせんは和解の条件を模索しあう場であるといっても過言ではないだろう。

しかしながら、あっせん期日に行われる和解契約の締結は、紛争当事者の間で交わされるものであり、個別労働紛争解決促進法上のあっせん手続外の法律行為であるとされている。よって、和解契約の締結は社会保険労務士が行えるあっせん代理の権限外の業務となってしまい、社労士は業務において、代理人として和解契約を締結することができないという、不都合が生じていた。

これを実務に当てはめると、依頼人がせっかく社労士にあっせんの手続代理を委任しても、期日の当日に和解したいと考えている場合は、次のいずれかの方法によらなければ、和解ができないというものであった。

1 依頼人本人が、期日に同行するというもの

2　本人は期日に同行せず、代理出席した社労士に相手方が判をついた和解契約書を持ってきてもらい、そこに本人がハンコを押すというもの

　このように「あっせんの代理」と、「和解の代理」が分断された制度は、極めて使い勝手の悪いものであり、代理の常識を覆すものであった。どの法律の教科書を見ても、このような代理を説明しているものはない。
　どうして、このような代理形態になってしまったかというと、**先の条文ではなく、行政通達で本来の代理権を大幅に制限**されてしまったからにほかならないのである。
　次頁に、依頼人（クライアント）が期日に同行しなかったの場合の事務の流れ図を記す。

> …*コメント*…　「社労士」と「平成14年のあっせん代理」
> 　あっせんの代理と和解の代理を分断することが、いかに常識から外れているのか、第1回社会保険労務士裁判外紛争解決手続代理業務能力担保措置検討会の議事録を読むとよくわかる。検討会委員の、鵜飼弁護士が執拗なまでにその非常識さを確認している。
> 　あっせんの場での交渉は、和解の糸口を見つけるためのものであり、間違っても紛争を拡大させる目的で行うものではない。したがって、交渉は当然和解を視野に入れ行うもので、単独であっせんの代理が行える代理人に、和解の代理を付与しない理由は見出せない。このような代理制限は理解に苦しむ。

平成14年改正の一般的なあっせん代理
（クライアントが期日に同行しなかった場合）

　社労士AはB会社の事業主C社長から、従業員Dとのトラブルに関してあっせん代理を受任し、都道府県労働局に対してB会社の事業主Cの代理としてあっせんの申請手続を行い、受理された。
　そこでAは一人で、労働局から指定された第1回期日に出席し、従業員Dと交渉を行った。解決策を提示したところ、Dとの間で和解の合意を得たので、Dが判をついた和解契約書を、社労士Aが依頼人である社長Cのところへ持参し、Cに判をついてもらい、ようやく和解が成立する。

　　　　　　　＜手続の流れ＞
　　　　　　　① 社労士Aが社長Cから、相談・あっせん代理受任
　　　　　　　② 社労士Aが労働局に手続の申請・受理される
　　　　　　　③ 労働局から従業員Dに申請があった旨の通知
　　　　　　　④ 社労士A・従業員D、第1回期日への出席、合意
　　　　　　　⑤ 社労士Aは従業員Dが判をついた和解契約書を社長Cに持参
　　　　　　　⑥ 社長Cが和解契約書に判をついて和解成立

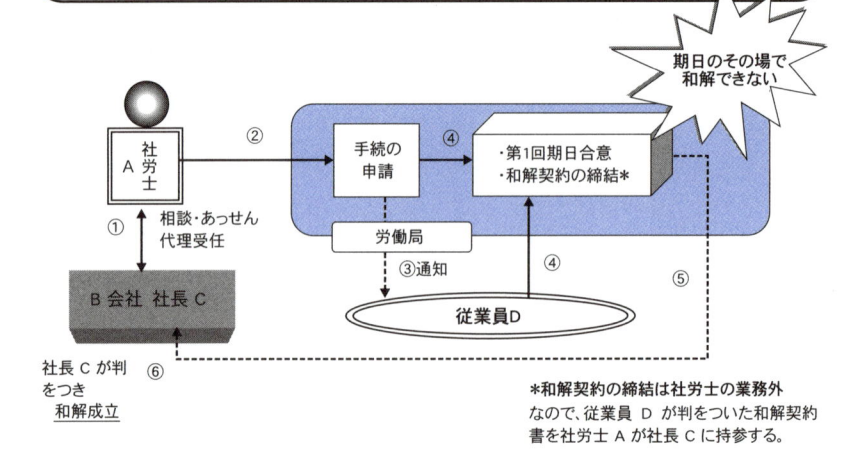

期日のその場で和解できない

＊和解契約の締結は社労士の業務外なので、従業員Dが判をついた和解契約書を社労士Aが社長Cに持参する。

Q4 司法改革推進本部決定「今後の司法改革制度の推進について」とは

　この決定に基づき、各士業とも「信頼性の高い能力担保措置」が要求され、社労士も例外でなく、特定社労士になるためには、研修と試験が要件とされている。

　また、このうち「認定司法書士」には完全な代理権が与えられており、訴えの提起前の和解（即決和解）の手続等が行える。期日外に相手方と相対交渉のうえ合意・和解契約をすることができない不完全な代理しか付与されていない特定社労士の手続代理とは、その質に格段の差がある。

今後の司法制度改革の推進について

平成 16 年 11 月 26 日
司法制度改革推進本部決定

1　司法制度改革推進本部解散後の体制について

　司法制度改革推進本部においては、司法制度改革推進法に基づき、司法制度改革推進計画（平成 14 年 3 月 19 日閣議決定）に従って、司法制度改革を着実に推進してきた。

　司法制度改革推進本部解散後は、これまでの一連の改革の成果を国民が実感できるよう、改革の本旨に従った制度の実施を図ることが重要であり、法務省等の実施担当府省と総合調整を行う内閣官房において、必要十分な体制の下に、引き続き改革に取り組んでいく必要がある。

2　裁判外紛争解決手続における隣接法律専門職種の活用について

　裁判外紛争解決手続の利用を促進していくためには、手続実施者のみならず、代理人についても、利用者が適切な隣接法律専門職種を選択できるよう制度整備を図っていく必要がある。

　そこで、司法書士、弁理士、社会保険労務士及び土地家屋調査士について、

別紙に掲げる方向性に沿って、裁判外紛争解決手続における当事者の代理人としての活用を図ることとし、所管府省を中心に、できるだけ早期の具体化に向け、今後、関係法案の提出を含め、所要の措置を講じていく必要がある。

また、税理士、不動産鑑定士及び行政書士の代理人としての活用の在り方については、裁判外紛争解決手続の利用の促進に関する法律（平成 16 年法律第 151 号）の施行後におけるこれらの隣接法律専門職種の手続実施者としての実績等が見極められた将来において改めて検討されるべき課題とする。

さらに、例えば、税理士の有する専門的知見を租税の関連する民事紛争において手続実施者等の相談者として活用するなど、各隣接法律専門職種が、手続実施者や代理人以外としても裁判外紛争解決手続の利用の促進に寄与していくことが期待される。

3 法令外国語訳の基盤整備の推進について

グローバル化する世界で、我が国の法令が容易かつ正確に理解されることは極めて重要であり、我が国の法令の外国語訳を推進するための基盤整備を早急に進める必要がある。

今後、政府として、各府省が横断的に参加する検討会議を開催し、有識者の意見も十分尊重した上で、法令外国語訳の推進に積極的に取り組む必要がある。

（別紙）

1．司法書士

司法書士の簡裁訴訟代理関係業務（注 1）に民事紛争（簡易裁判所の事物管轄を基準とする。）に関する仲裁手続について代理することを加える。

2．弁理士

弁理士の仲裁代理業務（注 2）の対象となる紛争に著作権に関する紛争を加えるとともに、対象となる手続には仲裁手続以外の裁判外紛争解決手続が

含まれることを明確化する。また、仲裁代理業務に関して、裁判外紛争解決手続の業務を行う団体の新規の指定を進める。

3. 社会保険労務士

信頼性の高い能力担保措置を講じた上で（注3）、次に掲げる事務を社会保険労務士の業務に加える。併せて、開業社会保険労務士が労働争議に介入することを原則として禁止する社会保険労務士法の規定を見直す。

(1) 都道府県知事の委任を受けて地方労働委員会が行う個別労働関係紛争のあっせん及び雇用の分野における男女の均等な機会及び待遇の確保等に関する法律に基づき都道府県労働局（紛争調整委員会）が行う調停の手続について代理すること。

(2) 個別労働関係紛争（紛争の目的となる価額が60万円を超える場合には、弁護士が同一の依頼者から裁判外紛争解決手続の代理を受任しているものに限る。）の裁判外紛争解決手続（厚生労働大臣が指定する団体が行うものに限る。）について代理すること。

4. 土地家屋調査士

信頼性の高い能力担保措置を講じた上で、土地の境界が明らかでないことを原因とする民事に関する紛争（弁護士が同一の依頼者から裁判外紛争解決手続の代理を受任しているものに限る。）に係る裁判外紛争解決手続（法務大臣が指定する団体が行うものに限る。）について代理することを土地家屋調査士の業務に加える。

(注1) 司法書士法第3条第1項第6号及び第7号（和解の仲介を行う裁判外紛争解決手続についての代理は、これに含まれる。）に規定する「簡裁訴訟代理関係業務」をいう。
(注2) 弁理士法第4条第2項第2号に掲げる事務をいう。
(注3) 個別労働関係紛争の解決の促進に関する法律に基づき都道府県労働局（紛争調整委員会）が行うあっせんの手続について代理する業務に関しても、併せて、信頼性の高い能力担保措置を講ずるものとする。

(注4) 1から4までにおける裁判外紛争解決手続の代理の事務には、裁判外紛争解決手続の代理を受任する前に依頼者の相手方と和解交渉を行うことは含まれないが、次に掲げる事務は、原則として、含まれることとなる。
1) 裁判外紛争解決手続の代理を受任する際に依頼者からの相談に応じること
2) 裁判外紛争解決手続の代理を受任した後、当該裁判外紛争解決手続の開始から終了までの間に依頼者の紛争の相手方と和解のための交渉を行うこと
3) 裁判外紛争解決手続で成立した合意に基づき和解契約を締結すること

> ···コメント··· 「社労士」と「司法制度改革推進本部決定」
> 司法制度改革推進本部決定を受けて、本社労士法が改正された。
> 決定では、(注4) で原則として
> 裁判外紛争解決手続の代理を受任した後、当該裁判外紛争解決手続の開始から終了までの間に依頼者の紛争の相手方と和解のための交渉を行うこと、裁判外紛争解決手続で成立した合意に基づき和解契約を締結すること
> とされているにもかかわらず、社労士法の改正では、相手と相対交渉できるのは、都道府県労働局等に、手続の申立てが受理された時点からであり、さらに期日外の交渉で和解契約の締結をし、申立てを取り下げることは制限されている。つまり、期日外の和解締結が事実上制限されているのである。
> これに対して、認定司法書士は完全な代理が行えるよう司法書士法の条文に明記されている。

Q5 他士業との違いは

　今回の法改正は、司法制度改革推進本部決定が根拠とされている。先のＱ4でも触れたが、その別紙の中で、「1．司法書士」「2．弁理士」「3．社会保険労務士」「4．土地家屋調査士」の１から４の各隣接法律専門職に共通して、(注4)にとして次の注意事項が記されている。

(注4)　１から４までにおける裁判外紛争解決手続の代理の事務には、裁判外紛争解決手続の代理を受任する前に依頼者の相手方と和解交渉を行うことは含まれないが、次に掲げる事務は、原則として、含まれることとなる。
1) 裁判外紛争解決手続の代理を受任する際に依頼者からの相談に応じること
2) 裁判外紛争解決手続の代理を受任した後、当該裁判外紛争解決手続の開始から終了までの間に依頼者の紛争の相手方と和解のための交渉を行うこと
3) 裁判外紛争解決手続で成立した合意に基づき和解契約を締結すること

　これを素直に読む限り、2)において「裁判外紛争解決手続の代理を受任した後、当該裁判外紛争解決手続の開始から終了までの間に依頼者の紛争の相手方と和解のための交渉を行うこと」が原則としてできることになっている。ＡＤＲの簡易迅速な裁判外の紛争解決を趣旨とした内容であるので、当然な内容のはずだ。
　しかし、改正社労士法においては、第２条第１項第１号の４から同項第１号の６における和解契約の締結を、都道府県労働局や都道府県労働委員会といった箱の中だけにその代理を限定しており、外での和解契約の契約の締結を制限している。Ｑ11で詳述するが、手続の開始後、外で和解交渉を行い申立てを取り下げることは、弁護士法第72条に抵触するとして代理の範

囲を超えると行政解釈されているのである。
　一方、認定司法書士の場合には、上記決定の内容に沿った完全な代理をすることができるわけだが、これを裏づけする規定が、司法書士法に盛り込まれている。

司法書士法　第3条第1項
　7．民事に関する紛争（簡易裁判所における民事訴訟法の規定による訴訟手続の対象となるものに限る。）であつて紛争の目的の価額が裁判所法第33条第1項第1号に定める額を超えないものについて、相談に応じ、又は裁判外の和解について代理すること。

　つまり、認定司法書士の場合はこの条文の存在により、弁護士法第72条に抵触せず「裁判外紛争の和解の代理」が行えるのである。

> …コメント…　「特定社労士」と「認定司法書士」
> 　社労士も司法書士と同じように、ハードルの高い能力担保措置が求められるのであれば、完全な代理が与えられるべきである。ちなみに、「社会保険労務士裁判外紛争解決手続代理業務能力担保措置検討会」では、「司法書士」や「弁理士」の実態を参考にして、特定社労士の研修や試験が検討された。

1章 「検討会報告書」を理解するためのQ&A

Q6 調停とは

　今回の社労士法改正で調停の手続代理ができることとなった、「雇用の分野における男女の均等な機会及び待遇の確保等に関する法律」には第13条から第19条において、調停の規定がされている。

　また、昭和61年1月27日労働省令第2号では、その詳細が定められている。同法による機会均等調停委員会による調停の流れを図にすると、以下のとおりである。

機会均等調停委員会による調停の流れ

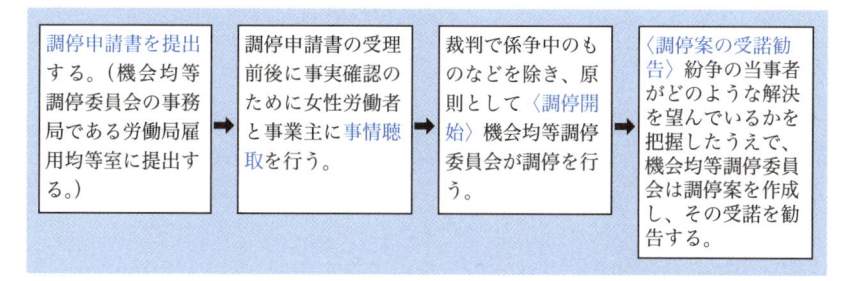

| 調停申請書を提出する。（機会均等調停委員会の事務局である労働局雇用均等室に提出する。） | → | 調停申請書の受理前後に事実確認のために女性労働者と事業主に事情聴取を行う。 | → | 裁判で係争中のものなどを除き、原則として〈調停開始〉機会均等調停委員会が調停を行う。 | → | 〈調停案の受諾勧告〉紛争の当事者がどのような解決を望んでいるかを把握したうえで、機会均等調停委員会は調停案を作成し、その受諾を勧告する。 |

　当然のことであるが、女性労働者が「調停」を申請したことを理由に、事業主は女性労働者に対して解雇その他不利益な取扱いをしてはならないことになっている。

　さて、この調停に関して、いったいどのくらいの申請件数があるのだろうか。平成14年5月24日、厚生労働省雇用均等・児童家庭局雇用均等政策課、均等業務指導室が発表した「男女雇用機会均等法の施行状況」の資料から、「機会均等調停会議による調停（均等法第14条に基づく調停）」の実態をみておこう。

　とにかく申請数の少なさに、驚かずにはいられないだろう。

○平成13年度

(件)

事　項	申請件数	開始			不開始	取下げ
		受諾	拒否	打切		
法第6条関係 (配置・昇進・教育訓練)	4	1	1	0	0	3 (注1)
法第8条関係 (定年・退職・解雇)	1	1	0	1 (注2)	0	0	0
計	5	2	1	1	0	3

(注1) 調停開始前に、本人の都合により申請者が申請を取下げ。
(注2) 拒否は平成14年度に行われた。

○平成11年度～12年度

(件)

事　項	申請件数	開始			不開始	取下げ
		受諾	拒否	打切		
法第6条関係 (配置・昇進・教育訓練)	31	27	1	25 (注1)	1	0	4 (注2)
法第8条関係 (定年・退職・解雇)	3	2	2	0	0	0	1 (注3)
計	34	29	3	25	1	0	5

(注1) 調停を開始し、関係当事者から事情聴取、意見聴取をした結果、事業主の措置は女性に対する差別とは認められず、調停の打切りを決定。
(注2) うち2件は、調停開始前に、本人の都合により申請者が申請を取下げ。
　　　うち2件は、調停開始前に、事業主が申請事項の解決を図ったことにより、申請者が申請を取下げ。
(注3) 調停開始決定前に、申請者が裁判所に提訴し、申請を取下げ。

…コメント…「社労士」と「男女雇用機会均等法の調停の手続の代理」
　いまから4年以上前の数字とはいえ、男女雇用機会均等法の調停申請はどれだけ増えているというのだろうか。厳格な研修と試験を受けて、特定社労士になったからといって、何人の社労士がこの手続代理に関与するのだろうか。
　この程度のものを行うのに規制緩和の観点から、厳格な研修と試験の必要性はないと考える。

Q7 あっせん、調停、仲裁とは

　Q2において「個別労働紛争の解決の促進に関する法律」では、「紛争調整委員会によるあっせん制度」が整備されたことを述べた。この制度を流れ図にすると次のようになる。

紛争調整委員会によるあっせん手続の流れ

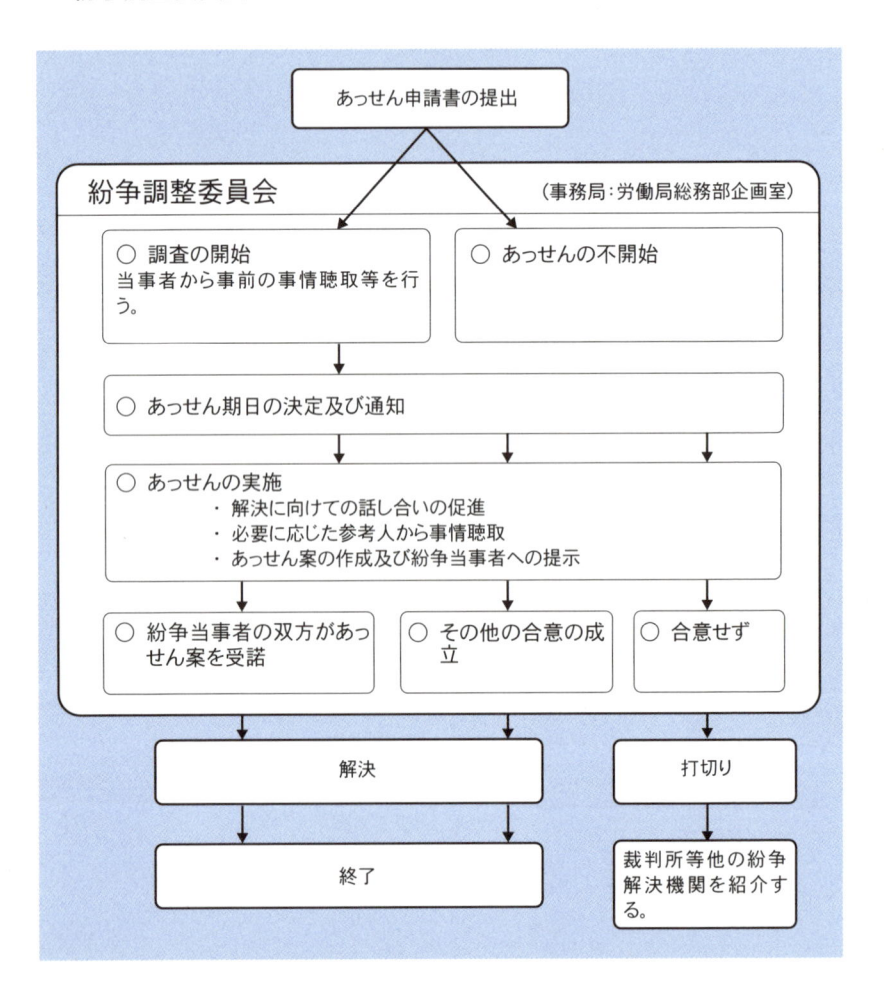

```
                    あっせん申請書の提出
                    ┌────┴────┐
┌─────────────────────┴──────────────┴──────────────┐
│ 紛争調整委員会          （事務局：労働局総務部企画室）│
│   ┌──────────────┐      ┌──────────────┐          │
│   │ ○ 調査の開始 │      │ ○ あっせんの不開始 │       │
│   │ 当事者から事前│      │              │          │
│   │ の事情聴取等を│      │              │          │
│   │ 行う。       │      │              │          │
│   └──────┬───────┘      └──────┬───────┘          │
│          ↓                     │                  │
│   ┌──────────────────┐         │                  │
│   │ ○ あっせん期日の決定及び通知 │     │                  │
│   └──────┬───────────┘         │                  │
│          ↓                     │                  │
│   ┌──────────────────────────┐ │                  │
│   │ ○ あっせんの実施         │ │                  │
│   │   ・解決に向けての話し合いの促進 │                  │
│   │   ・必要に応じた参考人から事情聴取 │                 │
│   │   ・あっせん案の作成及び紛争当事者への提示 │           │
│   └──┬───────────┬───────────┘ │                  │
│      ↓           ↓             ↓                  │
│ ┌─────────┐ ┌─────────┐ ┌─────────┐              │
│ │○紛争当事者│ │○その他の│ │○合意せず│              │
│ │の双方があっ│ │合意の成立│ │         │              │
│ │せん案を受諾│ │         │ │         │              │
│ └────┬────┘ └────┬────┘ └────┬────┘              │
└──────┼───────────┼───────────┼──────────────────┘
       ↓           ↓           ↓
    ┌──────────────────┐   ┌──────────┐
    │      解決         │   │  打切り  │
    └────────┬─────────┘   └────┬─────┘
             ↓                   ↓
    ┌──────────────────┐   ┌──────────────┐
    │      終了         │   │裁判所等他の紛争│
    │                   │   │解決機関を紹介す│
    │                   │   │る。          │
    └──────────────────┘   └──────────────┘
```

さて個別労働紛争の解決システムにおいて、「あっせん」と「調停」がある。調整案の効力については、「調停」の場合調停案の諾否は当事者の自由であるものの、公表できるため、事実上の拘束力が期待できるとされている。したがって、あっせん案の諾否は当事者の自由である「あっせん」より、位置付けは上とされているのである。

一方、各都道府県労働委員会が行う、集団的な「労働争議の調整」については、「あっせん」「調停」「仲裁」の3種類がある。この3つに関する相違を次に示しておこう。

「あっせん」「調停」「仲裁」の相違

	あっせん	調停	仲裁
開始要件	・関係当事者の一方又は双方による申請 ・労働委員会の職権	・関係当事者の双方による申請 ・労働協約に定めがあれば関係当事者の一方による申請も可能 ・公益事業については、関係当事者の一方による申請、労働委員会の職権又は知事の請求	・関係当事者の双方による申請 ・労働協約に定めがあれば関係当事者の一方による申請も可能
調整者	・労働委員会が予め委嘱したあっせん員候補者から会長が指名するあっせん員 ・公労使の三者構成のあっせん員3名で対応することが多い	・公労使の委員による調停委員会 ・公労使の委員は同数 ・委員長は公益委員	・公益委員3名による仲裁委員会
調整方法	・あっせんの目的は、労使双方の主張を確かめ、自主的な解決のきっかけを与えること ・そのための方法は何も規定がなく、あっせん員に任されているので、最も適切な方法で行う ・あっせん案を提示することが多い	・調停では、期日を定めて調停委員会を開催し、関係当事者の出頭を求め、その意見を聴くなど調整方法についての手続が定められている ・調停案を作成し、受諾勧告を行う	・仲裁の方法については規定はなく、事案に最も適した方法で当事者の主張を聴取し、事実関係を把握して仲裁裁定を行う ・関係当事者が指名する労使委員は意見を述べることができる ・仲裁裁定は書面で提示される
調整案の効果	・あっせん案の諾否は当事者の自由	・調停案の諾否は当事者の自由 ・調停案は公表できるので、事実上の拘束力が期待できる	・仲裁裁定は拒否できない ・労働協約と同じ効力をもつ

したがって、横断的に見た調整案の効果に対する順位は、

$$\boxed{あっせん < 調停 < 仲裁}$$

の図式が成り立つ。

> **…コメント…**　「社労士」と「あっせんの手続代理」
> 　平成14年社労士法改正のあっせん手続の代理は、あっせんの代理と和解の代理が分断され、非常に使い勝手が悪いものだった。
> 　本法改正において、分断されていたあっせんの代理と和解の代理がその部分に関しては、双方ともできる本来の代理に戻った。しかしながら、期日外の和解契約の締結により手続を取り下げることが事実上制限されており、ADRの趣旨から外れた代理制度となっている。

Q8 60万円の根拠は

　紛争解決手続の代理の種類には、「行政型ＡＤＲ」と「民間型ＡＤＲ」の2種類がある。前者は、都道府県労働局や都道府県労働委員会で行われる裁判外紛争解決手続の代理をいい、現在、社労士は都道府県労働局の紛争調整委員会におけるあっせん代理を行っている。一方後者は、ＮＰＯ法人等民間機関が行う裁判外紛争解決手続をいい、本法改正において一定の額を超えない場合において、ここでも単独で紛争解決手続の代理が行えるようになった。

　このうち、社労士が単独代理で行える紛争解決手続の代理の上限が60万円とされるのは、報告書に記載があるとおり「民間型ＡＤＲ」で行うものについてである。

　この60万円という金額は、簡易裁判所で簡易迅速な裁判の実現が制度の趣旨であり、原則1回期日で終了する「少額訴訟」の訴額の上限が目安とされている。つまり、社労士が関与できる紛争解決手続の代理とは、相当程度軽微な事件に限定しようという行政の意図がある。

　ちなみに、特定社労士制度の参考とされた認定司法書士の場合は、簡易裁判所における訴訟の目的の価額が140万円を超えない請求（行政事件訴訟に係る請求を除く。）とされている。

　なお、第162回国会参議院の厚生労働委員会でこの件についての質疑があるので掲載しておこう。

第162回国会　参議院　厚生労働委員会　第12号

平成17年4月7日　議事録

福島みずほ君　紛争価額六十万円についてですが、六十万円という数字が実はよく分かりません。何を基準にしているのか、妥当なのか、教えてください。

政府参考人（青木豊君）　ただいまの御指摘は六十万円以下の案件ということでありますが、個々の個別労働関係紛争どういうものかというのはなかなか具体的には分かりませんけれども、現在、社会保険労務士は既に、先ほど申し上げましたように、行政型ＡＤＲである都道府県労働局の紛争調整委員

会におけるあっせん代理を行って実績を積んできているところであります。この実績を踏まえまして、民間機関が行うＡＤＲ、民間ＡＤＲについても拡大をしていこうということで、まずは相当程度に軽微な事件について単独受任で代理を行うということにしようじゃないかということで関係者間のコンセンサスが得られたということで、と考えております。

　六十万円の基準というのは、直接的な理屈ということはなかなか見いだし難いわけでありますけれども、そういう意味では、少額訴訟手続が六十万円以下ということでありましたので、まず単独受任で代理を行うものを相当程度軽微な事件でやろうということについては、ここを一つの目安としてやろうということで六十万円以下ということにしたものでございます。

> ┄ コメント ┄ 「社労士」と「簡易訴訟代理」
> 　司法改革の流れの中で、早くから職域拡大である訴訟代理を主張していた「司法書士」は信頼の高い能力担保措置（研修と試験）を要求されたものの、平成15年4月から、簡易裁判所における訴訟代理が行えるようになった。
> 　それにひきかえ、社労士は遅ればせながら簡易裁判所の訴訟代理を要求したものの、最後まで司法改革の流れに乗ることができず、いまだ訴訟代理権付与に至らない。それどころか本法改正においても、民間型ＡＤＲにおいては、本人訴訟が前提となっている少額訴訟レベルのあっせん手続の代理しか単独で行えない。

Q9 代理とは何か

①民法第99条の代理

代理とは、一般に民法第99条に定められた代理行為の要件及び効果をいう。

民法　第99条　（代理行為の要件及び効果）

　代理人がその権限内において本人のためにすることを示してした意思表示は、本人に対して直接にその効力を生ずる。
2　前項の規定は、第三者が代理人に対してした意思表示について準用する。

この「民法第99条」に規定される代理人による法律行為とは、大別すると「任意代理」と「法定代理」の二つとなる。

まず「任意代理」とは、本人から代理権が与えられる場合をいう。

これは、本人の専門的知識を補うことを目的に、本人の依頼により任意に代理人を選定できるとされている。

次に「法定代理」は、本人の意思によらず代理権が与えられる場合である。未成年の子の親権者（民法第818条）等、法律上当然に代理権が与えられる場合、並びに不在者の財産管理人（民法第25条、第26条）等裁判所から選任されて代理権者となる場合等がこれに当たる。

特定社労士が行う「紛争解決手続代理業務」は、前者の任意代理である。

②代理の本質としての「拡大の原則」と「補充の原則」

代理の本質には、二つの原則がある。それは、「拡大の原則」と「補充の原則」である。

現代社会は取引関係が範囲も規模も拡大しており、その内容も高度化・専門化しつつあるため、本人が一人ですべての行為を処理することは不可能といえる。そこで、専門知識をもつ他人に任せた方が、適切且つ円滑に行えると判断した場合に代理人を任意に選任するのであり、こうすることにより私

的自治の拡充に繋るといえよう。

　例えば、会社を考えた場合、代表者たる社長が企画立案、営業、広告、集金、経理等一から十まで全てをやっていたら、その会社の事業展開は非常に限定されたものとなる。そこで、雇用契約により社員を雇い入れ、社長の代理をさせることにより、東京でも大阪でも全国各地で営業活動を行うというのが、「拡大の原則」の側面である。

　次に「補充の原則」とは、意思無能力者や制限能力者が、単独で確定的に有効な法律行為をする能力がないか、あるいは制限されているため、他人がそれらの者に代理し、それが確定的に有効な法律行為となるよう、能力を補充する場合がある。

　さらに能力者についても、専門知識のある者がない者に代わって、つまり私的自治の補充をしなければならないケースは日常茶飯事である。先の会社のケースで考えれば、例えばパソコンが苦手な社長に代わって社員がＯＡ主任者として活躍したり、円滑な労使関係を構築するため、社労士と顧問契約をしたりするアウトソーシングといった具合に、適材適所に代理を置くことは今日、事業展開の拡張に不可欠である。

　つまり代理なくして、社会のシステムは正常に機能しないといっても過言ではない。

> … コメント … 「社労士」と「代理権」
> 　社労士に付与された代理権は、国民の権利を擁護するためのものである。従って、この代理権は憲法の根拠に基づくものであり、憲法に劣後する法律によってその原理を不当に曲げられてはならない。すなわち、代理権の本質は国民の幸福追求権を実現するための道具であり、国家権力がこの道具を国民から取り上げることは明らかな違憲行為である。(拙著『司法の病巣　弁護士法72条を切る（花伝社)』憲法と社会保険労務士より)

Q10 本社労士法の法改正の内容はどのようなものか

政府提案による社会保険労務士法の一部を改正する法律（平成17年法律第62号。以下「改正法」という。）が、平成17年6月17日公布された。改正法の概要は次のとおりである。

社会保険労務士法の一部を改正する法律公布

1 社会保険労務士業務の拡大
（1） 社会保険労務士の業務に次の紛争解決手続の代理業務を加えることとした。（第2条第1項関係）
　イ　雇用の分野における男女の均等な機会及び待遇の確保等に関する法律（昭和47年法律第113号）第14条第1項の調停の手続
　ロ　都道府県労働委員会が行う個別労働関係紛争に関するあっせんの手続
　ハ　個別労働関係紛争（紛争の目的の価額が民事訴訟法（平成8年法律第109号）第368条第1項に定める額（60万円）を超える場合には、弁護士が共同受任しているものに限る。）に関する民間紛争解決手続であって、厚生労働大臣が指定するものが行うもの
（2） 個別労働関係紛争の解決の促進に関する法律（平成13年法律第112号）第6条第1項の紛争調整委員会における同法第5条第1項のあっせんの手続の代理及び(1)の業務（以下「紛争解決手続代理業務」という。）は、紛争解決手続代理業務試験に合格し、かつ、その旨の付記を受けた社会保険労務士に限り行うことができることとした。（第2条第2項関係）
（3） 紛争解決手続代理業務には、紛争解決手続について相談に応ずること、当該手続の開始から終了に至るまでの間に和解の交渉を行うこと及び当該手続により成立した和解における合意を内容とする契約を

締結することが含まれることとした。(第2条第3項関係)

2 紛争解決手続代理業務試験及び紛争解決手続代理業務の付記
(1) 紛争解決手続代理業務試験は、厚生労働省令で定める研修を修了した社会保険労務士に対し、紛争解決手続代理業務を行うのに必要な学識及び実務能力を有するかどうかを判定するために行うこととした。(第13条の3第1項関係)
(2) 厚生労働大臣は、全国社会保険労務士会連合会に紛争解決手続代理業務試験の実施に関する事務(合格の決定に関する事務を除く。)を行わせることができることとした。(第13条の4関係)
(3) 紛争解決手続代理業務試験に合格した旨の付記及び付記の抹消の手続等に関する規定を整備した。(第14条の11の2～第14条の11の6関係)

3 労働争議不介入規定の削除
社会保険労務士の労働争議への介入を禁止する規定を削除した。(第2条第1項第3号及び第23条関係)

4 この法律は、一部の規定を除き、公布の日から起算して9月を超えない範囲内において政令で定める日から施行することとした。

　この内容を見る限りでは、能力担保措置(研修・試験)が講じられたものの業務は拡大され、労働争議の不介入条項は撤廃され、社労士にとって朗報であるといえる。
　しかし、紛争解決手続の代理業務における代理の中身が、極めて制限されており、労働争議の不介入条項が撤廃されたからといって、労働争議の場で依頼人を代理して相対交渉することを許されたわけでもない。
　詳細は、Q11とQ12に譲る。

> …コメント… 「社労士」と近年の「法改正」
> ◆平成10年の社労士法改正は、政府提案で、「社労士試験事務の連合会への委託」がされる代わりに、「審査請求、再審査請求の代理権」が付与された。
> ◆平成14年の社労士法改正は、議員提案で、個別労働関係紛争の解決の促進に関する法律に基づき、都道府県労働局に置かれる紛争調整委員会のあっせん代理を業務として行えるようになった。しかし、行政通達により、極めて限定された範囲の代理となった。

Q11 紛争解決手続の代理業務はどこまでできるのか

　第162回国会　参議院　厚生労働委員会で、代理の解釈につき、質疑応答がされている。

　委員の質問は、4つのパターンについて、特定社労士が具体的に行える代理であるか否かを質問している。これをみるに、期日外の交渉における和解は代理人に認められているものの、和解契約の締結後、申立てを取り下げることはできず、いかに制限された代理であるかがわかるだろう。

第162回国会　参議院　厚生労働委員会　第12号
　　　　　　　　　　　　　　　　　平成17年4月7日　議事録

遠山清彦君　分かりました。ありがとうございます。
　次の質問行かせていただきます。
　ちょっとややこしい質問になるかもしれませんけれども、この後に私が述べるような場合においては、当該社会保険労務士の行為が今回の改正法案に照らして脱法行為と判断し得るかどうか、その点についてお伺いをしたいというふうに思います。
　四つのケースを申し上げますので、ちょっとお書き留めいただきたいと思いますが、まず一番最初に、受任をして直ちに相手方と交渉しほぼ合意ができたので、行政型又は民間紛争解決手続を申し立ててその第一回の期日で和解した場合、これが一番目です。二番目の場合が、申立て書を提出して受理された後に相手方と交渉して、第一回の期日前に手続外で和解をし、手続を取り下げた場合。三番目が、第一回期日の後に、次回期日の前に相手方と交渉して和解をし、手続を取り下げた場合。そして四番目が、この二番目と三番目の場合に、合意が調った時点で、本人の名前、すなわち自分の代理人の名前を出さずに和解書を作った場合。
　これ、それぞれのこの四つのケースについてこれらの行為が行われた場合、脱法行為と判断し得るかどうか厚生労働省の見解を伺いたいと思います。
政府参考人（青木豊君）　まず一つ目の、受任して相手方とすぐ交渉して合

意ができたということで、第一回期日で和解をするというものについては、その合意というのが申立て受理前の交渉によるものでありますので、これは二条三項二号、三号の範囲を超えるというものになると思います。

それから、御指摘の二番目と三番目、申立て書が受理された後に、第一回の期日前に手続外で和解をするという場合と、それから、次回期日の前に、一回期日の後、次回期日の前に相手方と交渉して和解して手続を取り下げるというような場合。これにつきましては、手続外で合意が成ったと、そういう合意に基づく和解契約を締結するということについての代理ということになりますので、これはもう二条三項三号の事務には含まれないというふうに思います。

それから四つ目の、合意が調った時点で本人の名で、自分は代理人として名前を出さずに本人の名でやるという場合でありますが、形式的にはこれは本人ということで代理ということではないわけでありますけれども、本人の名で和解契約を締結したとしても、実質的には手続外で調った合意に基づく和解契約の締結の代理ということでありますので、やはり二条三項三号の事務には含まれないというふうに思います。

上記の質問内容を図にすると、次56頁以降のとおりである。
なお、代理の開始時期については後述254頁のとおりである。

> … コメント … 「特定社労士」と「代理の範囲」
> 　平成17年改正法により従前の「都道府県労働局における紛争調整委員会のあっせん手続の代理」で変わったことといえば、クライアント本人の出席なしに、期日で合意が固まった場合、あっせん代理人である社労士が相手の判のある合意契約書（または和解契約書）を、わざわざクライアントに持参し、判を押してもらわなくても、代理人の名で契約締結ができるようになったというだけのことである。
> 　つまり平成14年法改正と本改正との違いは、あっせん代理の「代理」が、本来のまともな一般常識の「代理」に戻っただけのことなのだ。

ケース別図解　ケース1

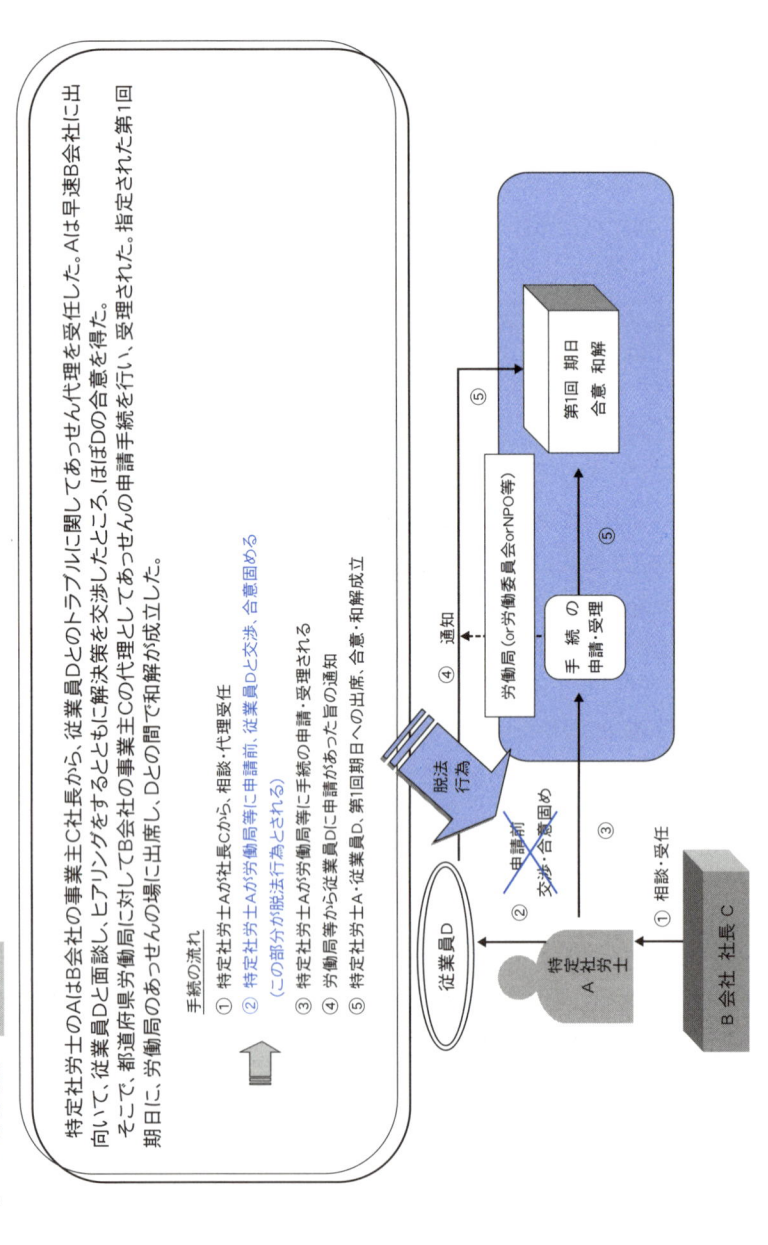

特定社労士のAはB会社の事業主C社長から、従業員Dとのトラブルに関してあっせん代理を受任した。Aは早速B会社に出向いて、従業員Dと面談し、ヒアリングをするとともに解決策を交渉したところ、ほぼDの合意を得た。
そこで、都道府県労働局に対してB会社の事業主Cの代理としてあっせんの申請手続を行い、受理された。指定された第1回期日に、労働局のあっせんの場に出席し、DとのBで和解が成立した。

手続の流れ

① 特定社労士AがC社長から、相談・代理受任
② 特定社労士Aが労働局等に申請前に従業員Dと交渉、合意固める
　（この部分が脱法行為とされる）
③ 特定社労士Aが労働局等にあっせんの申請・受理される
④ 労働局等から従業員Dに申請があった旨の通知
⑤ 特定社労士A・従業員D、第1回期日への出席、合意・和解成立

B会社 社長 C
① 相談・受任
特定社労士 A
② 申請前交渉・合意固め ✗
従業員 D
脱法行為
③ 手続の申請・受理
労働局 (or労働委員会orNPO等)
④ 通知
⑤
第1回 期日
合意 和解
⑤

1章 「検討会報告書」を理解するためのQ＆A

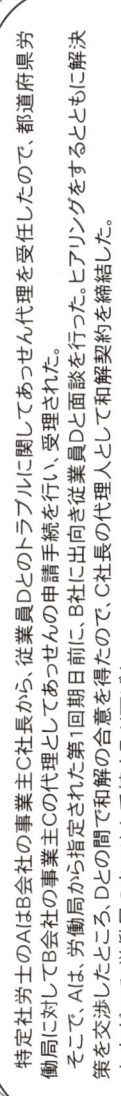

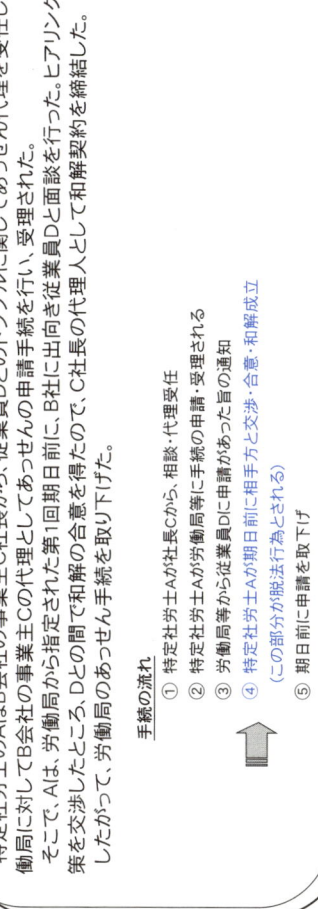

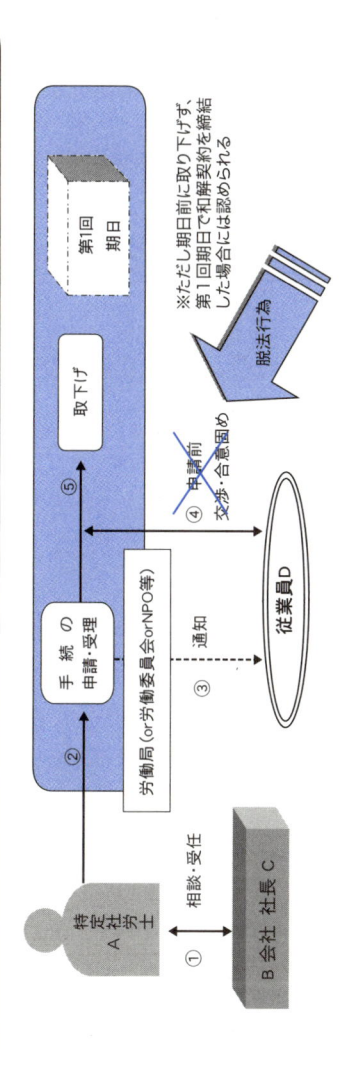

ケース2

特定社労士のAはB会社の事業主C社長から、従業員Dとのトラブルに関してあっせん代理を受任したので、都道府県労働局に対してB会社の事業主Cの代理としてあっせんの申請手続を行い、受理された。
そこで、Aは、労働局から指定された第1回期日前に、B社に出向き従業員Dと面談を行った。Bに出向き従業員Dと面談を行った。ヒアリングをするとともに解決策を交渉したところ、Dとの間で和解の合意を得たので、C社長の代理人として和解契約を締結した。
したがって、労働局のあっせん手続を取り下げた。

手続の流れ
① 特定社労士AがC社長から、相談・代理受任
② 特定社労士Aが労働局等に手続の申請 受理される
③ 労働局等から従業員Dに申請があった旨の通知
④ 特定社労士Aが期日前に相手方と交渉・合意 和解成立
（この部分が脱法行為とされる）
⑤ 期日前に申請を取り下げ

ケース3

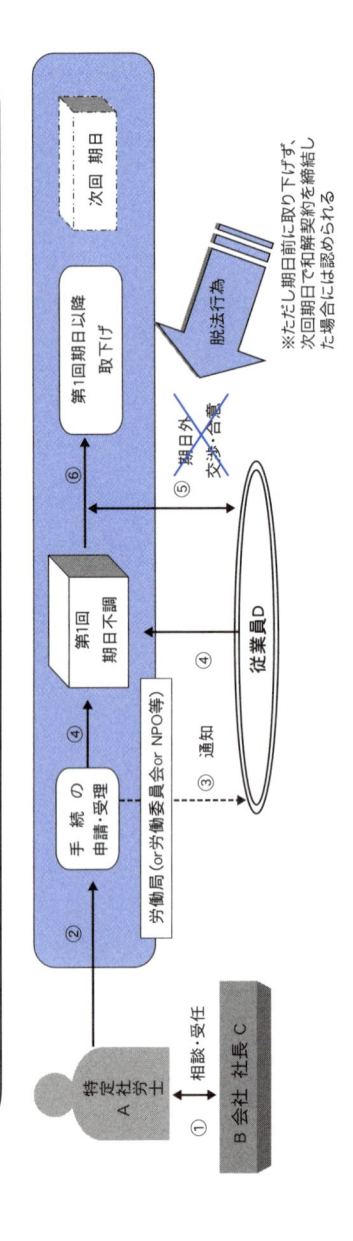

特定社労士のAはB会社の事業主C社長から、従業員Dとのトラブルに関してあっせん代理を受任し、都道府県労働局に対してB会社の事業主Cの代理としてあっせんの申請手続を行い、受理された。Aは、労働局から指定された第1回期日前に、B社に出向き従業員Dと面談を行い、ヒアリングをするとともに解決策を交渉した。しかし第1回期日の労働局あっせんの場では、交渉が不調に終わった。その後、第2回期日前に、B社においてDと交渉したところ和解が成立したので、C社長の代理人としてD従業員と和解契約書を締結した。したがって、労働局のあっせん手続を取り下げた。

手続の流れ

① 特定社労士Aが社長Cから、相談・代理受任
② 特定社労士Aが労働局等に手続の申請・受理される
③ 労働局等から従業員Dに申請があった旨の通知
④ 特定社労士Aと従業員Dが第1回期日に出席、不調に終わる
⑤ 特定社労士Aが次回期日前に従業員Dと交渉・合意・和解成立
   (この部分が脱法行為とされる)
⑥ 次回期日前に申請を取下げ

※ただし期日前に取り下げ、次回期日で和解契約を締結した場合には認められる

1章 「検討会報告書」を理解するためのQ&A

ケース4

特定社労士のAはB会社の事業主C社長から、従業員Dとのトラブルに関してあっせん代理を受任し、都道府県労働局に対してB会社の事業主Cの代理としてあっせんの申請手続を行い、受任された。
そこで、Aは、労働局から指定された第1回期日前に、B社に出向き従業員Dと面談を行った。ヒアリングをするとともに解決策を交渉したところ、Dとの間で和解の合意を得たので、和解契約を締結した。その折、その和解契約書には代理人のAの名前を出さずに、C社長の名前で和解書を作成した。したがって、労働局のあっせん手続は取り下げた。

手続の流れ

① 特定社労士Aが社長Cから、相談・代理受任
② 特定社労士Aが労働局等に手続の申請・受理される
③ 労働局等から従業員Dに申請があった旨の通知
④ 特定社労士Aが期日前に従業員Dと交渉・合意・和解成立
　（この部分が脱法行為とされる）
⑤ 和解契約書は、代理人特定社労士Aの名を出さずに、当事者ならびにCDの名で締結させる
　（実際には④で締結したとされ、これも脱法行為とされる）
⑥ 期日前に申請を取り下げ

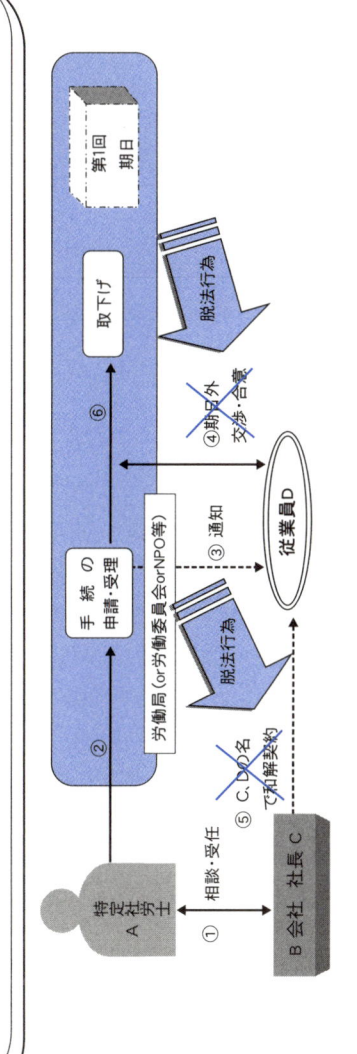

Q12 社労士法第23条の撤廃で何が変わるのか

はっきりいって、大勢に影響はない。

なぜなら法第23条が撤廃されたとしても、弁護士法第72条の存在により、社労士が労働争議に際して相対交渉をすることは、依然として制限されているからである。社労士が労働争議に積極的に関わるためには、社労士法の条文に「労働争議に介入できる」とする新たな明示が必要である。そのためには、新たな法改正を待たなければならない。

行政は衆議院の厚生労働委員会で、同法の撤廃による次のように解釈している。

「仮に争議行為が発生して、あるいはまた発生するおそれがある、そういう状態において、当事者の一方の行う争議行為の対策の検討でありますとか、その決定等に参与するような相談、あるいは指導業務を行うことができる(第162回国会　衆議院　厚生労働委員会　第26号)」

そうすると、この法改正にはいったいどのような意味があるのか、ということになるが、禁止条項が撤廃されたことにより、確かに法文上の見栄えはよくなっただろう。しかし実務面では、それほど大きな意味はない。

さてここで、労働争議の実際をイメージしてみよう。

団体交渉の場において、業として報酬を得ることを目的とし、社労士が依頼人を代理して、単独で相手方と交渉をすることはできない。

たが、次の場合は行えるものと解される。

1　依頼人と一緒に団体交渉の場に臨み、報酬を得て決定等に参与するような相談、あるいは指導業務を行うこと。
2　報酬を得る目的でなく単独で団体交渉の場に臨み依頼人を代理すること。

なお、これまで社労士法第23条で介入を制限されていたのは、一方の当事者が労働組合といった集団との「**労働争議**」であり、相手が労働者個人の「**個別労使紛争**」については、なんら制限がされていなかった。

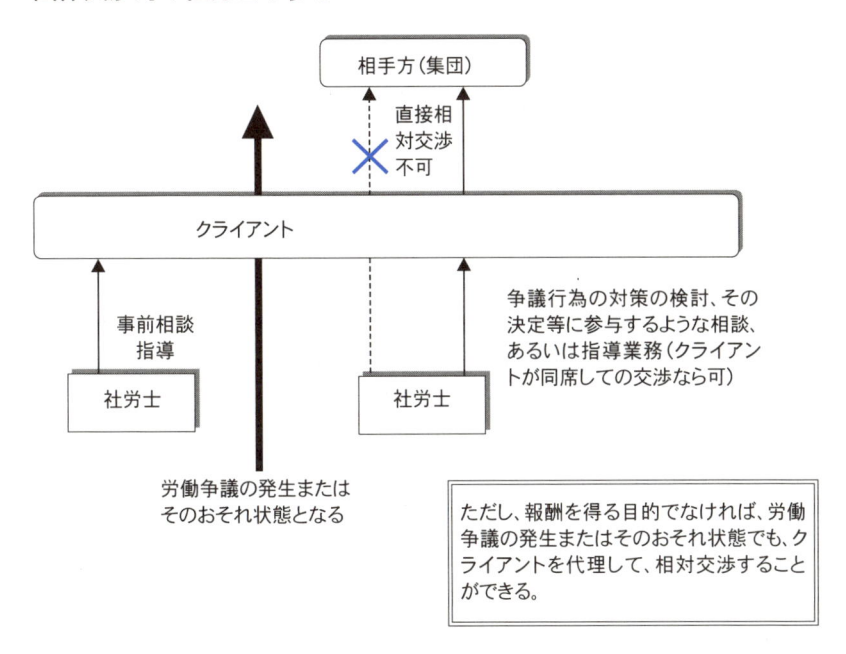

団体交渉時の社労士の参与

```
                    ┌──────────────┐
                    │  相手方(集団) │
                    └──────────────┘
              ↑          ↑
              │      直接相
              │    ✗ 対交渉
              │      不可
    ┌─────────────────────────────────────┐
    │           クライアント                │
    └─────────────────────────────────────┘
         ↑                    ↑
       事前相談        争議行為の対策の検討、その
       指導            決定等に参与するような相談、
                       あるいは指導業務(クライア
    ┌───────┐         ントが同席しての交渉なら可)
    │ 社労士 │        ┌───────┐
    └───────┘        │ 社労士 │
                      └───────┘

  労働争議の発生または
  そのおそれ状態となる
```

> ただし、報酬を得る目的でなければ、労働争議の発生またはそのおそれ状態でも、クライアントを代理して、相対交渉することができる。

…コメント… 「社労士」と「労働争議」

　争議行為の発生した事業場と何ら縁もゆかりもない社労士が関与し一方を代理する場合、あるいは実力行使に訴えることの対策に加わったり、当事者の一方の利益追求のみを目的として代理する場合は不当といえるが、特定の事業場（顧問先）で継続的に労使関係の問題に関与している場合、途中から労働争議等に発展したとして相対交渉の代理を禁止するという狭い解釈が、はたして労使双方にとって本当の利益になるのだろうか。職場は、トラブルの最中も、その後も継続していくものである。

　今回の法改正でも、労働争議の団体交渉において一方当事者の代理人となることについては、弁護士法第72条に抵触するとして強く否定されている。ＡＤＲの趣旨に照らし、疑問を残すところである。

（2）「信頼性の高い能力担保措置」の検討の基本的視点

Q13　能力担保措置は本当に必要だったのか

　当職はこの程度の代理に、厳格な能力担保措置の必要性はなかったと考える。

　その理由は第1に、これまで「不服申立ての代理」が能力担保の措置なしに行えていたのであり、この代理より難しい代理を行うならばいざ知らず、数段易しい「紛争解決手続代理業務」を行うにあたって、わざわざ能力担保措置を講じる必要はないとからだ（詳細はＱ14を参照のこと）。

　第2に今回の法改正は、平成14年法改正で不当な行政解釈が加えられていたあっせん代理が、本来の代理に戻っただけのことだからである。

　本改正法により、従前の「都道府県労働局における紛争調整委員会のあっせん手続の代理」と変わった点といえば、あっせんが行える場所は増えたものの、関与する内容はなんら変わっていない。しいていえば、クライアント本人の出席なしに、期日で和解の合意が固まった場合、あっせん代理人である社労士が相手の判のある合意契約書（または和解契約書）を、わざわざクライアントに持参し、判を押してもらわなくても、代理人の名で契約締結ができるようになったというだけのことなのだ。

　第3に、法改正法では、あっせん手続等についての和解契約の代理は、行政型においては労働局や労働委員会といった期日に行うものの代理に限定されており、行政の指導・監視下で行うものとされている。一方、民間型にあっては、単独代理できる訴額の上限を少額訴訟同様の60万円以下としている。少額訴訟は本人訴訟で行われる場合が90％以上で、素人でも簡単にできる訴訟である。本人でもできる、こうした代理を行うのに、能力担保措置をわざわざ講じるまでもないといえる。

　さらに、Ｑ6でも触れたが、機会均等調停会議による調停（均等法第14条に基づく調停）」の実態を見た場合、その申請件数はきわめて低い数字となっている。

もっとも、簡易裁判所での訴訟代理（訴額が140万円を超えないもの）を行える認定司法書士にも、能力担保措置が講じられているのだが、こちらも司法統計からすると本人訴訟が9割がたで、本人ですら行える訴訟代理をするにあたって、厳格な能力担保措置は必要なかったのではないかといえる（表1、次頁表2を参照のこと）。

表1　全簡易裁判所・民事事件の新受事件の推移

	総数	弁護士付	本人訴訟	本人訴訟割合
平成11年度	307,850	32,127	275,723	89.56%
平成12年度	301,185	31,281	269,904	89.61%
平成13年度	303,927	30,908	273,019	89.83%
平成14年度	314,623	29,534	285,089	90.61%
平成15年度	337,076	30,863	306,213	90.84%
平成16年度	347,851	43,796	304,055	87.41%

（司法統計年報から数値を加工）

> …コメント…「社労士」と近年の「法改正」
> 　本人訴訟が前提とされる簡易裁判所での訴訟代理を行う認定司法書士に、厳格な能力担保措置を講ずる必要はなかったものと考える。まして、不服申立ての代理を行える社労士が、都道府県の労働局や労働委員会等におけるあっせん手続の代理や調停手続の代理を行う程度で、高いハードルの能力担保措置を要求するのは整合性に欠ける。
> 　何のための、ＡＤＲなのか。何のための特定社労士なのか。そもそも弁護士の物理的な人数不足と少額事件を忌避する傾向を補う制度ではなかったのか。
> 　国民の利益を第一に考えるのが、法律実務に携わる者の使命と心得る。

表2 平成16年度少額訴訟既済事件数 事件の種類別弁護士等選任状況―全簡易裁判所
(本表は、少額訴訟から通常移行した数字を含まない。)

| 事件の種類 | 総数 | 弁護士等をつけたもの | | | | | | | | | | 当事者本人によるもの | 本人訴訟の割合 | 司法委員関与のあったもの |
| | | 総数 | 双方 | | | | 一方 | | | | | | |
			双方弁護士	原告側弁護士・被告側司法書士	原告側司法書士・被告側弁護士	双方司法書士	原告側弁護士	原告側司法書士	被告側弁護士	被告側司法書士			
総数	17,346	1,277	39	-	12	1	493	270	412	50	16,069	93%	10,739
金銭を目的とする訴え	17,346	1,277	39	-	12	1	493	270	412	50	16,069	93%	10,739
うち													
売買代金	1,725	110	1	-	-	1	55	41	10	2	1,615	94%	786
賃金	1,377	75	-	-	-	-	26	24	22	3	1,302	95%	689
立替金・求償金等(信販関係事件に限る)	154	16	-	-	1	-	9	2	4	-	138	90%	84
交通事故による損害賠償	4,765	306	20	-	1	1	112	13	155	5	4,459	94%	3,563
その他の損害賠償	912	120	7	-	1	-	34	14	58	6	792	87%	618
手形・小切手	-	-	-	-	-	-	-	-	-	-	-	-	-

(司法統計年報から数値を加工)

＊司法委員は毎年あらかじめ地方裁判所から選任(民訴279条Ⅲ)された民間の有識者であり、裁判に同席して審理を円滑に進めるため意見を述べたり、和解を取り持つ役割を持つ。任期は1年で、元裁判官・元検察官・元書記官・大学教授・弁護士等法律専門職のほか、元教師等幅広い分野から選任されている。

Q14 社労士が行える不服申立ての代理とは

　労働保険・社会保険には、行政機関の決定について不服がある場合、不服を申し立てることができる制度がある。社労士は、平成10年の改正法において、この不服申立てを代理することができるようになった。代理できる事務については、「**仲裁**（労働保険審査官及び労働保険審査会法第6条・第24条等）」「文書による申請書の作成（社会保険労務士法第2条第1項第1号）」「意見の陳述（同法第2条第1項第1号の3）」などが含まれている。
　社会保険労務士が行える不服申立て代理の範囲を、行政通達で確認しておこう。

社労士法の一部を改正する法律の施行について（抜粋）
　　　　　　　　　　　　　　　　庁保発第31号　平成10年9月29日
第二　社会保険労務士の業務について
1　第二条第一項第一号に係る改正は、社会保険労務士が作成する書類に審査請求書、異議申立書及び再審査請求書が含まれることであることを、同項第一号の三の改定に伴い、念のために明らかにしたものであり、したがって、同項第一号の事務の範囲を変更するものではないことに留意すること。
2　第二条第一項第一号の三に規定する社会保険労務士が事務代理できる事務として、労働社会保険諸法令に基づく全ての審査請求、異議申立て、再審査請求等の不服申立てを加えたこと（規則別表関係）。これに伴い、社会保険労務士は、労働社会保険諸法令に基づく不服申立てを代理することができるようになったこと。
　　なお、労働社会保険諸法令に基づく不服申立てとしては、行政不服審査法に基づく不服申立て（個別の法律で行政不服審査法の手続に関する規定を一部除外しているものを含む）のほか、行政不服審査法に基づかない不服申立て（労働基準法第八十五条第一項の審査又は事件の**仲裁の申立て**及び同法第八十六条第一項の審査又は事件の**仲裁の申立て**並びに

中小企業退職金共済法第八十九条の審査の申立て）があること。
3 今回の法改正に伴う社会保険労務士の業務の拡充についてはその周知を努めるとともに、あわせて勤務社会保険労務士の活用も含め社会保険労務士制度の活用について事業主に対し周知に努めるよう留意すること。
4 今回の法改正に伴う社会保険労務士の業務の拡充が図られたところであるが、名称の使用制限の違反や業務の制限違反は、それぞれ法第二十六条、法第二十七条の違反であり、関係法令の施行の支障となるばかりでなく、労働者や事業主の権利保護の上でも重大な問題であること。これらの違反の防止やそのための周知について改めて留意するとともに、社会保険労務士会とも必要な連携を図ること。

つまり、社会保険労務士は、労働社会保険諸法令に基づく不服申立てを代理することができるのである。
それでは次に、労働災害保険の給付について不服がある場合を例に解説しよう。ちなみに不服申立ては、「審査請求」「再審査請求」と「二審制」になっている。

＜審査請求とは＞
　被災労働者又は遺族等は、労働基準監督署長が行った保険給付を支給する、支給しないという決定に対して不服がある場合には、その決定をした労働基準監督署の所在地を管轄する労働局に置かれている労働者災害補償保険審査官（以下「審査官」という。）　に不服の申立てをすることができる。
　不服申立ては、直接審査官に対して行うことができるが、審査請求人の住所を管轄する労働基準監督署長や保険給付に関する決定をした労働基準監督署長を経由して行うこともできる。
　不服申立ては、保険給付に関する決定があったことを知った日の翌日から起算して60日以内に行わなければならない。

＜再審査請求とは＞
　審査官の決定に不服がある場合や審査請求後3か月を経過しても審査

官による決定がない場合には、労働保険審査会に対して、再審査請求をすることができる。

再審査請求は、文書で、労働保険審査会に対して行う。なお、再審査請求人の住所を管轄する労働基準監督署長、最初に保険給付に関する決定をした労働基準監督署長や審査官を経由して行うこともできる。

再審査請求は、審査官から決定書の謄本が送付された日の翌日から起算して60日以内に行わなければならない。

なお、審査請求を経ずに裁判所へ訴えようとしても、「不服申立て前置主義」がとられているため、労働保険審査会の裁決を経た後でなければ提訴することはできない。

労災保険給付に関する審査請求制度

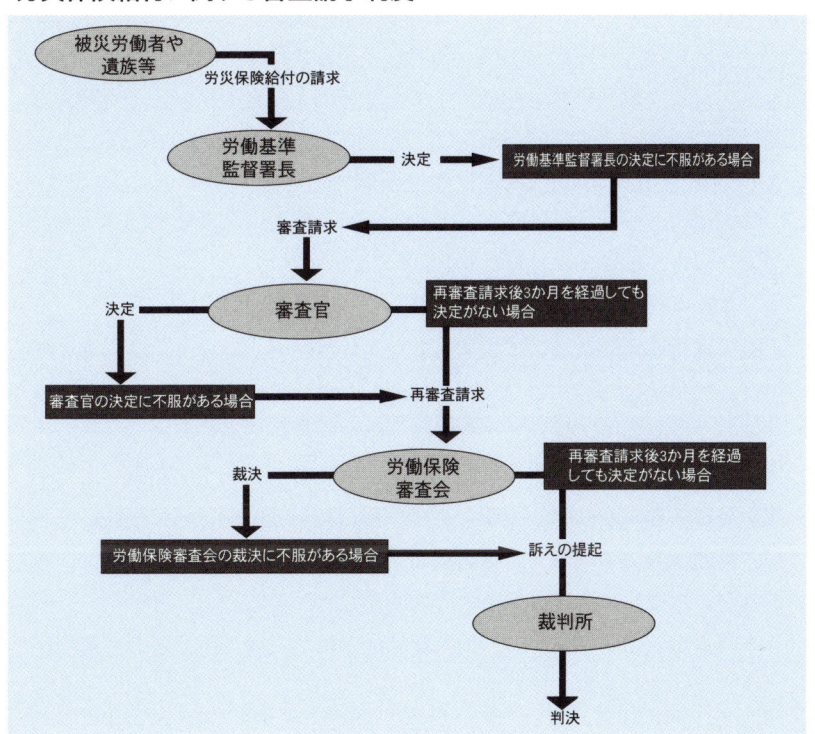

```
被災労働者や遺族等
    │ 労災保険給付の請求
    ▼
労働基準監督署長 ──決定──▶ 労働基準監督署長の決定に不服がある場合
    │ ◀─────────── 審査請求
    ▼
審査官 ──決定──▶ 審査官の決定に不服がある場合
         再審査請求後3か月を経過しても決定がない場合
    │ 再審査請求
    ▼
労働保険審査会 ──裁決──▶ 労働保険審査会の裁決に不服がある場合
         再審査請求後3か月を経過しても決定がない場合
    │ 訴えの提起
    ▼
裁判所
    │
    ▼
 判決
```

こうした不服申立ての制度は、「**労働保険審査官及び労働保険審査会法**」が根拠となっている。この法律は、3章、54条からなり、審査官や、労働保険審査会での細則が定められている。
　注視すべきは、代理人たる社労士が行うことを定めた、同法第9条の2だ。

（代理人による審査請求）
　第9条の2　審査請求は、代理人によってすることができる。
　2　代理人は、各自、審査請求人のために、当該審査請求に関する一切の行為をすることができる。ただし、審査請求の取下げは、特別の委任を受けた場合に限り、することができる。

　この代理には仲裁（同法6条及び24条）の事務も含まれている。
　これまで見てきたとおり、仲裁を含む「不服申立ての代理」のほうが「あっせんの手続の代理、調停の手続の代理」よりはるかに難易度は高いといえる。前者に能力担保措置が要求されず、後者に要求されるのは実に不可解である。

> …**コメント**…「社労士法改正」と「不服申立ての代理」
> 　社労士は、平成10年の改正法において、不服申立てを代理することができるようになったわけだが、代理できる事務については、「仲裁」「文書による申請書の作成」「意見の陳述」などが含まれている。
> 　この改正こそ、社労士の職域拡大へ大きな弾みをつけたことに違いない。
> 　にもかかわらず、注視すべき点は、国会の質疑の場において、その代理能力について特段、担保措置の議論がされていない点である。また、政府委員の発言からは、当時社労士制度は発足から30年を経過しており、不服申立ての代理を行う力量のある社労士がたくさん出てきていることが、本改正の背景にあるとの説明がされている。
> 　本社労士法改正における、能力担保措置は、この法改正との整合性が見られないものとなっている。

Q15 仲裁の代理ができるのに、あっせん、調停の手続代理で今さら能力担保措置なのか

「Q7　あっせん、調停、仲裁とは」で３つの紛争解決手段の難易度を図式化したが、中では「仲裁」が一番難しく、次に「調停」、「あっせん」の順となった。

「仲裁」＞「調停」＞「あっせん」

さて、社労士は平成10年からクライアントに代わって、不服申立ての代理を行っている。この代理には、「仲裁」の代理も含まれており、紛争解決手段でもっとも難しいとされる代理を、これまで社労士は何の能力担保措置なしに行ってきている。

したがって、それより易しい紛争解決手段である、「あっせん」「調停」の手続の代理を行うのに、能力担保措置を要求することに整合性がないといえる。

それゆえ、これら手続の代理を行うにあたり、能力担保措置として研修や試験を受けさせることを定めた、本社労士法改正は非常に問題があるものだといえる。

もっとも、隣接法律専門職種がＡＤＲへ参画するにあたり、能力担保措置を講じるとした背景には、弁護士会等の強い要望があったときく。

特に社労士法改正にあたり、2005年３月10日、日本労働弁護団は幹事長名で「社会保険労務士法改正に対する意見」を出している（http://homepage1.nifty.com/rouben/）。その意見の趣旨は、次の２つである。

1．ＡＤＲ代理権の拡大について

（１）　男女雇用機会均等法に基づき都道府県労働局が行う調停につき、特定社会保険労務士に代理権を付与すべきではない。

> （２） いわゆる民間認証ＡＤＲ機関が行うＡＤＲにつき、特定社会保険労務士に代理権を付与するにあたっては、弁護士との共同受任を条件とすべきである。
> 　　なお、仮に、特定社会保険労務士に単独代理権を訴額 60 万円以下の紛争について認めるとしても、労働契約の存否及びその終了にかかる紛争は除外すべきである。
> （３）　特定社会保険労務士の認定にあたっては、法律実務家としての資質、能力が十分に担保されるよう、ことに民法、民訴法、労働法及び民事訴訟実務についての十分な研修を義務付けたうえ、独立した判定機関による厳格な試験を実施すべきである。
>
> **2.　争議介入禁止規定の削除について**
> 　労働争議介入禁止規定（法 23 条、同 2 条 1 項 3 号かっこ書き）は、削除すべきではない。

　この意見書は、本改正法の全ての項目につき、否定的な見解を示している。その理由につき以下に反駁しよう。

　第 1 に、法的紛争解決能力への疑問を挙げている。だが、平成 10 年から 7 年間も社労士が行っている不服申立て代理の実績をどう評価するというのだろうか。まして、今回の法改正における、行政の監視下あるいは、本人訴訟が前提である少額訴訟程度の手続代理業務で、どこまで法的紛争解決能力が必要とされなければならないのかすこぶる疑問である。

　第 2 に、社労士の経営基盤が経営者にあることとしているが、確かに顧問契約をしている事業場において、事業主・労働者の双方の代理にはなれない。だが、顧問先以外の労働者の代理になら、いくらでもなれるはずである。しかし、これとて、弁護士が企業と顧問契約をしている場合と同様であり、なにも社労士に限った問題ではない。

　第 3 に、社労士に関して問題のあるいくつかの実例をあげ、法律実務家としての知識不足を指摘している。それでは、社会正義を使命とする弁護士会の懲戒処分者の数の多さをどう理解すればよいというのだろうか。懲戒者の

例をして、すべての弁護士は社会正義の使命を怠っているというのだろうか。
　社労士にも確かに知識不足の者はいる。だからといって一部をして、全体を評価すべきではない。
　さらに、第１回社会保険労務士裁判外紛争解決手続代理業務能力担保措置検討会で労働法を知らない弁護士について、座長である渡辺章専修大学法科大学院教授が指摘している点を重視しなければならない。

> 「平成 10 年に司法試験の選択科目から労働法がなくなりまして、私は中労委の公益委員もしているのですが、若い弁護士の先生方は労働法を本当に知らないですね。社会保険労務士だけでなく、そこの事件に来てはじめて少し教科書を見てみるかというふうな感じで、労働委員会や個別紛争のところへ来られる方が非常に多いです。」（第１回検討会議事録より）

　こうした事実を棚に上げ、代理能力の担保措置は弁護士以外の隣接法律専門職種にだけ問われる資質なのだろうか。弁護士だけは特権階級なのだろうか。
　国民の利益を第一に考え能力担保を厳格にするならば、業種による差別を行うべきではない。たとえ弁護士でも、専門以外の分野については能力担保措置を厳格に講ずるべきであると考える。
　労働弁護団は、この法改正が提案されるに至る背景を理解した上で、このような意見書を出しているのだろうか。
　そもそも弁護士不足（物理的な人数不足と、少額事件を忌避する特性）を補うために、隣接法律専門職をその専門分野で有効活用し、かつ ADR を促進する趣旨で司法改革が行われたはずだ。司法統計でもわかるとおり、多くの場合本人が行っている簡易裁判所レベルの訴訟代理に、高いハードルである能力担保措置を課すことは、市民の司法アクセスを容易にするどころか、訴訟代理の担い手不足はそのままで、逆に本人訴訟を増加させる結果になる。
　上記の理由から、この程度の代理を行うにあたって厳格な能力担保措置を求めるべきでないと考える。
　ところで、弁護士法第 72 条の解釈では、非弁護士の活動は、営業的・職

業的なものでなくとも厳しく取り締まり、弁護士の法律事務の独占という法制度を貫徹すべしと考える立場である一罪説がある。その立場はいまから30年以上も前、それを前提としつつも、縁故者が紛争解決に尽力し謝礼を送られた場合や知人に好意で弁護士を数度にわたって紹介した場合等は社会的に容認すべき行為であり、いわゆる三百代言等の害悪を及ぼす限度において処罰すれば足りると考える立場である二罪説へとシフトされ、現在は判例、学説ともに二罪説で落ち着いている（詳細は **Q 22** 参照のこと）。

これらの理由に併せ、司法統計（**Q 13**）の数字でも明らかなとおり、もともと本人訴訟の割合が高い簡易裁判所における訴訟代理の門戸を他の隣接法律専門職種に開放したとしても、弁護士の職域が侵害されるとは考えにくい。

したがって弁護士の権益に固執し、時代の要請に逆行する偏狭な意見は慎むべきである。

再度強調するが、ＡＤＲの促進は、ほかの誰でもない国民の利益を第一に考えることである。

…コメント… 「社労士」と「不服申立ての代理」

社労士は、不服申立てを代理することができるわけだが、代理できる事務については、「仲裁」「文書による申請書の作成」「意見の陳述」などが含まれている。

特定社労士に、能力担保措置が要求された背景には、司法改革推進本部「今後の司法改革制度の推進について」の決定があるわけだが、これが出される前に、すでに社労士は不服申立ての代理を行っている事実をアピールすべきであったはずだ。連合会での能力担保措置検討会に、この話題は一度たりとも上っていないのは実に不甲斐ない。

1章 「検討会報告書」を理解するためのQ&A

Q16 研修免除は「法の下の平等」に反するのではないか

　全国社会保険労務士会連合会は、能力担保措置検討会において一貫して「法改正前に連合会が実施した司法研修の修了者について能力担保研修を免除する」との主張を繰り返し、ついに報告書にこの一文を盛り込んだ。

　すなわち、能力担保措置が不十分な司法研修を受講した一部の社労士約3,600人を優遇し、その理由なき特権を与えようとしているに過ぎない。現在、全国の社労士は約29,000人であるが、連合会は終始3,600人の権益に終始し、29,000人の全体については無視しているとの謗りを免れない。

　その理由には、以下の3つがある。

　第1に、研修目的がすりかえられている点である。

　そもそも、連合会が以前に行った司法研修は、今回の法改正の能力担保を想定して行われたものではない。第1回の能力担保措置検討会では、弁護士鵜飼委員から、その確認がされている。

第1回社会保険労務士裁判外紛争解決手続代理業務能力担保措置検討会
　　　　　　　　　　　　　　　平成17年1月28日　議事録

鵜飼委員　今回の法改正の能力担保を想定した研修ではないんですか。
馬橋委員　ございません。
鵜飼委員　一般のレベルアップというか、そういう感じの目的なんでしょうか。
中井委員　司法制度の議論の中で、私どもは本来労働問題の専門家であるから、司法書士の方が新たに訴訟代理という新しい業務をされるのと、われわれが労働問題についてこういうことをやるのとは違う話なので、能力担保は要らないのだといって頑張っていたのですが、結論としては信頼性の高い能力担保措置という条件で認めるという司法制度改革推進本部の決定になりました。

　ただ、そうはいってももちろん勉強しなければいけません。だから一生懸命こうやって勉強しています。志のある人はちゃんと勉強しなくてはいけな

いし、一生懸命やっていますということは併せて言っておきます。基本的には能力担保措置というものを、そもそも想定してやっているわけではないのです。

　また、連合会が行った司法研修の研修プログラム作成に携わった、能力担保措置検討会の馬橋委員は、この優遇措置を第1回検討会から第5回検討会にわたり、一貫して強く否定している。
　第2に、事前にこうした優遇措置がされる可能性があることを、社労士会員全体に周知していない事実である。
　仮に、事前の連合会司法研修が、法改正後の研修免除という能力担保措置の一環だとわかっていれば、司法研修受講者はもっと増えたはずだ。事実、第1ステージの受講者は5,000人で、第2ステージでは3,600人に減少したが、事前に能力担保措置の一環であると、あるいはその可能性があると情報公開されていれば1,400人もの減少はなかったであろう。第1ステージ出席者の中でも、出席管理が杜撰で、内容もお粗末としかいいようのないものだったため、第2ステージを受けることはしなかったという会員もいる。
　また、第2ステージの受講資格は第1ステージ修了者にのみに限定しており、第2ステージから受講しようとしても受付けないといった極めて閉鎖的な研修であった。
　そもそも、3年前から順次行われていた第1ステージの研修は、基礎的な法律知識の講義であるため、法学部を卒業してその知識が十分な者、あるいは、社労士の業として認められている、不服申立ての代理を恒常的に行っている者等、法の基礎的知識を備えた社労士は、第1ステージは受講しておらず、結果として彼らには第2ステージを受ける権利がなかったのである。
　このように、情報開示がされていない状態で、連合会が行った司法研修受講者のみが優遇されることは、極めて不公平だといえる。
　第3に、憲法第14条で保障されている「法の下の平等」に反することである。
　ここでいう「法の下に」とは、法適用の平等のみならず、法そのものの内容も平等の原則にしたがって定立されたものであるべきだと解される。したがって、社労士会連合会が適切な情報公開を行わず、なし崩し的に「自己研

鑽が目的の研修」を「能力担保措置研修」に変更することは、「法の下の平等」にもとる行為であることは否めない。優遇措置が受けられない、その他多くの社労士にとっての人権侵害にほかならない。

さて、この優遇措置について、連合会の中井委員は第5回能力担保措置検討会の場で、馬橋委員の質問に対し次のように述べている。憲法第14条の重みをまったく無視した発言であるといわざるを得ない。

第5回社会保険労務士裁判外紛争解決手続代理業務能力担保措置検討会
平成17年6月29日　議事録

馬橋委員　受講しなかった人が、話が違うと言うんじゃないですか。だって、それが免除の要件になるなんて言ってない。
中井委員　もちろんそういう意見も当然出ています。それは分かっています。
馬橋委員　言ってくれれば自分だって出たのにということになる。
中井委員　そう言う人もいますが、そうではない人もいまして、いろいろいますから、それは割り切ってこちらで決めないとどうしようもないんです。

…コメント…　「法の下の平等」と「研修の優遇措置」

これは、これから紛争解決手続の代理を行おうとする者の、また研修の主体を行おうとする団体（社労士連合会）の、「人権感覚」として非常に問題だと言える。

くわえて、社労士には綱紀委員会の充実が求められているが、法の下の平等の実現を実践できない団体にその運用を求めた場合、少なからずの社労士会員が不利益を被ることは明らかである。

研修の優遇措置に疑義を感じた社労士会員らが「能力担保措置公正実施協議団」に発起人として参加したが、東京会では、そこに名を連ねた会員に対し、支部長会へ召集し、名を連ねるに至った心情や経緯を事細かに糺したという。第7回の検討会議事録には、連合会が主導で事情聴取した事実が連合会専務理事中井委員の口から語られている。

こうした、表現の自由を著しく制限する団体に、倫理を委ねるのはこの上なく不安である。

(3) その他のQ&A

Q17 ズバリ、特定社労士と一般の社労士の違いは

　「特定社労士」のみが行える、報酬を得る目的で行える業は、社労士法第2条第1項の4から同項1の6までに定められた、「**紛争解決手続代理業務**」である。

　したがって、特定社労士以外の一般社会保険労務士は、これまで行うことのできた、個別労働関係紛争解決促進法に基づき都道府県労働局が行うあっせんの手続の代理はできないことになった。

　それ以外の業務については、つまり「**労働社会保険諸法令に基づく申請書等の作成（この申請書等には行政機関等に提出する申請書、届出書、報告書、審査請求書、異議申立書、再審査報告書、その他の書類を含む）**」「**その申請書等の提出手続の代行**」「**労働社会保険諸法令に基づく申請等に係る事務代理（この「申請等」には審査請求・異議申立・再審査請求を含む）**」「**労働社会保険諸法令に基づく帳簿書類の作成**」「**労務管理・社会保険等に関する事項についての相談または指導**」「**労働争議の事前相談・指導**」については、特定社労士でも一般社労士でも同じように共通して行うことができる。

　なお、一般に報酬を得る目的でなければ、和解契約の締結の代理を行うということは、弁護士法第72条には違反しないと解されている。つまり一般社労士でも報酬を得る目的でなければ業として「紛争解決手続代理」が行えるのである（次頁の図を参照）。

　なお、報酬を得る目的でなければ、一般の社労士が業として行えるとする弁護士法第72条の解釈は、後述**Q22**でも詳述するが、第162回国会　衆議院　厚生労働委員会　第26号でも、民主党内山あきら委員と政府参考人とのやり取りの中で、明確に示されている。

1章 「検討会報告書」を理解するためのQ&A

社労士
平成19年3月31日まで
「労働社会保険諸法令に基づく申請書等の作成（この「申請書等」には審査請求書・異議申立書・再審査請求書を含む）」「その申請書等の提出手続の代行」「労働社会保険諸法令に基づく申請等に係る事務代理（この「申請」には審査請求・異議申立・再審査請求を含む）」「労働社会保険諸法令に基づく帳簿書類の作成」「労務管理・社会保険等に関する事項についての相談または指導」「都道府県労働局に置かれる紛争調整委員会のあっせん代理の業務」

研修及び試験合格 ↓

特定社労士・・・平成19年4月1日から
- 都道府県労働局に置かれる紛争調整委員会のあっせん代理
- 雇用の分野における男女の均等な機会及び待遇の確保等に関する法律第14条第1項の調停の手続について、紛争の当事者を代理
- 都道府県労働委員会が行う個別労働関係紛争に関するあっせんの手続について、紛争の当事者を代理
- 個別労働関係紛争（紛争の目的の価額が民事訴訟法第368条第1項に定める額（60万円）を超える場合には、弁護士が共同受任しているものに限る。）に関する民間紛争解決手続であって厚生労働大臣が指定するものが行うものについて、紛争の当事者を代理

一般社労士 + 特定社労士 ↓

平成19年4月1日から
「労働社会保険諸法令に基づく申請書等の作成（この「申請書等」には審査請求書・異議申立書・再審査請求書を含む）」「その申請書等の提出手続の代行」「労働社会保険諸法令に基づく申請等に係る事務代理（この「申請等」には審査請求・異議申立・再審査請求を含む）」「労働社会保険諸法令に基づく帳簿書類の作成」「労務管理・社会保険等に関する事項についての相談または指導」「労働争議の相談指導・参与」

※その他、報酬を得る目的でなければ行える代理…訴訟事件、非訟事件及び、その他一般の法律事件に関して鑑定、代理、仲裁若しくは和解その他の法律事務を取り扱うこと。（つまり、報酬を得ることが目的でなければ、一般社労士でも労働争議の団交の場での代理、個別労働紛争の代理もすべて行うことができる。）

第 162 回国会　衆議院　厚生労働委員会　第 26 号

平成 17 年 6 月 8 日　議事録

内山委員　現行の社会保険労務士法のもとでは、社会保険労務士があっせん代理の業務を行った後に和解契約の締結を代理して行うことは、社会保険労務士の業務範囲外とされています。

　このような和解契約の締結の代理を無報酬で行うことは、弁護士法の第七十二条に違反するのでしょうか。

倉吉政府参考人　弁護士法七十二条は、報酬を得る目的、それがあることを要件としておりますので、御指摘のような和解契約の締結の代理を無報酬で行うということは、七十二条には違反いたしません。

内山委員　それでは、本法案の改正後の社会保険労務士法のもとで、社会保険労務士が弁護士と共同受任せずに単独で、目的の価額が六十万円を超える個別労働関係紛争、いわゆる民間ＡＤＲ手続において当事者を代理することにおいても、社会保険労務士が無報酬でこれを行う場合、同じく弁護士法第七十二条に違反しないでしょうか。

倉吉政府参考人　先ほどの答弁と同様でございまして、御指摘のような代理行為を無報酬で行うということであれば、七十二条に違反するということはございません。

内山委員　これに関しまして、弁護士法の第七十二条の規制範囲について、いろいろあるのでしょうけれども、わかりやすく簡潔に御説明をいただきたいんですが。

倉吉政府参考人　七十二条の要件を説明しろという御趣旨だと思います。

　まず、七十二条には、報酬を得る目的と、それから業としてという要件を掲げております。したがいまして、無償で行う場合はまず七十二条違反にはならない。それから、反復継続して行う事実とか、反復継続して行うという意思がない場合には業としてということになりませんので、これも当たらないということになります。

　また、弁護士法七十二条が規制しておりますのは、法律事務の取り扱いすべてではありません。若干条文を援用いたしますが、「訴訟事件、非訟事件及び審査請求、異議申立て、再審査請求等行政庁に対する不服申立事件その

他一般の法律事件に関して」となっておりまして、これについて法律事務を取り扱うこととされております。

　この「一般の法律事件」につきましては、いわゆる事件性があるということが必要と解されまして、事件性のない法律事務を取り扱うことは同条に違反しないと解釈しております。

　なお、この事件性とは、文献によりますと例えばこのように書かれておりまして、今読み上げました列挙されている訴訟事件その他の具体的例示に準ずる程度に法律上の権利義務に関して争いがあり、あるいは疑義を有するものであること、言いかえれば、事件というにふさわしい程度に争いが成熟したものであるということとされております。

> … コメント …　「社労士の業」と「代理の範囲」
>
> 　和解契約の締結の代理を無報酬で行えば、弁護士法第72条違反にはならない。この場合、社会保険労務士としての身分で代理を行ってもなんら差し支えはない。
>
> 　この「無報酬」とは、依頼者から金銭等をまったく受けとれないという狭義の意味ではなく、「成功報酬」を受け取れないとの意味合いが強い。したがって委任事務処理上の経費であるもの、償還請求が可能な費用として、実費弁償的性格を持つもの（例えば交通費や通信費）、さらに社会通念上妥当とされる金額の日当といったものは、報酬に含まれないものと解される。
>
> 　仮に、依頼人から謝礼として金銭等を渡された場合でも、それが一般常識の範囲を超えない金額であれば、事務手数料として受領することは可能であると考えられる。
>
> 　弁護士法第72条は弁護士の法律事務独占の根拠といっても、それは国民の利益の観点に立って考えるべきものであって、弁護士の利益のための制度ではないことを確認しておく。

Q18 特定社労士の、需要は見込めるか

　連合会の説明では、今法改正は「**社労士にとって画期的な職域拡大**」であるとか、「**2階級特進**」だとか、景気の良い形容がされているが、果たしてそうなのか、すこぶる疑問である。下手をすると、特定社労士が関与したために当事者間の和解締結が遅れ、迷惑を掛けることにもなりかねない。

　それというのも、せっかく当事者間で和解の合意ができても、特定社労士が紛争解決手続の代理を業として、報酬得て行うためには、期日開催まで和解契約を待たなければならないというタイムロスを生じさせることになるからだ。

　例えば、解雇予告も解雇予告手当の支払いも受けずに解雇された労働者が、「解雇は無効」であるとして復職またはそれが無理であれば解雇予告手当の支払を求めて特定社労士に相談したとしよう。それが9月11日で、同日その特定社労士が労働者からあっせん代理を受任したとする。そして、**同月14日紛争調停委員会にあっせん申請を行い、同日付で受理され、第1回のあっせん期日を10月14日に設定された**。

　こうした条件下、この特定社労士は紛争調停委員会にあっせん申請が受理された**翌9月15日**、申請人である労働者の代理人として、申請人が勤務していた会社へ出向き、人事担当者と面談した。特定社労士は労働法の専門知識を生かし、

① 解雇無効の可能性があること
② 解雇予告（または解雇予告手当の支払）を行わなかったことは違法であること
③ 申請人は第一に復職を求めていること
④ 復職が不可能であれば解雇予告手当相当額の金銭の支払を希望していること等

を、根拠法令を明示しながら丁寧に説明した。その結果、会社はその場で会社側の違法性を理解し、幾分かの非があることを認め、次の①あるいは②で譲歩したとする。

① 復職をさせる場合
② 人員配置の関係で、あっせんの期日までに復職できる見込みがあれ復職させ、そうでなければ解雇予告手当相当額の支払いをする場合

前者①の場合、9月15日に実際には申請人の復職が決定したにもかかわらず、間に入った特定社労士の都合で10月14日の第1回期日まで、復職を待たなければならないことになる。この間約1カ月、申請人は労働を提供したくともかなわず、当然のことながら賃金を得ることができないのである。

一方、後者②の場合には、申請人の期日までの地位が不安定であるため、10月14日の第1回期日が終了するまで、復職を希望する当人は他の会社への就職活動ができず、よって賃金を得ることもできず、生活費の心配をしなければならない。

このように考えると、迅速で円満な紛争解決どころか、社労士の関与が原因で、本来ならばすぐ和解できるものが、設定された期日まで引き延ばされることになり、依頼人が不利益を被ることになる。

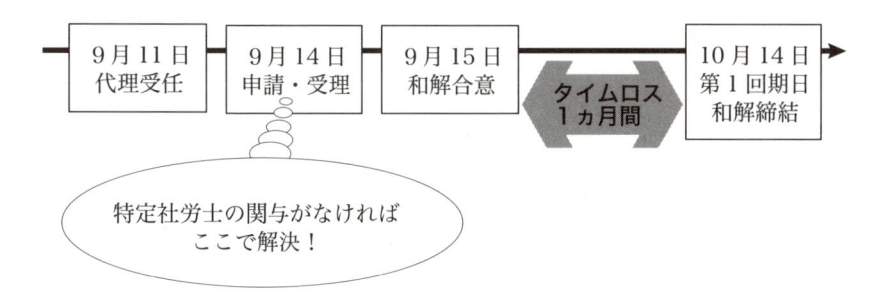

```
9月11日      9月14日     9月15日                10月14日
代理受任  →  申請・受理  →  和解合意  ←タイムロス→  第1回期日
                                   1カ月間       和解締結
```

（特定社労士の関与がなければここで解決！）

さらに、本法改正社労士法では
「2条3項
二　紛争解決手続の開始から終了に至るまでの間に和解の交渉を行うこと
三　紛争解決手続により成立した和解における合意を内容とする契約を締結すること」
ができるとされている。社労士の職域拡大に、画期的な条文と見誤りがちだが、行政解釈のように期日当日にしか和解契約が締結できないのであれば、

これはまったく意味がない。まさしく絵に描いた餅である。
　どうしてなのか。
　行政は、そこのところをいみじくも、過去自らが出した通達でその弊害を指摘しているではないか。その通達とはQ3で紹介した「**社会保険労務士が個別労働紛争制度にかかわるときの対応について**」厚生労働省地発第0401053号（平成15年4月1日付）厚生労働大臣官房地方課長から都道府県労働局長宛であり、問題の箇所は、

> なお、通常、あっせん期日は1回で終了し、その場で紛争当事者間で和解契約が締結されるが、当該あっせん期日において和解契約が締結されないときは、
> ① 紛争当事者の気が変わり、後日再度あっせん期日を設定しても、和解しない又は他の条件設定を要求してくる等の意思が示され、先にあっせんを行った意味が失われるおそれがあること
> ② いたずらにあっせん手続が伸び、紛争当事者のあっせん参加意思を削ぐこと
> ③ 業務手続が煩雑になること
> 等の弊害が生じるおそれがあることから、あっせん期日に代理人となる社会保険労務士に対し、依頼人である紛争当事者があっせん期日に同席するよう指示し、また、必要に応じて紛争当事者に対し直接説得すること。

　特に①の理由に注目して欲しいのだが、これを今回の法改正に当てはめて考えると、期日にしか和解契約ができないということは、仮に期日外に当事者間で和解の合意が固まったとしても、肝心な和解契約を交わす期日までには気が変わってしまい、それまでの和解交渉がまったく意味のないものとなるおそれがあるということなのである。したがって、本法改正の法文上は「**紛争解決手続の開始から終了に至るまでの間に和解の交渉を行うこと**」「**紛争解決手続により成立した和解における合意を内容とする契約を締結すること**」が可能であっても、通達でも触れているとおり、行政は意思決定におけるタイムラグの弊害を十分認識したうえで、期日当日にしか和解契約が締結

できないとする行政解釈を行っているのだ。これでは、職域の拡大でもなんでもない。法律でよく言うところの「言葉の遊び」に他ならない。

　こうした理由から、個別労働紛争に特定社労士を関与させることにより、かえって問題解決が長引き、複雑化するおそれが大きいため、これらの交渉の場から社労士を排除するといった傾向が予測される。これでは報酬を払ってまで、特定社労士に代理を委任する意味がないからである。

　また**社労士会連合会**は、司法書士のように簡易訴訟代理権を獲得するに当たり、こうしたADRで多くの経験と実績を積むことが必要であるとの認識を示しているが、「紛争解決手続業務」という行政等の箱の中でしか行えない、あまりに「制限された代理」であるため、こういった制度の下では有益な実績を積んでいくことは不可能であると考える。

… コメント …　「社労士」と「紛争解決のタイムロス」

　簡易迅速な紛争解決手段であるはずの、特定社会保険労務士が個別労働紛争に介在することで、紛争当事者の和解が遅れてしまうというこということはどういうことなのだろうか。司法改革推進本部決定「今後の司法制度改革の推進について」に基づき、改正法2条3項二、三が盛り込まれたことと思うが、結局のところ行政解釈により制限され、なんら機能していない。

　またしても、整合性のない行政解釈に釈然としない。

※改正法2条3項
　二　紛争解決手続の開始から終了に至るまでの間に和解の交渉を行うこと。
　三　紛争解決手続により成立した和解における合意を内容とする契約を締結すること。

Q19 法律や行政解釈を正すには

　この問題を正しく理解するうえで、まず、三権分立の説明からしなければならない。
　三権分立とは、民主主義国家の根幹を成すものである。それは国家の権力を区別し、それらを異なった機関に担当させ、相互に牽制させることにより国民の基本的権利を保障しようとする政治組織の原理なのだ。一般には立法・行政・司法の三権に分け、他の機関が暴走しないよう、政治権力を1か所に集中させず三権を分け、それらを異なる集団または個人に与えることにより、互いに抑制と均衡を働かせ、民主主義の実現をはかっている。

　さて本題に戻るが、結論からいえば、不当な法律や行政解釈を正すには、最終的には司法判断を仰ぐしかない。つまり法律を解釈するのは司法の役割であり、国民はこと不当な行政解釈に拘束されることはないのである。
　とはいうものの、わが国の場合、現段階では具体的な訴訟事件とは無関係に、法令ならびに行政解釈の違法性を、それ単独に裁判の場で争うことができない。それというのも、わが国の裁判制度では、訴訟は具体的な法的紛争を解決する制度であるとの観点から、具体的紛争を離れて抽象的に法規の解釈・効力の確認を求める請求は認められていないからである。
　違憲審査制の方式には大きく分けて、「付随的違憲審査制説」と「抽象的違憲審査制説」の2つがある。それぞれの特徴を衆議院憲法調査会事務局の資料を交えて説明しておこう。

○付随的違憲審査制
　これは、民事・刑事・行政の裁判を扱う通常の司法裁判所が、係属した訴訟事件の審理判断に付随して、事件解決のための前提として適用法令の合憲性を審査する方式である。アメリカ、カナダ、日本、インドなどで採用されている。これは、アメリカ型といわれ、通常の司法裁判所が主体となることで、司法裁判所型と呼ばれることもある。

この類型では、**原告適格や訴えの利益などの訴訟要件が必要とされ、違憲判決の効力も当該訴訟についての個別的効力にとどまる**が、その範囲で遡及的効力も認められる。

○**抽象的違憲審査制**
　これは、特別に設置された憲法裁判所が法定された提訴権者の申立てに基づいて、具体的事件と関係なく法令そのものの合憲性を審査する方式であり、ドイツ、オーストリア、イタリア、スペインなどの欧州諸国や韓国などで採用されている。これは、ドイツ型とよばれ、特別の憲法裁判所が違憲審査を行うため憲法裁判所型ともよばれる。
　この類型では、**原告適格等の訴訟要件が厳しく制限されず、抽象的な形で違憲審査を請求できる**。さらに違憲判決の効力も違憲と認定された当該法律等が無効とされ、一般的効力をもつことが特徴となるが、一般的効力をもつかわりにその効力は遡及せず、将来的な効力のみが認められる。

　さて、わが国においてはリーディングケースとされる過去の裁判例がある。これは、裁判所には具体的事件を離れて法令の合憲性を審査する権限は与えられていないとの立場にたつものである。

> ◆**警察予備隊違憲訴訟（最大判昭 27 年 10 月 8 日民集 6 巻 9 号 783 頁）**
> 　自衛隊の前身である警察予備隊が憲法に違反し無効であることの確認を求めて、日本社会党の代表者であった鈴木茂三郎氏が、最高裁判所を第 1 審として出訴した事件。最高裁判所は、裁判所が現行の制度上与えられているのは司法権を行う権限であり、そして司法権の発動に当たっては具体的な争訟事件の提起が前提とされることにかんがみれば、裁判所は具体的な争訟事件が提起されていないのに将来を予想して憲法及びその他の法令の解釈に対し存在する疑義論争に関し抽象的な判断を下す権限を有さないと判示した。

　また、**付随的違憲審査制**と「**行政解釈**」「**立法解釈**」の関係においては通説、

判例のように、日本の違憲審査制が付随的違憲審査制であることを前提とするならば、例えば、国会での法案審議等において示される一般的な政府の憲法解釈（「行政解釈」）は、通常、直ちに国民の権利の侵害等具体的な訴訟事件には結びつくものではないため、違憲審査の対象とはなり得ないと解される。

さらに、国会の立法プロセス（法律の制定等）において、憲法解釈（「立法解釈」）が示されたとしても、同様に、法律の制定だけでは、一般的に具体的な訴訟事件とはなり得ないため、その解釈は、違憲審査の対象とはならないとしている。(※)

それゆえ本件の場合も、不当な法令や行政解釈を正すためには、脱法行為とされる本来あるべき代理行為を行い、何らかの不利益処分を受けた後、裁判所へ提訴するという段階を経、その不利益処分の取消しや無効を裁判で争う中、併せて法令や行政解釈の違法性を争うしかないのである。

なお、「法律」は国家権力の暴走を抑制する役割を持つ。だからといって、何もかも事細かに法律で定めた場合、法律でがんじがらめになった国民の生活は、決して幸せとはいえない。自動車のブレーキに「あそび」があるように、法律にもある程度の幅があり、そこに法解釈の余地が生まれるのである。そうすることにより、ケースバイケースで法がスムーズに運用されるようになるのだ。したがって、一つの法律からいくつもの解釈が生まれることは自然であり、こと法律の使い勝手が悪いとき、または時代の要請ともに悪くなったときにはそれ円滑に運用できるよう、法が持つ曖昧さの中から解釈を選択していくのも、法律家の役目ともいえよう。

> (※) 参考…「司法制度及び憲法裁判所（憲法の有権解釈権の所在の視点から）」に関する基礎的資料統治機構のあり方に関する調査小委員会（平成15年5月15日の参考資料）衆議院憲法調査会事務局

1章 「検討会報告書」を理解するためのQ＆A

···コメント··· 「行政解釈」と「パブリックコメント」

　付随的違憲審査制をとるわが国では、ひとたび行政解釈が出されると、それを覆すことは並大抵なことではない。行政の胸三寸で少なからずのことが決まってしまう恐ろしさを感じる。

　さて、当職が主宰する**全国青年社会保険労務士連絡協議会**（以下「青労会」という。）が行った今社労士法改正についての意見申入れの際、厚生労働省では**「社会保険労務士裁判外紛争解決手続代理業務能力担保措置検討会」**の報告書をふまえて、11月下旬に**パブリックコメント**をHPに出すと約していたが、12月19日現在、掲載された形跡はない。もっとも、パブリックコメントは自治体や政府が重要な計画策定や条例・法律を制定する際に市民や法人・NPOなどに意見を求めるものであるが、すでに自治体や政府から提案された内容は大枠が決まっており、募集期間も短く、ポーズであるとの批判がある。一方、パブリックコメントは政府の提案に対して、反対や批判的な意見を述べる機会が制度化しつつあるので、少なからず評価すべきであるとの意見もある。

　いずれにせよ、特定社労士制度の最終的な決定に対し、一般社労士が意見を述べる機会は与えられなかったわけである。

※　その後、平成17年12月22日に「組合等登記令及び社会保険労務士法施行令の一部を改正する政令等の制定について」とする表題で、厚生労働省労働基準局労働保険徴収課が窓口となり、パブリックコメントの公表があった。

　本政令は平成18年3月1日からの施行を予定しており、意見の募集期間は平成17年12月22日から平成18年1月20日とされている。施行までに39日間しかないのでは、たとえ意見を申し述べてもそれが政令に反映される可能性は極めて少ないと言えよう。

　やはり、これはポーズに過ぎなかった。

Q20 既得権の保護についてはどうなっているのか

　本法改正後においては、社労士がこれまで行えた「個別労働関係紛争解決促進法に基づき都道府県労働局が行うあっせんの手続の代理」は、能力担保措置として、研修、試験に合格した特定社労士しか報酬を得る目的で業として行うことができなくなった。

　これは、明らかに不利益変更である。労働条件に置き換えて考えてみれば、よくわかるはずだ。著しい会社の業績悪化や、法律の改正によるやむを得ない業務の縮小等、合理的な理由なくして、労働者が有する既存の権利を縮小または剥奪することは、過去多くの判例から許されない事実は周知の事実である。

　本件に翻ると、これまで行えた業務を行うために、高額の研修受講料を支払い、何十時間もの時間を費やし、さらには試験を受けなければならないというのは、不利益変更であることに間違いない。この点につき、現在社労士資格を持つ者について、既得権の保護の措置がまったく施されていない。その気になれば、従前のあっせんの手続の代理を行うことができるとする、既得権を政令に盛り込む等、柔軟な方法はいくらでも考えられるはずなのだが。

　第162回国会、衆議院の厚生労働委員会で、民主党内山あきら委員が既得権に対する経過措置の有無について質問しているので、この部分につき議事録を抜粋しておきたい。

内山委員　今大臣がおっしゃいました、その広がった部分の業務をやる人が特定社会保険労務士という方でいいんです。ですから、広がらなかった従来のものをそのまま普通の社会保険労務士ができるように置いておいてもらえれば、何ら問題がないだろうと思うんです。

　これに対し、政府参考人の答弁は

仮に制度としてあって、制度が併存して複雑になるのでこれをいろいろ周知

して混乱を避けるということを努力いたしましても、そういうこととの見合いでどれだけのメリットがあるのかなというのが正直なところでございます。

と、周知の混乱を避けるためであるとしている。

しかし、これが既得権を保護できない、いえ、しないことの合理的な理由とはとうてい考えられない。

なぜなら、社会保険労務士の業に関して、昭和55年8月31日までに行政書士会に入会していた行政書士には、「他人の依頼を受けて報酬を得て、社会保険労務士法（昭和43年法律第89号）第2条第1項第1号及び第2号に掲げる事務を業とすることができる」とする、経過措置が行政書士法の附則に存在しているからである。

この経過措置ができた背景には、当時、それまで明確ではなかった業際をめぐり、社会保険労務士と行政書士の対立が絶えなかったことがある。そこで、法改正により業際を明確にしたのだが、それに伴い、法施行前まで社労士法に定められた業を行っていた行政書士に限り、その既得権を認めようとこのような経過措置を残したのである。

つまり、行政書士会への入会年次によって、社会保険労務士業務の一部ができる行政書士と、そうでない行政書士の二種類が存在することになる。このときは、周知の混乱をきたさなかったのであろうか？

今回の法改正においても、附則第3条により「前条で定めるもののほか、この法律の施行に関して必要な経過措置は、政令で定める。」となっていて、技術的には、既得権尊重の経過措置政令をつくることは、いくらでも可能である。

したがって、本法改正による不利益変更に係る既得権の尊重は、つまりするかしないかは、厚生労働省の決断次第ということになる。

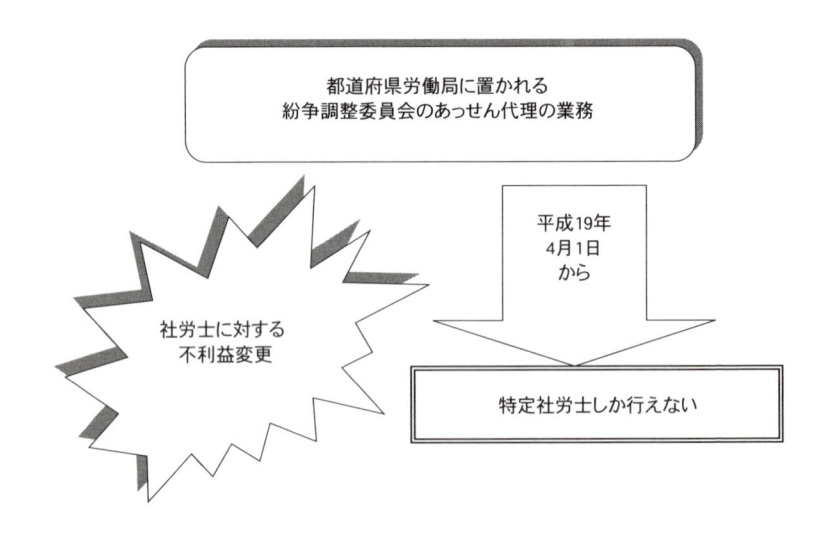

```
┌─────────────────────────────────┐
│   都道府県労働局に置かれる      │
│   紛争調整委員会のあっせん代理の業務 │
└─────────────────────────────────┘
         │                  │
    ╱╲╱╲╱╲╱╲          平成19年
   ╱          ╲         4月1日
  ╱ 社労士に対する ╲        から
  ╲  不利益変更   ╱         ↓
   ╲          ╱      ┌──────────────┐
    ╲╱╲╱╲╱╲╱         │ 特定社労士しか行えない │
                      └──────────────┘
```

> **…コメント…** 「社労士」と「既得権」
>
> 　一旦保障した権利である「既得権」は、原則的には剥奪も引下げも許されないものであるとされるが、社会情勢の著しい変化等に伴い、公共の福祉に反するような重大かつ相当な合理的理由が生じれば、やむを得ず不利益変更が許容されるものであると解される。
>
> 　この「既得権不可侵の原則」は、厚生年金保険法、国民年金法等年金各法において、受給資格、受給開始年齢、加給年金に終わらず、常套手段として経過措置政令が駆使されており、これなしでは法律が成り立っていない事実を確認しておきたい。
>
> 　もっとも、国会議員等の議員年金については、すでに受給している年金の給付額引き下げも検討されているが、これは一般国民との均衡を著しく欠いているために是正が必要との議論の末に出てきた案であり、社労士があっせん代理の既得権を保証されないことと同列に論じるわけにはいかない。

1章 「検討会報告書」を理解するためのQ＆A

Q21 「労働争議」と「個別労働紛争」の違いは

　「**労働争議**」とは、通達［昭43年12月11日　労発34］によれば『労働関係の当事者間において、労働関係に関する主張が一致しないで、そのために争議行為が発生している状態又は発生するおそれがある状態』とされている。簡単にいえば、集団的な労使関係において労働問題で労使が紛争になっている状態である。

　そのうち「**争議行為**」とは、同盟罷業、怠業、腕章等着用、ビラ配布、作業場閉鎖、その他いずれも平時であれば違法行為となりうる行為だが、労働争議の場合には合法とされている。さらに、これらの行為はどこまでが合法であるかということの線引きが非常に難しいという事情がある。

　これに対して「**個別労働紛争**」とは、労働関係に関する事項についての個々の労働者と事業主との間の紛争をいう。Q2で詳述した、「個別労働関係紛争の解決の促進に関する法律」（平成13年10月1日施行）の対象とされる紛争であり、これらは「労働局長の助言・指導」や「紛争調整委員会によるあっせん」によって解決策を模索することとなる。

◆「労働局長の助言・指導」の具体的紛争の例示
- 理由が不明確または相当の理由が存しない解雇の撤回を求めるもの
- 人員整理の必要性が乏しい整理解雇その他会社都合による解雇の撤回を求めるもの
- 処分理由が不明確である懲戒処分・懲戒解雇の撤回を求めるもの
- 労働者の同意その他根拠が無く実施された出向・配置転換の撤回を求めるもの
- 有期労働契約を自動更新または何度も更新された後の更新拒否（いわゆる雇止め）の撤回を求めるもの
- たび重なる退職勧奨または退職勧奨を目的としていることが明らかな差別的待遇の撤回を求めるもの

◆「紛争調整委員会によるあっせん」の具体的紛争の例示
- 不当な解雇について、経済的損害等に対する金銭補償を求めるもの
- 整理解雇その他会社都合の解雇について、退職金の上積みを求めるもの
- 処分理由が不明確である懲戒処分等について、精神的損害に対する賠償を求めるもの
- 労働者の同意その他根拠が無く実施された出向・配置転換について、不利益変更に対する代替措置等を求めるもの
- 有期労働契約を自動更新または何度も更新された後の更新拒否(いわゆる雇止め)について、慰労金等の支払いを求めるもの
- たび重なる退職勧奨または退職勧奨を目的としていることが明らかな差別的待遇について、精神的苦痛に対する賠償を求めるもの
- 事業主によるセクシュアルハラスメント等について、精神的苦痛に対する賠償を求めるもの

···コメント··· 「社労士法第23条撤廃」と「特定社労士制度」

　本法改正によって撤廃された社労士法第23条は、集団的な労働紛争である「労働争議への不介入条項」であり、創設された特定社労士制度は、労働者個々の「個別労働紛争」における、あっせん等手続の代理制度である。

　これら二つの改正は、本改正法により同時に行われるわけだが、かたや法第23条の撤廃、つまり労働争議不介入条項が撤廃されることにより社労士の代理制限が縮小され、かたや特定社労士制度の導入により、今までより社労士の代理業務が制限されるという、規制緩和の視点からも整合性のない内容となっている。

　いったい社労士法は、今後どちらを向いて、進んでいくことになるのだろうか?

Q22 弁護士法第72条と、社労士の代理の関係はどうなっているのか

◆弁護士法第72条

弁護士法第72条とは、非弁護士の法律事務の取扱い等の禁止を定めた規定である。

弁護士法　第72条（非弁護士の法律事務の取扱い等の禁止）

弁護士又は弁護士法人でない者は、報酬を得る目的で訴訟事件、非訟事件及び審査請求、異議申立て、再審査請求等行政庁に対する不服申立事件その他一般の法律事件に関して鑑定、代理、仲裁若しくは和解その他の法律事務を取り扱い、又はこれらの周旋をすることを業とすることができない。ただし、この法律又は他の法律に別段の定めがある場合は、この限りでない。

次に、「条解弁護士法」の抜粋から本条の解説を加える。

本条は、取締りの行為として
　① 法律事件に関する法律事務を取り扱う行為
　② 法律事件に関する法律事務の取り扱いを周旋する行為
の二種類の行為形態を規定している。

ところが、本条の規定のしかたが若干不明確であるため、①の行為については「報酬を得る目的」があれば足り、「業として」なされることは必要ではなく、反対に、②の周旋行為については「報酬を得る目的」があることは必要ではなく、単に「業として」なされれば足りると、解することができる。

そこで、「報酬を得る目的があること」「業としてなすこと」の要件が、前記①及び②の行為にどのようにかかるのかが問題となり、次の二説が対立した。

　イ　本条は、非弁護士が報酬を得る目的を持って、法律事務を取り扱い、またはこれを周旋することを、それぞれ業とすることを禁止したものとする説（〜中略「一罪説」〜中略）

ロ　本条は、報酬を得る目的をもってする法律事務取扱いの行為と、法律事務取扱いの行為と、法律事務取扱いを周旋することを業とする行為の二つの行為を禁止しているものとする説（〜中略「二罪説」〜中略）

右のうち、二罪説の方の処罰が広範であることは明らかである。

そして判例は、当初右の両説で揺れ動いた。（中略）この混乱に終止符を打ったのが、昭和46年7月14日の最高裁大法廷判決であった。

同判決では、（中略）

「しかし、右のような弊害防止のためには、私利をはかってみだりに他人の法律事件に介入することを反復継続するような行為を取り締まれば足りるのであって、同条は、たまたま、縁故者が紛争解決に関与するとか、知人のため好意で弁護士を紹介するとか、社会生活上当然の相互扶助的認識をもって目すべき行為までも取締りの対象とするものではない。」

と説示し、二罪説では処罰の対象となってしまう、報酬を得る目的をもって行った、ただ一回の法律事務取扱いの行為や、報酬を得る目的なしに行った法律事務取扱いの周旋を業とする行為は、不可罰とすべきであるとの立場から、一罪説を採ることを明らかにしたものである。（中略）

（筆者挿入…学説も、イ説を有力視している。）

思うに、一罪説と二罪説が対立するのは、非弁護士の活動は、営業的・職業的なものでなくとも厳しく取り締まり、弁護士の法律事務の独占という法制度を貫徹すべしと考える立場をとるか、それとも右を前提としつつも、縁故者が紛争解決に尽力し謝礼を送られた場合や知人に好意で弁護士を数度にわたって紹介した場合等は社会的に容認すべき行為であり、いわゆる三百代言等の害悪を及ぼす限度において処罰すれば足りると考える立場をとるか、に起因している。そして、弁護士の法律事務独占といっても国民の利益の観点に立って考えるべきものであって、弁護士の利益のための制度ではないことからすれば、国民の利益をまず第一に考えるべきものであること、刑罰法規である本条は、処罰の範囲を厳格にすべき等の理由から、一罪説が妥当であろう。（出典『条解弁護士法』（株）弘文堂　編著者　日本弁護士連合会調査室）

よって、弁護士法第72条をもって処罰する場合、構成要件として次の①から④のいずれも満たしていなければ処罰できないこととなる。

① 弁護士でないもの
② 法律事件に関する法律事務を取り扱うこと
（または）法律事件に関する法律事務の取扱いを周旋すること
③ 報酬を得る目的があること
④ 業としてなされること

◆弁護士法第72条と社労士法

さて、平成10年に社労士が行えるようになった「行政庁に対する不服申立事件」や、今回の法改正で特定社労士制度と関わりのある「代理、和解」は、他の法律に別段の定めがある場合を除いては、報酬を得る目的で業としてこれらの法律事務を取り扱えない。

まず、「行政庁に対する不服申立事件」については、現行社労士法**第2条第1項1と、同項1の3**に、社労士が報酬を得る目的で業として行えるとする別段の定めがある。

社会保険労務士法　第2条（社会保険労務士の業務）
社会保険労務士は、次の各号に掲げる事務を行うことを業とする。
1　別表第1に掲げる労働及び社会保険に関する法令（以下「労働社会保険諸法令」という。）に基づいて申請書等（行政機関等に提出する申請書、届出書、報告書、審査請求書、異議申立書、再審査請求書その他の書類（その作成に代えて電磁的記録（電子的方式、磁気的方式その他人の知覚によっては認識できない方式で作られる記録であって、電子計算機による情報処理の用に供されるものをいう。以下同じ。）を作成する場合における当該電磁的記録を含む。）をいう。以下同じ。）を作成すること。
1の2　申請書等について、その提出に関する手続を代わってすること。
1の3　労働社会保険諸法令に基づく申請、届出、報告、審査請求、異議申立て、再審査請求その他の事項（厚生労働省令で定めるものに限る。

以下この号において「申請等」という。）について、又は当該申請等に係る行政機関等の調査若しくは処分に関し当該行政機関等に対してする主張若しくは陳述（厚生労働省令で定めるものを除く。）について、代理すること（第25条の2第1項において「事務代理」という。）。

次に、「**あっせんの手続及び調停の手続の代理**」については、本改正法で次のように定められる。したがって、弁護士法第72条に抵触せず、特定社労士はこれらの法律事務を報酬を得る目的で行うことができるのである。

改正社労士法　第2条第1項

1の4　個別労働関係紛争の解決の促進に関する法律（平成13年法律第112号）第6条第1項の紛争調整委員会における同法第5条第1項のあっせんの手続及び雇用の分野における男女の均等な機会及び待遇の確保等に関する法律（昭和47年法律第113号）第14条第1項の調停の手続について、紛争当事者を代理すること。

1の5　地方自治法（昭和22年法律第67号）第180条の2の規定に基づく都道府県知事の委任を受けて都道府県労働委員会が行う個別労働関係紛争（個別労働関係紛争の解決の促進に関する法律第1条に規定する個別労働関係紛争（労働関係調整法（昭和21年法律第25号）第6条に規定する労働争議に当たる紛争及び特定独立行政法人等の労働関係に関する法律（昭和23年法律第257号）第26条第1項に規定する紛争並びに労働者の募集及び採用に関する事項についての紛争を除く。）をいう。以下単に「個別労働関係紛争」という。）に関するあっせんの手続について、紛争の当事者を代理すること。

1の6　個別労働関係紛争（紛争の目的の価額が民事訴訟法（平成8年法律第109号）第368条第1項に定める額を超える場合には、弁護士が同一の依頼者から受任しているものに限る。）に関する民間紛争解決手続（裁判外紛争解決手続の利用の促進に関する法律（平成16年法律第151号）第2条第1号に規定する民間紛争解決手続をいう。以下この条において同じ。）であって、個別労働関係紛争の民間紛争解決手続の

業務を公正かつ適確に行うことができると認められる団体として厚生労働大臣が指定するものが行うものについて、紛争の当事者を代理すること。

ちなみに今法改正で社労士法第 23 条が撤廃されても、社労士法には労働争議に介入できる旨の条文がないため、弁護士法第 72 条を理由に報酬を得る目的で業として労働争議には介入できないということになる。

> **…コメント…**　「社労士法第 23 条撤廃」と「特定社労士制度」
> 　報酬を得る目的でなければ、社会保険労務士でも業として、弁護士法第 72 条に制限されている法律事務を行うことができる。
> 　なお、この場合の報酬とは、法律事務取扱いのための主として精神的労力に対する対価をいい、委任事務処理上の必要費用、償還請求が可能な費用である実費弁償的性格を持つものに対してまで、依頼人に支払を求めることを禁ずるものではないと解されている。

Q23 今後の法改正に向けてどうすべきか

　改正法附則第4条には、法律施行後5年経過時に、紛争解決手続代理業務にかかる制度の見直しを検討する旨の定めがされており、早ければ、本改正法施行、5年後に法律の見直しがされるはずである。

　これまでみてきたとおり、本来、この程度のあっせん手続の代理や調停手続の代理に、不服申立ての代理権を持つ社労士に過重な能力担保措置を求めること自体に無理がある。したがって研修や試験は、本代理を行うための最低限の範囲とし、既得権は経過措置として盛り込まなければならない。

　さらにいうなら、社労士試験本体に憲法・民法・訴訟に関する基礎知識を組み込み、特定社労士の試験ならびに制度は、廃止の方向へもっていくのがベストである。

　これは何も社労士に限らず、隣接法律専門職種すべてにいえることだと考える。国家試験をパスし、それぞれの専門分野で実績を上げているのであり、あえて本人訴訟を前提としている簡易裁判所レベル（社労士の場合はもっと簡易なはずの少額訴訟レベル）で、ハードルの高い試験を実施することは、屋上屋を架するというものである。

　まして、弁護士の場合、その法律に専門性がなくても、能力担保措置を講じられることはない。例えば労働法の知識に乏しい弁護士であれ、弁護士のバッチさえあれば、業として報酬を得てその部分の法律事務を行うことができるのだ（本書224頁参照）。

　法律の内容によっては、その**専門性に未熟な弁護士がいる中、それでも能力担保措置は講じられず、もちろん「特定弁護士」などという制度は存在しない。弁護士は弁護士であり、それ以上でも以下でもない。**

　司法改革推進本部決定を重要視するのであれば、つまり国民の利益を第一義に考え能力担保を厳格にするならば、業種による差別を行うべきではないといえよう。たとえ弁護士でも、専門以外の分野については担保措置を厳格に講ずるべきである。

　このように、能力担保措置については、業種間でバランスを欠いているの

が現状である。

　規制緩和の流れの中、簡易迅速な ADR の拡充を目指し、国民がアクセスしやすい司法制度に照準を合わせなければなるまい。法施行後、5年の見直しに向け、今度こそ使い勝手の良い正しい代理ができるよう、既存の検討会が解散した後も、担保措置の緩和を目指し、十分な検討を加えなければならないであろう。

改正法 附則第4条
　政府は、この法律の施行後5年を経過した場合において、この法律の施行の状況等を勘案し、新法第2条第2項に規定する紛争解決手続代理業務に係る制度について検討を加え、必要があると認めるときは、その結果に基づいて所要の措置を講ずるものとする。

> **…コメント…**「社労士」と「紛争解決の代理」
> 　例えば、ちょっとした擦り傷ができた場合には誰も病院へ行こうとは思わず、自分で何とかしようと考えるだろう。一方深い傷を負って出血が止まらないような場合には誰しも自分で何とかしようとは思わず、速やかに病院へ行くだろう。このように、自分（本人）で何とかなるものは自ら処理し、自分の手に負えないものであれば然るべき者に委ねるのは理の当然である。本人でもできる簡裁レベルの訴訟も同様だ。隣接法律専門職の手に負えない案件であれば、当然弁護士に委ねることになるだろう。
> 　したがっていたずらにハードルを高くして、隣接法律専門職を紛争解決の場から排除し、国民の選択肢を奪うとすることには問題がある。

2章 第162回国会で成立した社労士法改正の概要

(1) 社会保険労務士法の一部改正案の審議経過

本国会における社会保険労務士法の一部改正案は、次の過程をたどり成立した。

平成17年
- 3月4日　閣議決定
- 4月5日　参議院厚生労働委員会にて提案理由説明が行われる
- 4月7日　参議院厚生労働委員会にて審議、全会一致にて原案どおり可決
　　　　　法律案可決後、附帯決議案が提案され、原案どおり可決
　　　　　（各会派共同提案の附帯決議として委員会で決定）
- 4月8日　参議院本会議にて全会一致で可決
　　　　　（同日付、衆議院に送付）
- 6月8日　衆議院厚生労働委員会にて審議、全会一致にて原案どおり可決
　　　　　法律案可決後、附帯決議案が提案され、原案どおり可決
　　　　　（各会派共同提案の附帯決議として委員会で決定）
- 6月10日　衆議院本会議にて全会一致で可決
　　　　　法案成立

(2) 改正法の概要

法改正の概要は次のとおりである。

社会保険労務士法の一部を改正する法律（平成17年法律第62号。以下「改正法」という。）が、平成17年6月17日公布された。改正法の概

要は次のとおり。

1　社会保険労務士業務の拡大
（1）　社会保険労務士の業務に次の紛争解決手続の代理業務を加えることとした。（第2条第1項関係）
　　イ　雇用の分野における男女の均等な機会及び待遇の確保等に関する法律（昭和47年法律第113号）第14条第1項の調停の手続
　　ロ　都道府県労働委員会が行う個別労働関係紛争に関するあっせんの手続
　　ハ　個別労働関係紛争（紛争の目的の価額が民事訴訟法（平成8年法律第109号）第368条第1項に定める額（60万円）を超える場合には、弁護士が共同受任しているものに限る。）に関する民間紛争解決手続であって、厚生労働大臣が指定するものが行うもの
（2）　個別労働関係紛争の解決の促進に関する法律（平成13年法律第112号）第6条第1項の紛争調整委員会における同法第5条第1項のあっせんの手続の代理及び（1）の業務（以下「紛争解決手続代理業務」という。）は、紛争解決手続代理業務試験に合格し、かつ、その旨の付記を受けた社会保険労務士に限り行うことができることとした。（第2条第2項関係）
（3）　紛争解決手続代理業務には、紛争解決手続について相談に応ずること、当該手続の開始から終了に至るまでの間に和解の交渉を行うこと及び当該手続により成立した和解における合意を内容とする契約を締結することが含まれることとした。（第2条第3項関係）

2　紛争解決手続代理業務試験及び紛争解決手続代理業務の付記
（1）　紛争解決手続代理業務試験は、厚生労働省令で定める研修を修了した社会保険労務士に対し、紛争解決手続代理業務を行うのに必要な学識及び実務能力を有するかどうかを判定するために行うこととした。（第13条の3第1項関係）

> (2) 厚生労働大臣は、全国社会保険労務士会連合会に紛争解決手続代理業務試験の実施に関する事務（合格の決定に関する事務を除く。）を行わせることができることとした。（第13条の4関係）
> (3) 紛争解決手続代理業務試験に合格した旨の付記及び付記の抹消の手続等に関する規定を整備した。（第14条の11の2〜第14条の11の6関係）
>
> **3 労働争議不介入規定の削除**
> 社会保険労務士の労働争議への介入を禁止する規定を削除した。（第2条第1項第3号及び第23条関係）
>
> 4 この法律は、一部の規定を除き、公布の日から起算して9月を超えない範囲内において政令で定める日から施行することとした。

なお、法律については、巻末資料編に掲載してあるので参照してほしい。

（3）あっせんと、調停の意味

紛争解決手段として、一般に「仲裁」「あっせん」「調停」がある。このうち本改正で、「あっせん」と「調停」があるので、用語の確認をしておく。

「あっせん」とは、辞書によれば、〔「斡」「旋」ともに「めぐる」「めぐらす」の意〕であり、

> 1 間に入って、両者の間がうまくいくようにとりもつこと。また、ある物や人を求める人に紹介すること。周旋。とりもち。「就職を＿する」「＿の労をとる」
> 2 労働争議が当事者間で解決困難となった時、労働委員会の指名した斡旋員が、当事者間を仲介して争議解決を援助すること。

とされている。本社労士法改正に直接関係するあっせんの手続の代理は、平成13年に施行された「個別労働関係紛争の解決の促進に関する法律」における、あっせんをベースとしている。さて、厚生労働省は、あっせんを次のように解説している。

　紛争当事者の間に第三者が入り、双方の主張の要点を確かめ、双方に働きかけ、場合によっては両者が採るべき具体的なあっせん案を提示するなど、紛争当事者間の調整を行うことにより、その自主的な解決を促進するものです。
　あっせん案はあくまで話し合いの方向性を示すものであり、その受諾を強制するものではありません。

1　都道府県労働局長は、個別労働関係紛争（労働者の募集及び採用に関する事項についての紛争を除きます。）について、紛争当事者の双方又は一方からあっせんの申請があった場合において当該労働関係紛争の解決のために必要があると認めるときは、紛争調整委員会にあっせんを行わせるものとします。
2　事業主は、労働者が1の申請をしたことを理由として、当該労働者に対して解雇その他不利益な取り扱いをしてはならないとされています。

また、同省は紛争調整委員会について次の説明をしている。

紛争調整委員会
・学識経験者を有する者のうちから厚生労働大臣が任命する委員（あっせん委員）で組織されます。
・あっせん委員は、双方の主張の要点を確かめ、実情に応じて事件が解決されるよう、あっせんを行います。

一方、辞書によれば、「**調停**」とは

1　争いをしている者の間に入り、それをやめさせること。仲直りさせる

こと。仲裁。
2 〔法〕第三者が紛争当事者間に介入し、当事者双方の譲歩を引き出し、合意により紛争を解決に導くこと。
3 労働争議が当事者間で解決困難となった時、調停委員会が調停案を作成し受諾を勧告すること。

となっており、「あっせん」も「調停」も同じ紛争解決の手段であるが、調停案の諾否は当事者の自由であるものの、調停案は公表できるので、事実上の拘束力が期待できるとされている。したがってその分、後者に、より強い拘束力が認められるのである。

紛争調整委員会によるあっせん手続の流れ

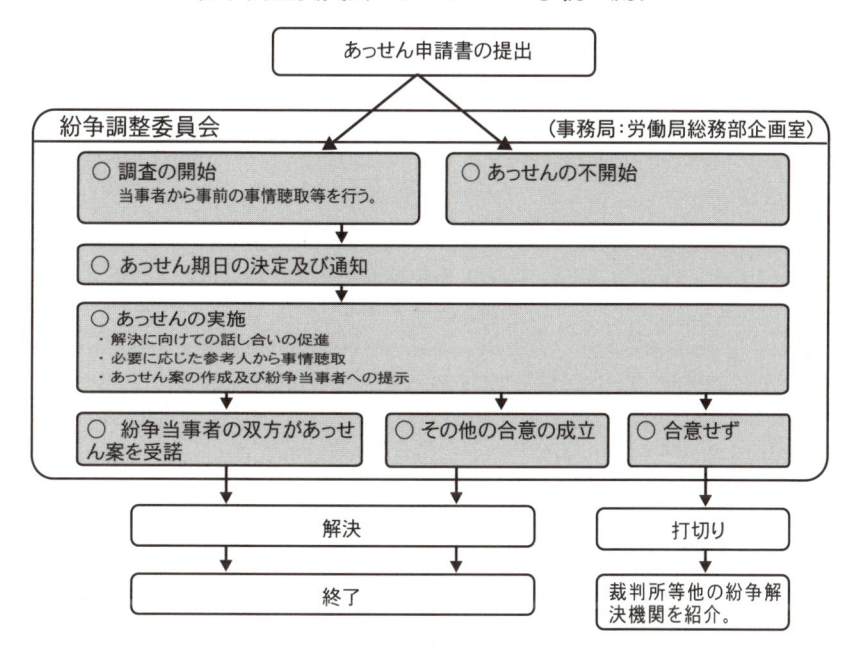

```
                    あっせん申請書の提出
                           │
┌──────────────────────────┼──────────────────────────┐
│ 紛争調整委員会            │        （事務局：労働局総務部企画室）│
│   ┌──────────────────┐   │   ┌──────────────────┐         │
│   │ ○ 調査の開始     │   │   │ ○ あっせんの不開始│         │
│   │ 当事者から事前の │   │   └──────────────────┘         │
│   │ 事情聴取等を行う。│                                    │
│   └──────────────────┘                                    │
│   ┌──────────────────────────────────┐                    │
│   │ ○ あっせん期日の決定及び通知     │                    │
│   └──────────────────────────────────┘                    │
│   ┌──────────────────────────────────┐                    │
│   │ ○ あっせんの実施                 │                    │
│   │ ・解決に向けての話し合いの促進   │                    │
│   │ ・必要に応じた参考人から事情聴取 │                    │
│   │ ・あっせん案の作成及び紛争当事者への提示│               │
│   └──────────────────────────────────┘                    │
│   ┌──────────┐ ┌──────────┐ ┌──────────┐                  │
│   │○紛争当事者│ │○その他の │ │○合意せず │                  │
│   │の双方があっ│ │合意の成立│ │          │                  │
│   │せん案を受諾│ │          │ │          │                  │
│   └──────────┘ └──────────┘ └──────────┘                  │
└──────┼──────────────┼────────────┼──────────────────────┘
       │              │            │
      解決                         打切り
       │                            │
      終了                    裁判所等他の紛争解
                              決機関を紹介。
```

（4）閣議決定時に行われた、厚生労働省発表の内容

今回の社労士法改正は、議員立法ではなく政府提案によるものであった。

平成17年3月4日に厚生労働省で発表されたその概要とは、以下のとおりである。

> **「社会保険労務士法の一部を改正する法律案」について**
> 厚生労働省は、「社会保険労務士法の一部を改正する法律案」を作成し、本日、同法案の国会提出について閣議に付議し、閣議決定がなされた。
> なお、「社会保険労務士法の一部を改正する法律案」の概要は別紙のとおりである。
> 【参考】
> A　社会保険労務士法の一部を改正する法律案要綱
> B　社会保険労務士法の一部を改正する法律案文・理由
> C　社会保険労務士法の一部を改正する法律案新旧対照条文
> D　社会保険労務士法の一部を改正する法律案参照条文

（別紙）社会保険労務士法の一部を改正する法律案の概要

> 裁判外紛争解決手続の利用の促進に資するため、社会保険労務士について、個別労働関係紛争に関する紛争解決手続における代理業務を行うことができるようにする等所要の措置を講ずる。

「今後の司法制度改革の推進について」（平成16年11月26日司法制度改革推進本部決定）に基づき、次の改正を行う。

> 改正の概要
> 1　紛争解決手続代理業務の拡大
> ○個別労働関係紛争解決促進法に基づき都道府県労働局が行うあっせんの手続の代理に加え、新たに次の代理業務を追加する。
> 　（1）　個別労働関係紛争について都道府県労働委員会が行うあっせんの手続の代理
> 　（2）　男女雇用機会均等法に基づき都道府県労働局が行う調停の手

続の代理
（3）個別労働関係紛争について厚生労働大臣が指定する団体が行う紛争解決手続の代理（紛争価額が60万円を超える事件は弁護士の共同受任が必要）
○上記代理業務には、当該手続に関する相談、和解の交渉及び和解契約の締結の代理を含む。

2　紛争解決手続代理業務に係る研修及び試験
○上記代理業務に必要な学識及び実務能力に関する研修の修了者に対し試験を実施する。
○当該試験の合格者のみ上記代理業務を行うことができることとする。

3　労働争議不介入規定の削除
○社会保険労務士の労働争議への介入を禁止する規定を削除する。

施行期日
○2，3については公布の日から9月以内の政令で定める日
○1については裁判外紛争解決手続の利用の促進に関する法律の施行日

○今後の司法制度改革の推進について（抜粋）
　社会保険労務士について、次に掲げる方向性に沿って、裁判外紛争解決手続における当事者の代理人としての活用を図る。
1　信頼性の高い能力担保措置を講じた上で、上記概要（1）〜（3）の事務を社会保険労務士の業務に加えること
　※個別労働関係紛争解決促進法に基づき都道府県労働局が行うあっせんの手続の代理（平成15年4月からすでに実施）に関しても、信頼性の高い能力担保措置を講じる。
　※上記概要（1）〜（3）の事務には、依頼者の紛争の相手方との和解のための交渉や和解契約の締結の代理を含む。
2　労働争議介入禁止規定を見直すこと

(参考1) 今後の司法制度改革の推進について（抄）

平成 16 年 11 月 26 日
司法制度改革推進本部決定

裁判外紛争解決手続における隣接法律専門職種の活用について

　裁判外紛争解決手続の利用を促進していくためには、手続実施者のみならず、代理人についても、利用者が適切な隣接法律専門職種を選択できるよう制度整備を図っていく必要がある。

　そこで、司法書士、弁理士、社会保険労務士及び土地家屋調査士について、別紙に掲げる方向性に沿って、裁判外紛争解決手続における当事者の代理人としての活用を図ることとし、所管府省を中心に、できるだけ早期の具体化に向け、今後、関係法案の提出を含め、所要の措置を講じていく必要がある。

（別紙）
3．社会保険労務士
　信頼性の高い能力担保措置を講じた上で[注3]、次に掲げる事務を社会保険労務士の業務に加える。併せて、開業社会保険労務士が労働争議に介入することを原則として禁止する社会保険労務士法の規定を見直す。
（1）都道府県知事の委任を受けて地方労働委員会が行う個別労働関係紛争のあっせん及び雇用の分野における男女の均等な機会及び待遇の確保等に関する法律に基づき都道府県労働局（紛争調整委員会）が行う調停の手続について代理すること。
（2）個別労働関係紛争（紛争の目的となる価額が 60 万円を超える場合には、弁護士が同一の依頼者から裁判外紛争解決手続の代理を受任しているものに限る。）の裁判外紛争解決手続（厚生労働大臣が指定する団体が行うものに限る。）について代理すること。

（注3）個別労働関係紛争の解決の促進に関する法律に基づき都道府県労

働局（紛争調整委員会）が行うあっせんの手続について代理する業務に関しても、併せて、信頼性の高い能力担保措置を講ずるものとする。
(注4) 1から4までにおける裁判外紛争解決手続の代理の事務には、裁判外紛争解決手続の代理を受任する前に依頼者の相手方と和解交渉を行うことは含まれないが、次に掲げる事務は、原則として、含まれることとなる。
　　（1）裁判外紛争解決手続の代理を受任する際に依頼者からの相談に応じること
　　（2）裁判外紛争解決手続の代理を受任した後、当該裁判外紛争解決手続の開始から終了までの間に依頼者の紛争の相手方と和解のための交渉を行うこと
　　（3）裁判外紛争解決手続で成立した合意に基づき和解契約を締結すること

(参考2) 社会保険労務士制度について

1　社会保険労務士制度の概要
・社会保険労務士制度は、社会保険労務士法（昭和43年法律第89号）に基づく制度であり、厚生労働省の所管となっている。
・厚生労働省では、社会保険労務士試験の実施、社会保険労務士に対する監督、社会保険労務士の団体の設立等の認可及び監督等を行っている。

2　社会保険労務士の業務
社会保険労務士の業務は、次のとおりである。
（1）労働社会保険諸法令に基づく申請書等及び帳簿書類の作成
（2）申請書等の提出代行
（3）申請等についての事務代理
（4）紛争調整委員会における個別労働関係紛争のあっせん代理
（5）労務管理その他労働及び社会保険に関する事項についての相談及び指導
このうち、（1）～（4）の業務については、社会保険労務士でない者は、

他人の求めに応じ報酬を得て、業として行ってはならないこととされている。

3 社会保険労務士の現状
・社会保険労務士となるためには、社会保険労務士試験に合格し、かつ、全国社会保険労務士会連合会に登録することが必要である。
・登録状況は次のとおりである。（平成 16 年 12 月末現在）
    社会保険労務士登録者   28,980 人
    うち　開業社会保険労務士   18,265 人
        社会保険労務士法人の社員   192 人
        勤務社会保険労務士等   10,523 人
・平成 16 年度の社会保険労務士試験の受験申込者数は 65,215 人、受験者数は 51,493 人、合格者は 4,850 人（合格率は 9.4％）であった。

4 社会保険労務士の団体
（1）都道府県社会保険労務士会
　　会員の品位を保持し、その資質の向上と業務の改善進歩を図るため、会員の指導及び連絡に関する事務を行うことを目的とする。
（2）全国社会保険労務士会連合会
　　社会保険労務士会の全国的な統一を図るための連合組織である。

3章 今改正に至るまでの経緯

(1) 司法制度改革と社労士法改正の流れ

今社労士法の一部改正を考える上で、過去の社労士法改正と、司法制度改革の沿革が重要なのでここに確認しておく。

司法制度改革		社労士法の改正	
平成 9 年 12 月	規制緩和委員会発足		
平成10年3月閣議決定「新規制緩和推進3ヵ年計画」を受けて →		平成 10 年 4 月 第 142 回国会 (政府提案)	・社労士試験事務連合会への委託 ・審査請求、再審査請求の代理権付与
平成 11 年 4 月	規制緩和委員会、規制改革委員会(注1)に改称		
7 月	司法制度改革審議会(注2)を内閣に設置		
平成 13 年 3 月末日	規制改革委員会廃止。その後を、総合規制改革会議が引き継ぐ		
平成 13 年 6 月	司法制度改革審議会が最終意見書を内閣に提出		
11 月	司法制度改革推進法成立		
12 月	司法制度改革推進本部(注3)を内閣に設置		
平成 14 年 3 月	司法制度改革推進計画を閣議決定		
「司法改革推進計画」を受けて →		平成 14 年 11 月 第 155 回国会 (提案は第 154 回国会 議員提案)	・個別労使紛争に基づく労働局が行うあっせん手続の代理 (ただし、通達で非常に限定的)
平成 16 年 11 月	司法制度改革推進本部決定…「今後の司法制度改革の推進について」		
「司法制度改革推進本部決定」を受けて →		平成 17 年 6 月 第 162 回国会 (政府提案)	今社労士法の一部改正

◆ (注1) 行政改革推進本部規制改革委員会
　http://www.kantei.go.jp/jp/gyokaku-suishin/ より
規制改革委員会の活動の概要
　行政改革推進本部の規制改革委員会(平成11年4月6日に規制緩和委員会から名称変更)は、「規制緩和の推進等について」(平成9年12月20日閣議決定)に基づき、行政改革推進本部長(内閣総理大臣)の決定により、平成10年1月26日に行政改革推進本部の下に設置されました。
　委員会は、設立当初から、規制緩和の推進をその任務としてきましたが、平成11年4月6日の行政改革推進本部長決定により、規制緩和委員会から規制改革委員会に名称変更されるとともに、委員会の構成、事務局体制も強化されました。さらに、規制改革、すなわち、規制の緩和、撤廃及び事前規制型行政から事後チェック型行政に転換していくことに伴う新たなルールの創設、規制緩和の推進等に併せた競争政策の積極的な展開等について調査審議していくことが新たにその任務となりました。委員会は、これにより、その審議の結果、一般に規制と観念されないものであっても、規制改革推進に密接に関連するものとして判断される事項(例えば補助金、税金等に係るもの)がある場合には、それぞれの関係行政機関に対し、所要の問題提起等を行っていくこととしています。
　なお、行政改革推進本部規制改革委員会は平成13年3月末をもって廃止されました。規制改革の推進の任務を担う組織として、平成13年4月1日に総合規制改革会議が内閣府に設置されました。

◆ (注2) 司法制度改革審議会
　http://www.kantei.go.jp/jp/sihouseido/ より
　21世紀の我が国社会において司法が果たすべき役割を明らかにし、国民がより利用しやすい司法制度の実現、国民の司法制度への関与、法曹の在り方とその機能の充実強化その他の司法制度の改革と基盤の整備に関し必要な基本的施策について調査審議することを目的として内閣に設けられた審議会ですが、同審議会は平成13年7月26日をもって2年の設置期限が満了い

たしました。

◆（注3）司法制度改革推進本部

http://www.kantei.go.jp/jp/singi/sihou/ より

司法制度改革は、明確なルールと自己責任原則に貫かれた事後チェック・救済型社会への転換に不可欠な、重要かつ緊急の課題であり、利用者である国民の視点から、司法の基本的制度を抜本的に見直すという大改革です。

このような改革に政府全体で精力的に取り組むため、平成13年12月、内閣に、総理大臣を本部長とし、全閣僚を構成員とする司法制度改革推進本部を設置し、新しい時代にふさわしい、国民に身近で信頼される司法制度の構築に取り組んできました。

司法制度改革推進本部は、「今後の司法制度改革の推進について」（司法制度改革推進本部決定）をまとめ、平成16年11月30日をもって解散しました。

（2）平成10年社労士法の改正（政府提案）の解説

平成10年の社労士法改正では、社労士試験事務が連合会へ委託されたのとひきかえに、不服申立ての代理、すなわち「審査請求および再審査請求の代理権」が付与された。

①背景は労働省（現　厚生労働省）職員の夏休み確保？

それまで、社労士試験は7月下旬に行政サイドで行われていた。当時、バブル崩壊後の資格試験人気の高まりと共に、増大する受験者の試験事務に従事する行政職員の配置が大きな問題となっていた。これは、公務員の夏季休暇の期間と重なるからであると考えるのが自然であろう。

そこで、民間マンパワーの積極活用の名の下に、隣接法律専門職の中では最初に、社労士連合会への試験事務委託が政府提案され、審査請求および再審査請求の代理権の付与とひきかえに可決成立したものと考えられる。

第142回国会　衆議院　労働委員会　第6号　平成10年4月8日　議事録

伊吹国務大臣　今先生がおっしゃったように、国であろうと地方であろう

と受験者がふえればやはりそれに対応するマンパワーというのは物理的に要るわけでして、それは国家公務員なり地方公務員の定数になり、国民の税金でその給与は支払われるわけです。同じ目的が達せられてかつ民間にお願いできるものは、同じ目的が達せられねば別ですが、私は民にお願いしていくというのが筋だと思います。

②不服申立ての代理は複雑で難しいが、社労士にはその力量がある

　不服申立ての代理は、弁護士法第 72 条の存在を理由に、それまで社労士に認められていなかった。ちなみに弁護士法第 72 条には、非弁護士の法律事務の取扱い等の禁止が定められている。

弁護士法第 72 条

　弁護士又は弁護士法人でない者は、報酬を得る目的で訴訟事件、非訟事件及び審査請求、異議申立て、再審査請求等行政庁に対する不服申立事件その他一般の法律事件に関して鑑定、代理、仲裁若しくは和解その他の法律事務を取り扱い、又はこれらの周旋をすることを業とすることができない。ただし、この法律又は他の法律に別段の定めがある場合は、この限りでない。

　ところが、平成 10 年の社労士法改正で、これができることとなった。社労士の職域拡大へ大きな弾みをつけたことに違いない。

　注視すべき点は、国会の質疑の場において、その代理能力について特段、担保措置の議論がされていない点である。また、政府委員の発言からは、当時社労士制度は発足から 30 年を経過しており、不服申立ての代理を行う力量のある社労士がたくさん出てきていることが、本改正の背景にあるとの説明がされている。

第 142 回国会　衆議院　労働委員会　第 6 号　平成 10 年 4 月 8 日　議事録

渡邊（信）政府委員　社会保険労務士につきましては、今般初めて不服申し立ての代理行為ができるという制度を設けるわけでありますが、これは、

長年の社労士の方からの要望でもあったわけでございます。したがいまして、この制度が実現しました場合には、行政機関にもこれを徹底いたしまして、これがスムーズに行えるように努力をしたいと思います。

　また、この不服申し立ての代理というのは、やはり通常の書類の作成とは比較にならないほど複雑で難しいものであるというふうに思いますが、発足以来社労士の制度も三十年を経過しまして、そういった力量を持った社労士の方もたくさん出てきている、こういったことも背景にして、今般この職域の拡大ができたものだというふうに思っております。

③社労士法第23条の撤廃は、次期、社労士法改正時へ先送り

　社労士法第23条、労働争議への不介入条項の撤廃は、時期尚早であるとして、次期法改正時へ先送りの方針を政府委員が国会答弁した。

第142回国会　労働委員会　第6号　平成10年4月8日　議事録

渡邊（信）政府委員　この社会保険労務士法の二十三条の規定は、およそ開業社会保険労務士であれば一切労働争議にかかわってはならないような大変厳格な規定になっているところでありまして、今先生が御指摘になったようないろいろな議論がこの条文についてあるということは、私どもも承知をしております。

　この社労士法二十三条が制定された当時、三十年前でございますが、その当時においてはこのような規定も合理性があったというふうに考えておりますが、労使関係が安定的に推移をしております今日において、およそこのような厳格な規定が必要かどうかという点については、いろいろと議論の余地があろうかというふうに思っております。

　したがいまして、この二十三条の見直しは今後の課題になるものというふうに私どもも認識をしておりますが、その見直しいかん、あるいは見直すとした場合にその具体的なあり方につきましては、労使の方々あるいは社会保険労務士等を含めました幅広い議論が必要ではないかというふうに思っております。

　今回社労士法の改正案を提案しているわけでありますが、今回の検討に

当たりましては、時間的制約もありまして、こうした幅広い議論がいまだ十分とは言えない状況でございます。したがって、関係者のコンセンサスもまだ得られていないという状況ではないかというふうに思っております。

この社労士法二十三条の見直しにつきましては、今後労使の方あるいは社会保険労務士等の方を含めた幅広い御議論を踏まえて、なるべく早い時期、できれば次期の法改正時にもその実現が図られるよう、労働省といたしましても協力、努力をしてまいりたいというふうに考えております。

（3）平成14年社労士法の改正（議員提案）の解説

平成14年の社労士法改正では、社労士の業務に「個別労働関係の紛争の解決の促進に関する法律第6条第1項の紛争処理委員会における同法第5条第1項のあっせんについて、紛争の当事者を代理すること（以下「あっせん代理」という）」が追加された。だが、その中身は通達により極めて限定的なものとされており、とても代理といえる代物ではなかった。

①あっせんの代理はできても、和解の代理はできない

紛争調整委員会におけるあっせんでは、あっせん期日当日に和解契約が締結されるため、あっせん期日は原則1回の開催で終了する。

あっせん期日に行われる和解契約の締結は、紛争当事者の間で交わされるものであり、個別労働紛争解決促進法上のあっせん手続外の法律行為であるとされる。したがって、和解契約の締結は社会保険労務士が行えるあっせん代理の権限外の業務となるため、社労士は業務上、代理人として和解契約を締結することができない。

そのため、「あっせん期日当日に和解契約の締結を予定する場合、実務上、社会保険労務士は、あっせん期日に紛争当事者を同行することが必要となる。」のである。

「社会保険労務士が個別労働紛争制度にかかわるときの対応について」厚生労働省地発第0401053号（平成15年4月1日付）…厚生労働大臣官房

3章　今改正に至るまでの経緯

地方課長が都道府県労働局長に宛て通達（抜粋）

> 3（2）社会保険労務士の業務範囲の限界
>
> 　社会保険労務士は、弁護士法第72条に触れるため、単独では、あっせんの場での和解契約を締結することができないことから、依頼人である紛争当事者が同席しない場合、和解契約をあっせんの場で締結することのないように注意すること。
>
> 　なお、通常、あっせん期日は1回で終了し、その場で紛争当事者間で和解契約が締結されるが、当該あっせん期日において和解契約が締結されないときは、
>
> ①紛争当事者の気が変わり、後日再度あっせん期日を設定しても、和解しない又は他の条件設定を要求してくる等の意思が示され、先にあっせんを行なった意味が失われるおそれがあること
> ②いたずらにあっせん手続きが伸び、紛争当事者のあっせん参加意思を削ぐこと
> ③業務手続きが煩雑になること
>
> 等の弊害が生じるおそれがあることから、あっせん期日に代理人となる社会保険労務士に対し、依頼人である紛争当事者があっせん期日に同席するよう指示し、また、必要に応じて紛争当事者に対し直接説得すること。
>
> 　また、仮に、第1回あっせん期日が開催され、その場で相手方の紛争当事者が和解する意思を示したものの、社会保険労務士の参加だけで紛争当事者の同席がなかったときは、相手方の紛争当事者が署名した和解契約書を社会保険労務士に持たせ、これに依頼人である紛争当事者の署名をさせ、持参させる等により、第2回目のあっせん期日を設定し、いたずらに相手方の紛争当事者のあっせん期日参加を強いることとならないよう配慮すること。

②常識では考えられない「あっせん代理」の実態

　通常、あっせんの代理と和解の代理は、分離して考えることは不可能である。なぜなら、あっせんとは、お互いの言い分を言い、主張しあい、それぞれが譲歩しあい、こういう形で合意しましょうということなので、和解の代

理ができなければ、代理とは名ばかりで、ただの伝達係に過ぎないのである。

　このあっせん代理の実態に関しては、第1回の能力担保措置検討会で、委員を務める横浜弁護士会の鵜飼弁護士が、森岡厚生労働省労働基準局労働保険徴収課長に対し、執拗に質問を繰り返し、常識との隔たりを浮き彫りにしている。議事録の抜粋を紹介しよう。

第1回　社会保険労務士裁判外紛争解決手続代理業務能力担保措置検討会
平成17年1月28日　議事録

> **鵜飼委員**　期日においてあっせんを受託しますね。和解を成立させますよね。その代理はできないのですか。
> **森岡課長**　今はできません。それから、あっせんの期日の間にお互いに連絡を取ってください、というようなこともできないということで、非常に使いにくい部分がございます。
> **鵜飼委員**　あっせん案が出るとしますね。それを受けましょうとなると、いろいろ調整しますね。こういう内容で合意しましょうとなったときに、その代理もできないんですか。
> **森岡課長**　あっせんの期日において受諾するということの代理はできますが、受諾に基づいて和解契約を結びますというところになると、できないんです。
> **鵜飼委員**　あっせんは、言い分を言い合って、お互いに譲歩しあって、こういう形で合意しましょうということで、それがあっせんですね。合意内容を固めますね。その代理はできないんですか。
> **森岡課長**　固めてあっせん案を受諾するというところまでが代理です。
> **渡辺座長**　社会保険労務士があっせん代理をしても、当事者がハンコを押さないとだめ。
> **鵜飼委員**　サポートするだけですか。

③法改正の趣旨がまったく生かされていない

　平成14年の社労士法改正は、平成14年7月、第154回国会　衆議院の厚生労働委員会において、委員長の議員提案の形がとられている。草案には

3章　今改正に至るまでの経緯

「近年の社会経済情勢の著しい変化と労働者の働き方や就業意識の多様化の進展等に伴い、社会保険労務士の行う業務の公共性、専門性及び重要性が増大していることにかんがみ、国民の利便性の向上に資するとともに、信頼される社会保険労務士制度を確立する」ための施策のひとつとして、「個別労働関係紛争に関して、紛争調整委員会におけるあっせんについて、紛争の当事者を代理することを社会保険労務士の業務に加える」が盛り込まれており、通達で大幅に制限されたあっせん代理の実態とは、大きくかけ離れた内容となっていることを確認しておく。

第154回国会　衆議院　厚生労働委員会　第25号
平成14年7月17日　議事録

森委員長　次に、社会保険労務士法の一部を改正する法律案起草の件について議事を進めます。

本件につきましては、先般来各会派間において御協議をいただき、意見の一致を見ましたので、委員長において草案を作成し、委員各位のお手元に配付いたしております。

その起草案の趣旨及び内容について、委員長から御説明申し上げます。本案は、近年の社会経済情勢の著しい変化と労働者の働き方や就業意識の多様化の進展等に伴い、社会保険労務士の行う業務の公共性、専門性及び重要性が増大していることにかんがみ、国民の利便性の向上に資するとともに、信頼される社会保険労務士制度を確立するため、所要の措置を講じようとするもので、その主な内容は次のとおりであります。

第一に、社会保険労務士は、共同して社会保険労務士法人を設立することができるものとし、社会保険労務士法人に関する規定を整備すること。

第二に、個別労働関係紛争に関して、紛争調整委員会におけるあっせんについて、紛争の当事者を代理することを社会保険労務士の業務に加えること。

第三に、社会保険労務士が業務を行い得ない事件について規定を整備するとともに、非社会保険労務士との提携を行うことを禁止すること。

第四に、社会保険労務士会及び全国社会保険労務士会連合会の会則の記

> 載事項から、開業社会保険労務士の受ける報酬に関する規定を削除すること。
>   なお、この法律は、平成十五年四月一日から施行し、報酬規定の削除に関する部分については、公布の日から施行すること。
>   以上が、本起草案の趣旨及び内容であります。

　また同委員会において、草案提出前の樋高委員の質問に対し、社会保険労務士の有する専門性の活用を図ることが、紛争の解決の促進のために効果的であるとし、副大臣も草案と同様の趣旨を語っているのが興味深い。

同委員会議事録

> **樋高委員**　また、個別労働紛争解決促進法の、いわゆる紛争調整委員会における個別労使紛争のあっせんについて、紛争当事者の代理を行うということを社労士の業務とすることにつきましては、どのように考えておりますでしょうか。
> **狩野副大臣**　最近の個別労働紛争が増加している状況にかんがみますと、そのような紛争処理の法律事務に関して、社会保険労務士の有する専門性の活用を図ることが、紛争の解決の促進のために効果的ではないかと考えられます。
> 　このため、紛争調整委員会におけるあっせん手続において、社会保険労務士が紛争当事者の代理を行えるようにすることなどにより、紛争の解決等に大きな役割を果たしていただければと期待をいたしているところであります。

④改正内容に関する、インタビュー記事

　さらに、このあっせん代理がいかにおかしいものであるかの理解を深めるために、当職がNPO法人個別労使紛争処理センターの取り組みを取材された月刊誌『労働レーダー』のインタビュー記事から抜粋しておこう。

3章　今改正に至るまでの経緯

<特別インタビュー>
NPO法人　個別労使紛争処理センター理事長　河野順一氏に聞く（中）
憲法的見地から行政解釈の矛盾を斬る！
代理制度は国民の幸福追求のための道具と認識せよ！

——前回のお話では、個別労使紛争の現状と河野順一氏が主宰するNPO法人個別労使紛争処理センターの取り組みを交えてご説明していただきました。今回はその続編として、個別労使紛争と国家資格者である社労士の関係について、社労士の「あっせん申請代理権」に関する行政解釈の矛盾をテーマにお話していただきます。

　前回もお話しいただいたとおり、2003年4月から社労士に個別労働紛争解決促進法における「あっせん」に関し、紛争の当事者を代理する権利が付与されましたが、この社労士のあっせん代理制度の運用について、行政から通達が出されたと聞きましたが。

とんでもない行政通達

河野　はい、今年の4月から社会保険労務士は、紛争当事者から授与された代理権の範囲内で、あっせん期日における意見陳述、あっせん案の提示を求めること、あっせん案の受諾及びあっせん申請の取り下げを行うこと等の行為を行えることとなりました。それを受けて、今回「紛争調整委員会におけるあっせんでは、あっせん期日当日に和解契約が締結されるため、あっせん期日は原則1回の開催で終了する。あっせん期日に行われる和解契約の締結は、あっせん委員との間で交わされるものではなく、紛争当事者の間で交わされるものであり、個別労働紛争解決促進法上のあっせん手続外の法律行為である。したがって、和解契約の締結は社会保険労務士が行えるあっせん代理の権限外の業務となるため、社会保険労務士は、業務上、代理人として和解契約を締結することができない。そのため、『あっせん期日当日に和解契約の締結を予定する場合、実務上、社会保険労務士は、あっせん期日に紛争当事者を同行することが必要となる』」《平成15年2月20日に厚生労働省大臣官房地方課労働紛争処理業務室長発都道府

県労働局長総務部長宛事務連絡（社会保険労務士法の一部を改正する法律の施行に伴う個別労働関係紛争の解決の促進に関する法律にかかわる社会保険労務上の業務範囲について）》という解釈を行っています。

　これはひどくおかしな話です。

——あっせん代理人である社労士が、最終的な問題解決である和解契約の締結時には代理権を行使できないというのは、確かに変な話ですね。どうしてそのような矛盾のある行政解釈がなされたのでしょうか？

河野　理由として、①国民の利便性を無視していること、②代理の本質について理解されていないこと、③憲法の趣旨に反していること、④法律に優劣を付けていること、の４点が挙げられます。

—— 一つ一つ具体的にお話いただけますか？

労基法を知らない弁護士にまかせられるのか

河野　まず、一つ目の国民の利便性をまったく無視しているという点です。依頼者はあっせん手続において和解契約にいたる前段階まで社会保険労務士に依頼していても、肝心の和解契約のときには自ら出頭しなければなりません。これは常識で考えてもおかしなことであるし、また、大変不便なことです。例えば、社労士があっせん申請を依頼されて、事務手続を行っていた場合、あっせんが進み、いざ和解契約を締結する段階になると、依頼者を代理することができないのです。つまり、依頼者（国民）の立場に立てば、よくわからない現象がおきているわけです。せっかく社会保険労務士に細かい事情を話し、苦労して手続をしてもらったとしても、和解契約の段階になると、依頼者は自分で契約を締結するか、法律行為の代理はできるが、労働問題については門外漢の弁護士に、また一から事情を説明し直して、新たに高額の費用を払って依頼しなおすしか手がないのです。こんな国民の利便性を無視した制度があるでしょうか？　もっとも、民法上ならば、一自然人として、依頼者に代わって和解契約の締結を代理することも可能です。それはそれで法律効果として認められるわけですが、社会保険労務士という国家資格者がいちいち民法上の代理に切り替えるというのは不合理です。また、その場合、業とすることができないので、報酬

も得られない。その上、社会保険労務士を名乗ることもできない。一方、他士業者はどうでしょうか。司法書士、税理士、弁理士などはその専門の業務にかかわる代理を行っているのです。そのことを考えると、社会保険労務士という専門家が、その専門の分野の業務で依頼者に代わって、代理ができないというほうが、むしろ不自然であり、国民の常識や利益から乖離した状態にあるといえます。この制度では、依頼者を2階に上げておきながらはしごをはずすようなもので、国民の利便性を損なうものです。

――利用者である国民からすれば、代理人である社労士が最後まで問題解決できる権限を与えられていないのなら、最初から弁護士に頼むより他ないということでしょうか？

河野 単純に考えればそういう見方も出来ますが、これも国民の利便性を損なうことにつながります。つまり弁護士側の問題があるのです。労働関係諸法令に精通している弁護士は全国でも50人に満たないという話を聞きます。さらに弁護士の5割が専門性がないと自ら認めているのです。それ故に、特別法である労働基準法の規定に気付かず、なんでも一般法である民法の規定によって問題を処理する弁護士も少なくありません。具体例を挙げると、使用者が、労働者を解雇する際には原則として30日以上の解雇予告期間を必要とするほかさまざまな要件が必要なのですが、こうした場合であっても労働法に疎い弁護士は民法の契約の一般原則を適用し、2週間の通告で足りるとしてしまうのです。これはやや極端な例ですが、程度の差こそあれ、この手の話は枚挙に暇がありません。

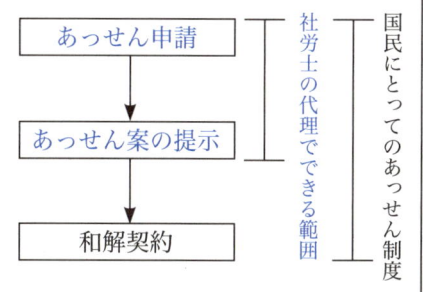

――弁護士は法律のことならオールラウンドに何でも知っている訳ではありませんからね。労使問題は儲からないからと言って敬遠する弁護士もいるそうですし。

国民は行政に選択の自由を奪われている

河野　そうですね。それに、国民の側の問題として、選択の自由を侵害されている点も挙げられます。国民にも選択する権利があります。国民は、費用が高くても弁護士のほうが信頼できるというのであれば、弁護士に依頼すればよいし、費用が安く済むに越したことはないというのであれば、当該紛争の原因となる法律を専門に扱う他士業者に依頼すればいいのです。仮に、費用を安く抑えて弁護士以外のものに依頼した結果、失敗したとしてもそれは本人の自己責任の問題です。そういった問題に行政が介入して、国民の自由を制限するというのは不合理なのではないだろうか。まさに国民は、行政によって、不当に選択の自由を制限されているといえます。

——なるほど。利用者からすれば、労使問題を日常的に扱っている社労士に依頼した方がいいという人も多いはずですよね。

河野　社会保険労務士の制度はいったい誰のためにあるのかということも考えなければなりません。単に行政事務の負担軽減のために存在するのではないのです。社会保険労務士は的確な手続によって国民の権利の確保を実現させるものでなければならないのです。あっせん申請の和解契約はあっせん申請手続と関連してなされるものだから、和解契約に至る前手続を通じて具体的事情を知っている代理人・社会保険労務士によって和解契約が取り交わされることが、国民の利益にかなうことなのではないでしょうか。

——国家資格者である社労士をもっと活用させることが、国民の利便性に適うということですね。よくわかりました。さて、二番目の理由に挙げられた、行政側が「代理の本質」を理解していない点についてですが、代理の本質とはどのようなものなのでしょうか？

代理の本質

河野　代理の本質とは「拡大と補充の原則」です。あっせんを代理するからにはこの原則に当てはめて考える必要があります。最後の和解契約の締結には本人が出頭しなければならないというのであれば、これは不完全な

「拡大と補充」だといわざるを得ません。代理の種類のひとつに任意代理がありますが、これは私的自治の範囲の拡張としての代理ということができます。これは例えば、会社が東京でも大阪でも営業活動が行えるというのは、「拡大の原則」のあらわれです。今回の件について言えば、遠隔地で行われるあっせんの場合、本人が出頭するには大変な労力を必要とするし、出頭できない場合もある。こういった場合に本人が出頭することが必要になってしまうと、「拡大の原則」が十分に発揮できないということになってしまいます。また、専門的知識・経験を理由に他人に代わってもらう代理という側面もあります。これは本人自身が意思表示をすることは可能だが、いろいろな理由から他人に意思表示をしてもらうというものです。補充の原則に当てはめても同じことが言えます。法律に疎い人たちを補佐してあげるということが補充の原則です。これを今回の行政通達の解釈について考えると、和解契約を締結できないとすると法律に疎い人たちを補佐するということがまっとうできないのではないでしょうか。したがって、代理の原則のひとつである「補充の原則」を満たさないのではないでしょうか。それから、法の無知に付け込んで事件屋が入ってくるなどして法律に疎い人たちを食い物にすることもあります。そういう場合に善良な国民を守るのが我々士業者の役割なのです。いまのままでは、その役割を全うすることができないと考えています。

――「代理の本質」を満たしていないなら、社労士のあっせん代理権など絵に描いた餅ということですね。となると社労士は単なる付添人となってしまう。社労士は真の代理人たる資格が無いということなのでしょうか？

社会保険労務士に代理権を付与して国民の幸福追求権を保障せよ

河野　そんなことはありません。そもそも社会保険労務士に付与された代理権は、国民の一権利を擁護するためのものです。基本的人権を保障する憲法の究極の目的は「国民が幸福に生きること」の実現であると考えられます。それを担保する規定のひとつに憲法27条の「勤労の権利」があります。この憲法の規定を具体化したもののうちに労働基準法をはじめとした労働関係諸法令があるのです。

社会保険労務士は労働問題に深くかかわる士業です。そして、労働関係諸法令のスペシャリストです。だから、われわれ社会保険労務士は憲法の権利を実現するためのスペシャリストであるといえます。したがって、この代理権は憲法の根拠に基づくものであり、憲法に劣後する

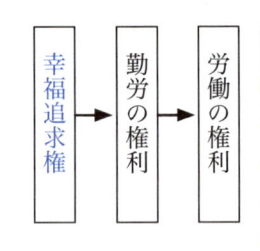

幸福追求権 → 勤労の権利 → 労働の権利

法律によって、その原理を不当に曲げられてはならないのです。すでに述べましたが、代理権には補充の原則があります。法律に疎い人が権利を実現するという自らの幸福を追求するためには専門家の助けは不可欠です。ようするに、代理の本質は国民の幸福追求権を実現するための道具であり、国家権力がこの道具を国民から取り上げることは憲法に違反しているといえます。憲法に優先する法令はないのであり、これに違反する行政行為は無効です。このことからも、今回のあっせん代理における和解契約の代理権を制約することは憲法の趣旨に反するといえましょう。この点については、後でさらに深く検証していきます。

また、先の通達《平成15年2月20日に厚生労働省大臣官房地方課労働紛争処理業務室長発都道府県労働局長総務部長宛事務連絡（社会保険労務士法の一部を改正する法律の施行に伴う個別労働関係紛争の解決の促進に関する法律にかかわる社会保険労務士の業務範囲について）》では、あっせん制度とはあっせん案の提示までと解釈していますが、利用者にとってのあっせん制度とは、最終的な解決、つまり、場合によっては和解契約の締結までを言うのではないでしょうか。すでに述べましたが、これを弁護士法72条によって制限するというのは国民の利便性も損なうし、また、後で述べますが、時代の流れにも逆行しているのではないでしょうか。このように考えたとき、当の行政通達でも社会保険労務士は紛争当事者を代理できるとされているのに、「和解契約は紛争当事者の間で交わされる～（中略）～したがって、社会保険労務士は和解契約の締結を行うことができない」（社会保険労務士法の一部を改正する法律の施行に伴う個別労働関係紛争の解決の促進に関する法律にかかわる社会保険労務士の業務範囲について）という考え方では、国民の利便性を著しく損なうのは火を見る

より明らかです。いったん社会保険労務士を紛争当事者としておきながら、最後で紛争当事者ではないといっているのです。これは矛盾しています。
――単なる書類手続と異なり、あっせん申請というのは紛争の解決を図るためのものですから、社労士にあっせん代理権を与えた以上、法的・客観的に本当の意味での代理行為ができなければ、国民の利便性を損なうということですね。さらに言えば、法的論理に基づく代理の本質を捉えていない行政の姿勢というのは、法の執行者として極めて不真面目であると言えるでしょう。さて、次回は総まとめです。よろしく。

(インタビュアー 薩川隆一)

＜特別インタビュー＞
NPO法人 個別労使紛争処理センター理事長 河野順一氏に聞く（下）
行政は国民の幸福追求のための道具を奪うばかりでなく
社労士の人権をも不当に制限している

――さて、三つ目の問題として憲法について挙げられていますが。
河野 憲法13条にはこう規定されています。
「憲法13条（個人の尊重）…すべて国民は、個人として尊重される。生命、自由及び幸福追求に対する国民の権利については、公共の福祉に反しない限り、立法その他の国政の上で、最大の尊重を必要とする。」
　私は、この13条こそが我が国の憲法の精神を表していると信じています。憲法13条は国民の「幸福追求権」を保障する規定です。
「幸福権」ではなく「幸福追求権」です。もし国民の幸福権を国家が認めてしまうと大変なことになってしまいます。例えば、ある人が「私の幸福は高級外車に乗ることです」と言えば国家はその人に高級外車を与えなければならない。また別の人が「私の幸福は家族全員で世界一周旅行に行くことです」と言えばやはり同様にその願いを叶えてあげなければなりません。1億2600万の人の「幸福権」を認めてしまうことは不可能です。国の財政がひっくり返ってしまいます。しかし、「幸福を追求すること」は憲法で保障されているのです。憲法13条はその前段で個人の尊重を謳い、

後段において、個人を尊重するということは個人が幸福を追求することを保障することだと言っているのです。日本人に「憲法とは？」と訪ねると決まって「国民主権・基本的人権の尊重・平和主義」という三原則を言います。しかし、その三つの中で番大切なものは？　と問い掛けると皆答えに窮してしまうのです。これが欧米人の場合は違います。憲法の理念を問えば、すぐに「個人の尊重（基本的人権の尊重）」という答えが帰ってきます。これは当然のことではないでしょうか。憲法13条に沿って考えてみると「個人の尊重」とは「幸福追求権の保障」です。つまり、幸福を追求するためには、国民主権という考え方に基づいた民主主義制度を確立・維持していかなければならない。幸福を追求するためには、戦争をしてはいけない。幸福を追求するためには、表現の自由・信教の自由・勤労権といった権利を認めなければならない。全てこの考え方です。ただし、ここに「公共の福祉に反しない限り」という制限が加えられています。「公共の福祉」というと、皆さんは広く社会一般の共通利益とお考えになるでしょう。そうではなくて、**「公共の福祉」を「他人の人権」に置き換えてみてはどうでしょうか。すると**「公共の福祉に反する」ということは「他人の人権に迷惑をかける」と言い換えられます。例えば、パナウェーブ研究所（いわゆる「白装束軍団」）があちこちに移り住むとその周辺の住民（他人）に迷惑がかかるので、居住・移転の自由が認められない。オウム真理教の活動も同様に他人の人権に迷惑をかけているので、信教の自由が認められない。写真家が猥褻な写真集を世に出すことも、それを見て不快に思う人の人権に迷惑をかける。だから、表現の自由は認められないのです。

――「公共の福祉」を「他人の人権」に置き換えるというのは、とても斬新なお考えですね。それに憲法の究極的理念が13条の幸福追求権にあるという説も大変明快で分りやすいと感じました。ところで、先ほど「法律に疎い人が、権利を実現するという自らの幸福を追求するためには専門家の助けは不可欠」とおっしゃっていましたが、とすると…。

河野　そうです。そこなんです。ある人が労働局にあっせんを申請します。その際に専門家である社労士や弁護士に代理を依頼するという行為は、まさに幸福を追求するための道具を活用することにほかなりません。にもか

かわらず、社労士に限って和解契約締結の際の代理を認めないと言っているのです。これは、行政が独断で国民から幸福を追求するための道具を一つ奪ってしまったということになります。
――この問題を社労士の側から見るとどうなるのでしょうか？
河野 憲法13条は公共の福祉に反しない限り、つまり、他人の人権に迷惑を及ぼさない限り、何人も幸福を追求することができるとしています。つまり、労使トラブルに直面した国民は、他人に迷惑をかけなければ、問題解決すなわち幸福を追求するための道具として、社労士を代理人にたて、労働局にあっせんを申請し相手側と和解をすることが可能なわけです。ところが、行政は和解の締結の際は社労士を代理人とできないと言っている。ということは、行政は社労士が問題解決の最後まで依頼者を代理すれば、他人に迷惑がかかるのだと言っているのと同じです。30年来社労士の地位向上を訴え続けてきた私にしてみれば、そのような理屈を黙って見過ごすわけにはいかないのです。
――なるほど。国家資格者であり、また労使問題のプロである社労士さんにしてみれば、自分たちの仕事を否定されているのと同じですよね。
河野 そのとおりです。ただし、残念ながらそこまで深く憂慮している人間は、2万6000人いる社労士会の会員でも私以外にいないのが実状なのです。自分たちの職域が行政の誤った法解釈によって狭められていることに皆気づかないのです。
――「職域」という観点からすると、憲法でいえば…。
河野 22条1項の職業選択の自由に関係してきます。
　「憲法22条1項…何人も、公共の福祉に反しない限り、居住、移転及び職業選択の自由を有する。」
　職業選択の自由、すなわち営業の自由も当然憲法13条の幸福追求権を根拠としています。なぜならば、幸福を追求するために人は職業を選択し、その職業で生活していくために営業活動をしていかなければならない。その権利を国家が保障しているという理屈からです。さて、この営業の自由も「公共の福祉に反しない限り」という制限を受けます。他人の人権に迷惑をかけない限りにおいて、保障されているのです。つまり、幸福を追求

するために自由に営業しても構わないが、他人に迷惑をかけるような営業活動は認めません、ということです。

したがって、暴力団が「麻薬や拳銃を売りたい」と言おうが、ならず者が「泥棒稼業で暮らしたい」「ヤミ金融で大もうけしたい」と言おうが、それらは全て他人の人権に迷惑をかける行為ですから、営業の自由は一切認められないのです。一方、「社労士があっせん代理した事案について和解契約の締結まで代理人として携わりたい」と言った場合、果たしてそれを許すことが他人の人権に迷惑をかけることとなるのでしょうか。今回行政が、社労士の和解契約における代理を認めなかったということは、彼らが社労士を暴力団やならず者と同様に「他人の人権に迷惑をかける人種」と位置付けていると言ったら言い過ぎでしょうか。いや、少なくとも理屈の上では、このような考え方が成り立つと私は考えると同時に、強い憤りを感じざるを得ないのです。

今回の「あっせん」は特別法により制定された新しい制度であり、その利用件数についても、世の中に存在する全ての紛争事件全体の中のほんの僅か、小指の先程度のものです。にもかかわらず、<u>行政は誤った法解釈により社労士の業務範囲を著しく制限しようとしています</u>。このことは、憲法99条により憲法尊重擁護義務を課されている公務員、すなわち行政が、憲法に劣後する法律（＝弁護士法72条）をもってして、憲法で保障された国民の幸福追求のための道具を奪うばかりでなく、我々社労士の人権をも不当に制限しているということができます。私は今後の活動を通じて、この点については断固抗議していきたいと考えています。

――憲法を逸脱した行政解釈に従う義務は無いという結論ですね。わかりました。さて四つ目の理由として「法律に優劣をつけていること」を挙げられていますが。

河野 はい、これについては既に少し触れていますが、法律の間には上下がない、という点に反しているという意味です。具体的には次のようなことです。

和解契約が法律行為だから社会保険労務士には代理できないというのは、弁護士法72条を念頭においていることが考えられます。さて、弁護

士法が制定された当初は事件屋などの悪質な業者から国民を守るために、法律行為を行えるものを制限することは必要なことでした。しかし、現在ではそういった意味での存在意義が薄れています。また、社会保険労務士法も弁護士法も対等です。対等であるはずの弁護士法によって、社会保険労務士法が制限されるというのはいかがなものでしょうか。さらにいえば、今回の和解契約を制限しているのは単なる行政通達にすぎません。法律のピラミッドを思い浮かべて下さい。憲法を頂点として、その下に法律、以下、政令、規則、通達となっています。法律は通達よりも上位に位置しているのですから、それによって社労士の権利が制限されるというのはあまりにもおかしな話です。

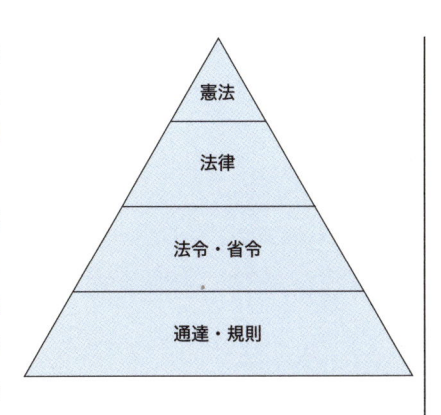

　また、平成10年に社会保険労務士に審査請求の代理権が付与されましたが、このことを考えると、あっせん申請の和解契約が代理できないというのも不合理です。審査請求の代理権は弁護士法72条に触れないのに、なぜ、あっせん申請の和解契約の代理権は弁護士法72条によって、制限されるのでしょうか？

　これについては審査請求の代理権を獲得したときの事を考えなければなりません。このときは社会保険労務士試験の事務を社会保険労務士自身に行わせる代わりに、審査請求の代理権が付与されたのです。そして、この法案は政府提案で立法されたので、すんなりと法律が成立しました。このように、役所の都合によって、権限を与えたり、与えなかったりするというのは、利用者（国民）のことを考えていない恣意的な法改正といってもいいのではないでしょうか。また、弁護士法72条を理由にはしているが、それは表向きの理由であり、本当の理由は、行政が権利を制限したいからというものではないかとも考えられます。これは厳密に言えば、三権分立に反しています。行政が恣意的理由によって、立法を制限しているのです。

また、社会保険労務士も法律家です。したがって、三権のひとつである司法の担い手です。このことを考えると、行政の恣意的な理由によって、司法権も制限されているのです。これは国家の根本にかかわる重大事項です。
——法の執行者たる行政の横暴がまかり通ってしまうと、今盛んに議論されている司法制度改革の行方にも大きな影響を及ぼすのではないでしょうか？

河野　おっしゃるとおりです。まさに現在、司法制度改革が進行中です。司法書士が簡易裁判所での訴訟代理権を獲得し、弁理士、税理士が訴訟において補佐人となることができるようになりました。このように、今まで弁護士法72条によって制限されていた業務が、隣接士業に解放されてきています。このような中、今回のようにあっせん代理において社会保険労務士が和解契約に関与できないということは司法制度改革という時代の流れに反することになります。個別労働紛争の解決のための和解契約です。まさに社会保険労務士の専門分野です。社会保険労務士に代理権を与えることは大変有意義です。くどいようですが、特定の法律についてはその専門家である法律家に委ねるべきです。

　つまり、繰り返しになりますがあっせん代理を社会保険労務士に行わせるのであれば、あっせん申請の最終段階における和解契約を社会保険労務士に行わせないというのは、国民の利便性や代理の本質に照らしてみてもすこぶる疑問です。和解契約まで社会保険労務士が締結できることが、国民の利便性も向上し、司法制度改革が目指す方向性にもより合致した制度となるのではないでしょうか。社会保険労務士は労働問題の専門家です。個別労働紛争の処理については、その分野の専門家である社会保険労務士に任せることが、労使トラブルに悩む人々が幸福を勝ち得るために望ましいものと信じて疑いません。

（インタビュアー　薩川隆一）

⑤社労士法第23条の撤廃は、再び先送り

　前法改正時の課題であった、社労士法第23条労働争議への不介入条項の撤廃は、再び時期尚早であるとして、先送りの方針を政府委員が国会答弁した。

第155回国会　参議院　厚生労働委員会　第4号
平成14年11月7日　議事録

衆議院議員（長勢甚遠君）　この社労士法二十三条の削除は社会保険労務士会連合会の方の長年の強い御要望でございます。我々としても、この削除という方向で是非改正をしたいということで努力をしてまいりましたけれども、特に弁護士法第七十二条との関係などもありまして、関係者の了解が得られないという状況でございましたので、引き続き議論するということで今回の改正には盛り込まないということにした経過でございます。

辻泰弘君　平成十年の前回の法改正に際して、当時の労働省の渡邊官房長は、同年四月十日に、社労士法第二十三条の見直しについては、できれば次期の法改正時にもその実現が図られるよう、労働省として努力してまいりたいと述べておられます。

　今回の法改正でこの見直しが実現しなかったことに対して、厚生労働省はどのように考え、評価されているのか、お伺いしたいと思います。

政府参考人（松崎朗君）　社労士法の第二十三条、これは御案内のように労働争議介入禁止の規定でございますけれども、この削除の問題につきましては、確かに前回の改正のときに政府委員からこういった答弁をさせていただいております。

　この問題につきましては、今回の改正におきまして措置されますよう厚生労働省といたしましても協力をいたしまして進めてきたわけでございますけれども、やはりその結果として、この問題につきましては労使を始めとして関係者の理解がある程度進むといったことはあったんじゃないかというふうに考えております。

　しかしながら、今回は、先ほど提案者からも御説明がございましたように、弁護士法第七十二条との関係もございまして、いまだにそういった関係者の了解が得られないといった状況もございまして、今回は改正できなかったということと理解しております。

辻泰弘君　そういたしますと、厚生労働省としては、この点について今後再び見直しの方向で取り組んでいかれるということでしょうか。

政府参考人（松崎朗君）　この問題につきましては、御案内のように、現在、

司法制度改革推進計画の中にも盛り込まれております。ちょっと御紹介いたしますと、「ADRを含む訴訟手続外の法律事務に関して、隣接法律専門職種等の有する専門性の活用を図ることとし、その関与の在り方を弁護士法第七十二条の見直しの一環として、個別的に検討した上で、遅くとも平成十六年三月までに、所要の措置を講ずる。」ということがこの計画の中に盛り込まれております。

そういったことから、現在、司法制度改革の中で検討されているわけでございますが、そういった十分な検討がなされまして、早期に実現が図られますよう厚生労働省としても適切に対応していきたいというふうに考えております。

（4）これまでの社労士法改正の背景における考察

平成10年の社労士法改正、平成14年の社労士法改正の流れを見るに当たり、厚生労働省の社労士の位置づけや立法趣旨と行政通達との間に整合性が感じられない。

法改正時における、国会と厚生労働省の評価を次にまとめてみる。

社労士の代理能力評価

法改正年時	国会	厚生労働省	事務内容
平成10年	低い （法案可決成立）	高い （政府提案による）	不服申立て代理
平成14年	高い （議員立法可決成立）	← 通達による制限は可能？ → 低い （通達による制限）	労働委員会の個別労働関係紛争あっせん代理（制限付き）
平成17年	低い	低い （政府提案による能力担保措置として、研修と試験の義務付け）	・労働委員会の個別労働関係紛争あっせんの手続代理（制限付き） ・男女雇用機会均等法に基づく労働委員会の調停の手続代理（制限付き）等

また、各法改正における事務内容の難易度を客観的に比較してみると、仲裁の代理があり答弁書の作成等が必要とされる、不服申立て代理が一番難しいといえる。

不服申立て代理＞労働委員会の個別労働関係紛争あっせんの手続代理・男女雇用機会均等法に基づく労働委員会の調停の手続代理等（制限付き）＞労働委員会の個別労働関係紛争あっせん代理（制限付き）

　厚生労働省（当時は労働省）は、平成10年の法改正時には「社労士には力量がある」とそれまで弁護士しか行えなかった不服申立ての代理に、政府提案で社労士の門戸を広げ、他方、平成14年の法改正時には、国会で期待された社労士の専門性につき、行政通達で弁護士があきれるほどの非常識な制限を加えている。
　そして、今回平成17年の法改正時には、平成14年の法改正を上塗りするかのごとく、これまで行えたあっせん代理に対してまで仕切りなおしをし、代理能力の担保措置とて、「研修」と「試験」の条件を付加した。既得権の特例なしに、である。しかも、今回の改正においても労働委員会や労働局の外での相対交渉に、大きく制限が加えられている。
　第1回社会保険労務士裁判外紛争解決手続代理業務能力担保措置検討会で、厚労省森岡課長が「現在のあっせん代理の範囲そのものがいろいろ14年の法改正の調整中でありまして、あっせんを開く期日の時だけにしか代理はできません」と述べている箇所がある。本来、その「いろいろの中身」が非常に問題なのであり、これが立法趣旨と異なる通達をして社労士の職域拡大を阻み、ひいては、国民の利便性を阻害している張本人であると推察する。誰が見ても、不可思議な法改正の経緯であることは否めないであろう。その正体とはいったい何なのか？
　それを探しつつ、本改正法の問題につき次章以降各論を展開していこう。

4章 他士業の現状及び司法統計の数字から見えてくるもの

(1) 社労士法の改正で参考とされる他士業

　平成17年の社労士法改正において、特定社労士認定のための研修及び試験については、平成15年から簡易裁判所における訴訟代理が認められた、他の隣接法律専門職である「司法書士」と「弁理士」の状況が重視され、社労士会の能力担保措置検討会ではそれをもとに議論が進められた。

　司法改革の流れを受け、まず司法書士については、**平成14年3月8日第154回国会に「司法書士法及び土地家屋調査士法の一部を改正する法律案」**が提出され、同年4月24日可決成立、平成15年4月1日から施行されている。次に弁理士については**「弁理士法の一部を改正する法律」**が平成14年2月19日に閣議決定され、2月21日に国会提出され、同年4月11日に可決成立、平成15年1月1日に施行された。

　それぞれの、訴訟代理権の付与につき、ここでは研修・試験につき内容を検討してみる。

(2) 司法書士の場合

　次により、日本司法書士会連合会のHP等から、検討する。

①制度の概略

　(http://www.shiho-shoshi.or.jp/web/shiho-shoshi/guid_intro.html)
　弁論、和解代理、相談などの新しい業務が加わりました。
　司法書士法の改正（平成15年4月1日施行）によって「簡易裁判所における訴訟代理等を行う業務」が新たに追加されました。その範囲は大きく簡易裁判所内の業務と裁判外での業務の2つに分かれます。

◆簡易裁判所での様々な手続についての代理

●民事訴訟手続（少額訴訟手続を含む）
●訴えの提起前の和解（即決和解）の手続
●支払督促の手続
●証拠保全の手続
●民事保全の手続
●民事調停の手続　　　　　　　　　などがあげられます。

　これらの手続では、司法書士は当事者の代理人となって裁判所に出向き、法廷において弁論を行うことはもちろんのこと、証拠調べ（証人尋問）や和解、仮差押、仮処分などを含めた様々な裁判上の手続を行うことができます（ただし、上訴の提起、再審及び強制執行に関する手続は除かれます）。

　裁判（口頭弁論）は、ほとんどが月曜日から金曜日までの平日、それも日中にしか開廷されません。夜間や土・日・祝日等の休日に開廷されるようなことはめったにありません。したがって、多くの国民にとって、裁判所に出頭する日は仕事を最低でも半日以上休まなければならないのが現実です。

　しかし、どうしても平日に仕事を休むことができない立場にある人もいるでしょうし、出頭する予定をしていても急に用事ができて裁判所に行けなくなってしまう場合もあり得ます。裁判は、口頭弁論期日に出廷することが非常に重要ですから、決められた期日に欠席してしまうと、そのことにより様々な面で不利な扱いを受けることが少なくありません。また、出頭できる人であっても、裁判所の法廷で自分の主張を述べたり、相手の主張に反論するなどのいわゆる弁論活動の不得手な人もいます。

◆裁判外での和解の代理や相談

　具体的には、裁判において当事者の代理人となって内容証明による催告や示談交渉を行ったり、和解に応じたりすることもできます。また、紛争性のある事件についての法律相談に応じることもできます。

4章　他士業の現状及び司法統計の数字から見えてくるもの

　現実の社会においては、法的紛争のすべてが裁判となるわけではありません。むしろ裁判になる前に当事者間で解決される紛争の方が多いくらいでしょう。ただ、このような裁判外で紛争を解決させようとするときは、やはりある程度の法的知識を持って交渉する必要があります。知識は持っていても、このような交渉をすること自体が不得手な人も少なくないでしょう。

　※なお、これらの簡易裁判所訴訟代理関係業務は、いずれも、請求額が簡易裁判所の事物管轄を限度とする民事紛争において、法務大臣が指定した研修を修了し、認定を受けた司法書士が行うことができます。

②司法書士特別研修制度

　研修は100時間程度で実施するものとし、全体を約1月程度で終了させるものとするとしている。

　なお、この研修受講料は平成16年度で原則122,000円であった。

③試験内容

　研修内容に基づく、筆記試験200字で書く。

(3) 弁理士の場合

①制度の概略・・・特許庁のHPより

(http://www.jpo.go.jp/torikumi/kaisei/kaisei2/benrishihou_kaisei_gaiyou.htm)

平成14年4月
経済産業省
特許庁

1　法律改正の目的

　知的財産関連の侵害訴訟件数は、ここ10年間で約2倍(311件(平成3年)→610件(平成12年))に達し、今後も増加が予測。

　これに対し、知的財産専門の弁護士(弁理士登録している者)は、300人

弱に留まっており、米国（特許弁護士約 16,000 人）に比べ十分なサービス提供が困難な状況にあり、産業界等ユーザーサイドからも専門性の高い訴訟代理人の質的・量的拡大による紛争処理サービスの充実・強化が強く要請されている。

このため、知的財産権に関する専門的知見を有する弁理士に、特許権等侵害訴訟における訴訟代理権の付与を行う必要がある。

2　法律の概要

弁理士への侵害訴訟代理権の付与

○特許権等の侵害訴訟（弁護士が訴訟代理人になっている事件に限る。）における訴訟代理権を弁理士に付与。このため、訴訟代理権の付与を希望する弁理士に対し信頼性の高い能力担保措置を講じる。

- ・「特許権等の侵害訴訟」は、具体的には、特許、実用新案、意匠、商標若しくは半導体回路配置に関する権利又は特定不正競争による営業上の利益に関する侵害訴訟とする。
- ・「信頼性の高い能力担保措置」は、民事訴訟実務に関する研修及びその効果を判定するための試験により構成する。

○弁理士の出廷について、共同受任している弁護士との共同出廷が原則であるが、裁判所が相当と認めるときは、単独出廷ができる。

(抜粋)【司法制度改革審議会意見書】

（平成 13 年 6 月 12 日）

－Ⅱ. 国民の期待に応える司法制度
第 1　民事司法制度の改革
3. 知的財産権関係事件への総合的な対応強化

> ○　知的財産権関係訴訟事件の審理期間をおおむね半減することを目標とし、民事裁判の充実・迅速化に関する方策に加え、以下の方策等を実

施すべきである。
・弁理士の特許権等の侵害訴訟代理権については、信頼性の高い能力担保措置を講じた上で、これを付与すべきである。

（2）総合的な対応強化の具体的方策
・技術的知見を有する弁理士の専門性をも活用するため、弁理士の特許権等の侵害訴訟代理権（弁護士が訴訟代理人となっている事件に限る。）については、信頼性の高い能力担保措置を講じた上で、これを付与すべきである。

－Ⅲ．司法制度を支える法曹の在り方
第3　弁護士制度の改革
7．隣接法律専門職種の活用等

○　訴訟手続において、隣接法律専門職種などの有する専門性を活用する見地から、
・弁護士への特許権等の侵害訴訟（弁護士が訴訟代理人となっている事件に限る。）での代理権については、信頼性の高い能力担保措置を講じた上で、これを付与すべきである。

弁護士と隣接法律専門職種との関係については、弁護士人口の大幅な増加と諸般の弁護士改革が現実化する将来において、各隣接法律専門職種の制度の趣旨や意義、及び利用者の利便とその権利保護の要請等を踏まえ、法的サービスの担い手の在り方を改めて総合的に検討する必要がある。しかしながら、国民の権利擁護に不十分な現状を直ちに解消する必要性にかんがみ、利用者の観点から当面の法的需要を充足させるための措置を講じる必要がある。
　このような観点に立ち、訴訟手続きにおいては、隣接法律専門職種などの有する専門性を活用する見地から、少なくとも、…中略…、弁理士の特許権等の侵害訴訟（弁護士が訴訟代理人となっている事件に限る。）での代理権については、信頼性の高い能力担保措置を講じた上で、これを付与すべきで

ある。

②研修内容

　特定侵害訴訟に関する法令及び実務に関すること等の事項につき、講義及び演習により行うものとされ、研修の総時間数は45時間以上と省令（弁理士法施行規則第10条の2）で定められている。（なお、民法、民事訴訟法の履修は、青山学院大学、慶應義塾大学等、大学に教育を委託している。）
　この研修の受講料は平成15年度で21万円であった。

③試験について

　試験については、特許庁のHPに基本方針が掲載されているので紹介しよう。
　(http://www.jpo.go.jp/torikumi/index.htm)

平成15年2月
工業所有権審議会
弁理士審査分科会

　弁理士に「信頼性の高い能力担保措置」を講じた上で特許権等の侵害訴訟代理権を付与することを内容とする「弁理士法の一部を改正する法律」（平成14年法律第25号）が、平成14年4月に公布され、また、平成15年1月には同改正法及び関係政省令が施行された。
　上記能力担保措置の構成要件のうち、試験については本改正法において、「特定侵害訴訟代理業務試験は、特定侵害訴訟に関する訴訟代理人となるのに必要な学識及び実務能力に関する研修であって経済産業省令で定めるものを修了した弁理士に対し、当該学識及び実務能力を有するかどうかを判定するため、論文式による筆記の方法により行う。」（第15条の2）旨規定されている。
　本改正法施行後の上記能力担保措置の実施時期については、「特定侵害訴訟に関する訴訟代理人となるのに必要な学識及び実務能力に関する研修であって経済産業省令で定めるもの」（以下「能力担保研修」という。）にあっては平成15年度の早期から、及び、「特定侵害訴訟代理業務試験」（以下「試

験」という。）にあっては、能力担保研修終了後に実施することが予定されているところである。

　試験を実施する上での基本方針は、平成13年12月の産業構造審議会知的財産政策部会「弁理士への特許権等の侵害訴訟代理権の付与について」を踏まえ、以下のとおりとする。

1．試験の目的

　日本弁理士会が実施する能力担保研修の効果確認を主たる目的とする。民法及び民事訴訟法の基本的知識を備え、かつ研修内容を習得することにより、弁護士と連携しつつ法廷活動を行うに足る能力を備えていることの確認を行う。

2．試験の出題形式

　論文式筆記試験とする。

3．受験資格

　日本弁理士会が実施する能力担保研修の課程を修了した弁理士であること。

　ただし、試験に不合格となった者については、再度研修を受講しなくとも次年度以降も受験資格を有することとする。

4．試験の実施回数

　年1回の実施とする。

5．受験地

　　東京及び大阪で実施する。

6．試験の日程

　（1）試験の実施時期

　　・日本弁理士会において実施される能力担保研修終了後に実施する。

　　・合格発表は、採点期間を考慮し試験実施後3ヶ月以内に行う。

　（2）試験の実施日

　　・受験者が現に業務を行っている弁理士であることに鑑み、土曜日又は日曜日のいずれかに1日間で実施する。

7．試験出題方法

　特許権等侵害訴訟事件を参考に、事例問題として提示する。事例問題は、事例ごとに報告書等を作成し、必要に応じて公報・被告物件図面等を添付し

た形式で提示する。

例えば、当該事例について、訴状又は答弁書、準備書面を作成させ、その論理構成等を問う設問と、当該事例に関する民法・民事訴訟法上の論点を問う設問との組合せにより出題する。

8．試験中における貸与物

少なくとも以下の法令を収録した法文集を貸与する。
- ・特許法
- ・実用新案法
- ・意匠法
- ・商標法
- ・不正競争防止法
- ・民法
- ・民事訴訟法

9．試験出題数及び試験時間

（1）出題数

事例問題2題を出題する。

（2）試験時間

試験時間は、事例問題1題あたり2時間30分程度とする。

10．合格基準及び採点基準

合格基準及び採点基準は、特定侵害訴訟訴訟代理人となるのに必要な学識及び実務能力について、一定の基準を満たしていることを担保するものでなければならない。

11．試験問題等の公開

（1）試験問題及び解答
- ・試験問題は非公開とし、試験終了後に回収する。
- ・解答については、言及すべき論点を公表する。

（2）合格基準及び採点基準事前に公表する。

12．試験委員について
- ・委員は原則、研修講師から選任する。ただし、講師以外の有識者の選任も検討し公平性の確保に配慮する。

・受験者数及び出題数、採点負担を勘案して委員を選任する。
・委員の氏名を公表する。
13. 試験周知方法
・特許庁のホームページに試験要綱を掲載する。

(4) 決して高いとはいえない、司法書士の関与率

　司法書士と、弁理士について、これまで制度の概要をみてきたわけだが、司法書士に限れば、12万円の受講料を支払って、約100時間の司法書士特別研修の課程を修了し、認定試験にパスしても、簡易裁判所での起用は決して多くないという司法統計の数字が出ている（**表1　平成16年度第一審通常訴訟既済事件数　事件の種類別弁護士等選任状況―全簡易裁判所**）。

　法施行が平成15年4月1日からとの反論もあるだろうが、これは司法書士に限らず、弁護士の関与率の低さも同時に物語っている。平成11年から平成16年の**全簡易裁判所・民事事件の新受事件の推移（表2）**をみても、弁護士等に依頼せず本人が訴訟に携わるケースが、90％前後で推移しており、平成15年度まではわずかながらその割合が増えている。その後、平成16年度の本人訴訟はわずかながら減っているが、これは平成16年4月1日から簡易裁判所における訴額の扱いが90万円から140万円に引き上げられたことが少なからず影響しているとみられ、今後も続けて減少に転じるとは考えにくい。さらに、少額訴訟で検討してみると、より一層本人訴訟の傾向が顕著である（**表3　平成16年度少額訴訟既済事件数　事件の種類別弁護士等選任状―全簡易裁判所**）。

表1 平成16年度第一審通常訴訟既済事件数　事件の種類別弁護士等選任状況―全簡易裁判所

(本表は、少額訴訟から通常移行したものを含む)

事件の種類	総数	弁護士等をつけたもの									当事者本人によるもの	司法委員関与のあったもの
		総数	双方				一方					
			双方弁護士	原告側弁護士・被告側司法書士	原告側司法書士・被告側弁護士	双方司法書士	原告側弁護士	原告側司法書士	被告側弁護士	被告側司法書士		
総　数	347,851	43,796	4,434	120	459	75	15,064	8,883	13,561	1,200	304,055	85,955
金銭を目的とする訴え	339,083	40,359	4,112	108	410	49	13,452	7,652	13,392	1,184	298,724	83,654
建物を目的とする訴え	5,026	1,634	102	2	15	11	788	657	53	6	3,392	1,743
土地を目的とする訴え	1,720	998	117	5	27	14	302	476	49	8	722	239
その他の訴え	2,022	805	103	5	7	1	522	98	67	2	1,217	319

(司法統計年報から)

＊司法委員はあらかじめ地方裁判所から選任（民訴279条Ⅲ）された民間の有識者であり、裁判に同席して審理を円滑に進めるため、意見を述べたり、和解を取り持つ役割を持つ。任期は1年で、元裁判官・元検察官・元書記官・大学教授・弁護士等法律専門職のほか、元会社役員、元銀行員、元教師等幅広い分野から選任されている。

表2　全簡易裁判所・民事事件の新受事件の推移

	総数	弁護士付	本人訴訟	本人訴訟割合
平成11年度	307,850	32,127	275,723	89.56%
平成12年度	301,185	31,281	269,904	89.61%
平成13年度	303,927	30,908	273,019	89.83%
平成14年度	314,623	29,534	285,089	90.61%
平成15年度	337,076	30,863	306,213	90.84%
平成16年度	347,851	43,796	304,055	87.41%

(司法統計年報から数値を加工)

4章 他士業の現状及び司法統計の数字から見えてくるもの

表3 平成16年度少額訴訟既済事件数 事件の種類別弁護士等選任状況―全簡易裁判所

(本表は、少額訴訟から通常移行した数字を含まない)

事件の種類	総数	弁護士等をつけたもの									当事者本人によるもの	司法委員の関与のあったもの
		総数	双方				一方					
			双方弁護士	原告側弁護士・被告側司法書士	原告側司法書士・被告側弁護士	双方司法書士	原告側弁護士	原告側司法書士	被告側弁護士	被告側司法書士		
総数	17,346	1,277	39	−	12	1	493	270	412	50	16,069	10,739
金銭を目的とする訴え	17,346	1,277	39	−	12	1	493	270	412	50	16,069	10,739
うち												
売買代金	1,725	110	1	−	−	1	55	41	10	2	1,615	786
貸金	1,377	75	−	−	−	−	26	24	22	3	1,302	689
立替金・求償金等（信販関係事件に限る）	154	16	−	−	1	−	9	2	4	−	138	84
交通事故による損害賠償	4,765	306	20	−	1	−	112	13	155	5	4,459	3,563
その他の損害賠償	912	120	7	−	1	−	34	14	58	6	792	618
手形・小切手金	−	−	−	−	−	−	−	−	−	−	−	−

(司法統計・年報から)

＊司法委員は毎年あらかじめ地方裁判所から選任（民訴279条Ⅲ）された民間の有識者であり、裁判に同席して審理を円滑に進めるための意見を述べたり、和解を取り持つ役割を持つ。任期は1年で、元裁判官・元検察官・元書記官・大学教授・弁護士等法律専門職のほか、元会社役員、元銀行員、元教師等幅広い分野から選任されている。

5章　今回の社労士法改正の問題点

　平成17年の社労士法改正ならびに、その具体化のための代理能力担保措置検討会での審議内容は、約3万人の社会保険労務士有資格者にとって、またこれから社会保険労務士資格を取得したいと日夜受験勉強に励む受験生、ひいては社会保険労務士を活用したいと考える国民にとって、公正を欠き、不可解な内容であるといわざるを得ない。

　原稿執筆中の平成17年8月4日、連合会から能力担保措置の概要（案）が出されたので、その内容を確認しておく。

能力担保措置の概要（案）

平成17年8月4日

1　研修
（1）中央発信型の講義（30時間）
①　科目と時間は、次のとおりとする。
　イ　社会保険労務士の権限と倫理　　　　　3時間
　ロ　憲法（基本的人権に係る部分）　　　　3時間
　ハ　民法（契約法、不法行為法の基本原則等）　6時間
　ニ　労使関係　　　　　　　　　　　　　　3時間
　ホ　労働契約　　　　　　　　　　　　　　3時間
　ヘ　労働条件　　　　　　　　　　　　　　5時間
　ト　個別労働関係に関する専門的知識、能力　5時間
　　　（裁判例の研究）
　チ　個別労働関係紛争解決制度　　　　　　2時間

（2）各地域で行う少人数のグループ研修（18時間）
① 支部等を単位に指導的な社会保険労務士を中心に10名程度がグループを作り、(3)のゼミナールの予習や意見交換を行う。具体的には、ゼミナールで行うケーススタディに関する申請書、答弁書の起案等を行う。
② グループ研修に関する詳細なテキストやビデオ教材を作り、自主的、効果的に研修を行えるようにする。

（3）地域集合型のゼミナール（15時間）
① 30人から50人程度のクラスを作り、双方向で行う。具体的には、ケーススタディを中心に争点整理、起案、和解、交渉の技術、権限と倫理等についてロールプレイ等の手法も取り入れて行う。
② 講師は、弁護士等とし、事前に講師の研修、打合わせ等を行って研修の内容、水準を統一する。

（4）その他
司法研修の受講者については、その受講について、特例を設けることを検討する。

2 試験

個別労働関係紛争に関する具体的事例について、専門的解釈能力及び実践的知識を問うものとする。設問の一部については、社会保険労務士の権限と倫理に関する問題を含める。
試験の方法については、記述式とし、その時間は2時間とする。

(別紙)
研修については、司法研修受講者に対して、主として運用で次の特例措置を講ずる。

1 中央発信型の講義のうち、「労働条件」、「個別労働関係に関する専門

> 的知識・能力（裁判例の研究）」及び「個別労働関係紛争解決制度」の受講を免除することができる。
> 2 各地域で行う少人数のグループ研修に関して、グループ研修に代えて自宅で単独で研修することができる。
>
> いずれの場合も、受講者の希望に基づき、特例を認めることとする。

　これは案としながらも、従前の司法研修を受けた者に対して、**都合 30 時間の研修免除**を盛り込んだ内容となっている。後に詳述するが、これは「法の下の平等」という観点から許されざる提案である。
　そのほか、本社労士法改正には様々な問題を包含しており、「法改正の概要」「法改正までの沿革」、「他士業の状況」を勘案し、問題の核心に迫りたい。法改正の内容そのもの、その運用のされかたに大きな問題が内在すると同時に、背景には、ようやく生抜き社労士による連合会会長が誕生したにもかかわらず、厚生労働省天下り職員による同省との蜜月関係が恒常的な連合会の体質、さらには社労士の権限を極力制限したい厚生労働省の思惑が見え隠れしていることを申し添えよう。
　視点をミクロからマクロへと広げつつ、問題への俯瞰を試みることとする。

　なお、「社会保険労務士裁判外紛争解決手続代理業務能力担保措置検討会」の「委員及びオブザーバー」ならびに「開催日」は、以下のとおりである。検討会の議事録を読み込むときの参考にしてもらいたい。

◆委員及びオブザーバー
○委員
　　渡辺　章　　　専修大学法科大学院教授
　　中窪　裕也　　九州大学大学院法学研究院教授
　　平野　裕之　　慶應義塾大学大学院法務研究科（法科大学院）教授
　　遠山　信一郎　弁護士（第一東京弁護士会）
　　鵜飼　良昭　　弁護士（横浜弁護士会）

馬橋　隆紀　　弁護士（埼玉弁護士会）
　　中井　敏夫　　全国社会保険労務士会連合会専務理事
　　小澤　勇　　　全国社会保険労務士会連合会常任理事
○オブザーバー
　　内堀　宏達　　法務省大臣官房司法法制部付検事
　　森岡　雅人　　厚生労働省労働基準局労働保険徴収課長
　　増田　嗣郎　　厚生労働省大臣官房地方課労働紛争処理業務室長
　　代田　雅彦　　同上（第一回のみ）

◆社会保険労務士裁判外紛争解決手続代理業務担保措置検討会開催日
　・第1回　　平成17年1月28日
　・第2回　　平成17年2月22日
　・第3回　　平成17年3月31日
　・第4回　　平成17年4月20日
　・第5回　　平成17年6月29日
　・第6回　　平成17年8月 2日
　・第7回　　平成17年9月 1日

（1）「あっせん」と「和解」は密接不可分

①平成14年法改正のあっせん代理

　第3章において平成14年社労士法の改正（議員提案）の解説でも触れたが、「あっせん」と「和解」の関係は密接不可分である。これは一般常識である。
　平成10年には、あっせんや和解よりも難易度の高い不服申立てにおける審査請求や再審査請求の代理権が、能力担保措置の議論なしに社労士に付与されている。そして平成14年、「社会保険労務士の行う業務の公共性、専門性及び重要性が増大していることにかんがみ、国民の利便性の向上に資するとともに、信頼される社会保険労務士制度を確立するため」、その施策の一つとして、「個別労働関係紛争に関して、紛争調整委員会におけるあっせんについて、紛争の当事者を代理することを社会保険労務士の業務に加えら

れた」のである。すなわち、これは社労士の専門性が高く評価されての法改正であったはずだ。

にもかかわらず、弁護士法第72条を引き合いに「あっせんの代理」と「和解の代理」が行政通達により分断された。そうすることにより社会保険労務士のあっせん代理の役割は、単なる伝達がかり（メッセンジャー）に格下げされた。

さて、第155回国会　参議院　厚生労働委員会での辻委員の質問に対し、司法制度改革の方針が固まっていないこともあり、試みとして限定的に、社労士にあっせん代理を行わせたい旨、政府参考人の答弁がある。議事録を読む限りにおいて、この段階で政府参考人には、正しい、常識的なあっせん代理と調停の認識があったものと思料される。

第155回国会　参議院　厚生労働委員会　第4号
平成14年11月7日　議事録

> **辻泰弘君**　今回の改正におきまして、個別労働紛争解決促進法の紛争調整委員会における個別労働紛争のあっせんについて、紛争当事者の代理を行うことが社労士の業務と認められるわけでございますけれども、紛争調整委員会における個別労働紛争のあっせん代理に合わせて地方労働委員会におけるあっせん代理も業務に認めてよいのではないかという議論があるわけでございますが、これに対する見解はいかがでしょうか。
>
> **政府参考人（松崎朗君）**　現在、御案内のように、個別労使紛争のあっせん関係につきましては、地方労働局で行っております制度、それから各都道府県が自治事務として行っております地方労働委員会を活用しての事務がございます。
>
> 特に地方労働委員会におきます個別的労働関係紛争のあっせん代理につきましては、御案内のように、今回の法改正に盛り込まれておりませんが、これはまず地労委の問題でございますが、地労委は主として集団的労使紛争を解決するために公労使三者構成という格好で構成されている機関でございます。また、労働局にございます紛争調整委員会でございますけれども、これは個別的労使紛争のみを取り扱うということでその構成も学識経

験者だけから成っているということで、非常に性質が異なっております。そういったことから現段階では同列には扱えないんじゃないかといった点が一点ございます。

また、先ほども申し上げましたように、司法制度改革の中におきましても、訴訟手続外の法律事務におきます専門職種の活用を検討しているところでもございまして、まずは限定的に新しい業務をできるところから実施していくということが適当ではないかというふうに考えられたのじゃないかというふうに理解しております。

辻泰弘君 もう一点、男女雇用機会均等法における個別紛争の調停についても社労士に代理を認めてよいのではないかという意見があるわけですが、これについても御見解をお示しいただけますか。

政府参考人（松崎朗君） 男女雇用機会均等法に基づきます機会均等調停会議、ここにおきます代理という問題がございます。これにつきましても今回の改正案には盛り込まれておりません。

これにつきましては、一つは調停でございますが、調停というのはあっせんと違いまして、いろんな紛争について調停者、こういった方が両当事者の間を仲介して調停案を作成して、これを受諾するように双方を説得するといったことがございます。一方、あっせんというのは、どちらかといいますと、双方の意見を取り次ぐといったことで、調停につきましては、非常にあっせんに比べまして当事者を拘束するといいますか、ある程度力が強いといった比較がございます。

それからまた、繰り返しになりますけれども、司法制度改革の中におきましても訴訟手続外の法律事務におきます専門職種の活用といった点を検討されておりますので、まずはできるところからというところで男女雇用機会均等法に基づく調停代理につきましては今回盛り込まれなかったというふうに承知しております。

さらに、能力担保措置検討会で、厚生労働省は平成14年のあっせん代理は非常に使い勝手が悪いものであったため、これを一掃し、今法改正で創設される特定社会保険労務士が受任することで、国民の利便性向上に資すると

する趣旨の発言をしている。しかし、よくよく考えてみればおかしな話だ。

使い勝手が悪い代理にした張本人は、行政（が作成した通達）であることの認識に欠けている。いや、あえて自らの非に触れたくないだけのことなのであろう。

おそらくそこに、検討会で厚生労働省森岡課長に「現在のあっせん代理の範囲そのものがいろいろ14年の法改正の調整中でありまして、あっせんを開く期日の時だけにしか代理はできません」と言わしめた最大の要因があるのだ。検討会委員の突込みが足りなく、社労士会員としては非常に物足りない。

第1回　社会保険労務士裁判外紛争解決手続代理業務能力担保措置検討会
　　　　　　　　　　　　　　　　　　　平成17年1月28日　議事録

> **森岡課長**　広がるといいますが、現在のあっせん代理の範囲そのものがいろいろ14年の法改正の調整中で、あっせんを開く期日の時だけしか代理ができません。したがって、あっせん案として提示されたものについて、お互いが合意しました、合意に基づいて和解契約を結びましょう、というときになると代理はできません。
> **鵜飼委員**　期日においてあっせんを受託しますね。和解を成立させますよね。その代理はできないのですか。
> **森岡課長**　今はできません。それから、あっせんの期日の間にお互いに連絡を取ってください、というようなこともできないということで、非常に使いにくい部分がございます。
> **鵜飼委員**　あっせん案が出るとしますね。それを受けましょうとなると、いろいろ調整しますね。こういう内容で合意しましょうとなったときに、その代理もできないんですか。
> **森岡課長**　あっせんの期日において受諾するということの代理はできますが、受諾に基づいて和解契約を結びますというところになると、できないんです。

②平成17年法改正も不当に制限された代理権

今回の改正で、「紛争解決手続代理業務の拡大」として、特定社労士は、

個別労働関係紛争について都道府県労働委員会が行うあっせんの手続の代理、男女雇用機会均等法に基づき都道府県労働局が行う調停の手続の代理ができるようになったわけだが、これも平成14年の法改正同様、極めて使い勝手の悪い、一般常識の枠を超えた代理となっている。

「あっせん代理」と「和解契約の代理」が密接不可分であることは、繰り返し述べて来たが、今度は、場外での相対交渉による和解契約の締結が弁護士法第72条に抵触するとして制限されているのである。つまり「あっせん手続の代理」で和解契約の締結ができるのは、都道府県労働委員会の期日でのみ、また「調停の手続の代理」で和解契約の締結をするには都道府県労働局が行う調停期日のみで、期日外に相対交渉して和解を成立させ、手続の申請を取り下げることはできないと解されている。

理解に苦しむ代理である。クライアントの側からしても、わけの分からない代理の制限である。同じ代理でも期日に行う分には弁護士法第72条に抵触せず、期日外に行い、手続を取り下げれば抵触する。これでは、クライアントが特定社労士に代理を依頼した場合、期日に安易な妥協をせざるを得なくなり、当事者双方が納得いく平和的解決の実現とは程遠いシステムとしかいえない。国民の利便性とも乖離している。

このように、再び使い勝手の悪い法律を作成し、数年後に政府提案での法改正を行おうというのか？　中途半端で、最初から制度の破綻が見えている代理に、能力担保措置の研修が本当に必要なのか。

皮肉を言わせてもらうなら、研修では「あっせんの手続の代理」ならびに「調停の手続の代理」と、「和解の代理」は別物であり、また、これらの代理が場外における和解契約の締結は含まれないとする実態を、講師がどの法源を用いて解説してくれるのか非常に興味深い。また、通達とその拘束力についても、国民は通達に拘束されないことを、しっかり講義してもらわなければならないだろう。

こうした限定的な代理につき、第162回国会、参議院の厚生労働委員会で委員からの質問に政府委員が回答している。

5章　今回の社労士法改正の問題点

第162回国会　参議院　厚生労働委員会　第12号
平成17年4月7日　議事会

遠山清彦君　分かりました。ありがとうございます。

次の質問行かせていただきます。

ちょっとややこしい質問になるかもしれませんけれども、この後に私が述べるような場合においては、当該社会保険労務士の行為が今回の改正法案に照らして脱法行為と判断し得るかどうか、その点についてお伺いをしたいというふうに思います。

四つのケースを申し上げますので、ちょっとお書き留めいただきたいと思いますが、まず一番最初に、受任をして直ちに相手方と交渉しほぼ合意ができたので、行政型又は民間紛争解決手続を申し立ててその第一回の期日で和解した場合、これが一番目です。二番目の場合が、申立て書を提出して受理された後に相手方と交渉して、第一回の期日前に手続外で和解をし、手続を取り下げた場合。三番目が、第一回期日の後に、次回期日の前に相手方と交渉して和解をし、手続を取り下げた場合。そして四番目が、この二番目と三番目の場合に、合意が調った時点で、本人の名前、すなわち自分の代理人の名前を出さずに和解書を作った場合。

これ、それぞれのこの四つのケースについてこれらの行為が行われた場合、脱法行為と判断し得るかどうか厚生労働省の見解を伺いたいと思います。

政府参考人（青木豊君）　まず一つ目の、受任して相手方とすぐ交渉して合意ができたということで、第一回期日で和解をするというものについては、その合意というのが申立て受理前の交渉によるものでありますので、これは二条三項二号、三号の範囲を超えるというものになると思います。

それから、御指摘の二番目と三番目、申立て書が受理された後に、第一回の期日前に手続外で和解をするという場合と、それから、次回期日の前に、一回期日の後、次回期日の前に相手方と交渉して和解して手続を取り下げるというような場合。これにつきましては、手続外で合意が成ったと、そういう合意に基づく和解契約を締結するということについての代理ということになりますので、これはもう二条三項三号の事務には含まれないと

いうふうに思います。

　それから四つ目の、合意が調った時点で本人の名で、自分は代理人として名前を出さずに本人の名でやるという場合でありますが、形式的にはこれは本人ということで代理ということではないわけでありますけれども、本人の名で和解契約を締結したとしても、実質的には手続外で調った合意に基づく和解契約の締結の代理ということでありますので、やはり二条三項三号の事務には含まれないというふうに思います。

　なお、**代理の開始時期**について、同じく第162回国会参議院の厚生労働委員会で質疑があるので掲載しておこう。

同委員会議事録

小林正夫君　持ち時間の関係もありますので、簡単に質問をいたします。紛争解決手続業務に含まれる事務の範囲について二つお聞きをいたします。
　一つは、代理権が与えられるのはいつからなのか。言い換えれば、相手方と代理権を背景に交渉できるのはいつからなのかということが一つです。二つ目は、社会保険労務士が依頼者からあっせんないし調停の代理を依頼された場合に、ＡＤＲ機関の申立てを行わずに相手方と交渉するいわゆる相対交渉は禁止をされているのか否か。
　この二点についてお聞きをいたします。
政府参考人（青木豊君）　まず一つ目の紛争解決手続代理業務で代理権を与えられるのはいつということでありますが、これは、代理業務は紛争解決手続の開始時から行うことができるということでございます。手続の開始ということについては、いろいろな裁判外紛争解決手続がありますけれども、その手続ごとにその時点は異なり得るというふうに思っておりますけれども、一般的にはそういった<u>手続の申立てが受理された時点がそういった開始時になる</u>というふうに思っております。
　二つ目の申立て、ＡＤＲ機関への申立てをしないで行ういわゆる相対交渉、これはどうなのかということでありますけれども、手続の開始というのは、今申し上げましたように、ＡＤＲ機関への申立てがなされてこれが受理

された時点以降というふうに思いますので、その申立てをそもそもしないで行う相対交渉というのはこれはできないというふうに思っております。

(2) これまで行えたことが、行えないことの不利益変更

①国会における、民主党内山あきら委員の質問から

　これまで不完全ながらも、社会保険労務士であれば個別労働関係紛争解決促進法に基づき都道府県労働局が行うあっせんの手続の代理を行うことができた。しかし、本改正法施行後、所定の研修を受け試験に合格した特定社労士でなければこれを行うことはできなくなったということは、いくら試験後の職域が拡大したとしても、れっきとした不利益変更である。

　この点につき、現在社労士資格を持つ者について、既得権の保護の措置がまったく施されていない。その気になれば、従前のあっせんの手続の代理を行うことができるとする「既得権」を政令に盛り込む等、柔軟な方法はいくらでも考えられるはずである。

　こうした主旨の、内山委員がした国会における質問につき、政府参考人の答弁は「仮に制度としてあって、制度が併存して複雑になるのでこれをいろいろ周知して混乱を避けるということを努力いたしましても、そういうこととの意味あいでどれだけのメリットがあるのかなというのが正直なところでございます。」としている。しかし、これが既得権を保護できない、いやしないことの合理的な理由とはとうてい考えられない。むしろ保護しないことにより、平成14年法改正による「あっせんの手続の代理」権付与の痕跡を抹消し、仕切り直ししようとする意図的なものが感じられる。

第162回国会　衆議院　厚生労働委員会　第26号
　　　　　　　　　　　　　　　平成17年6月8日　議事録

内山委員　今大臣がおっしゃいました、その広がった部分の業務をやる人が特定社会保険労務士という方でいいんです。ですから、広がらなかった従来のものをそのまま普通の社会保険労務士ができるように置いておいてもらえれば、何ら問題がないだろうと思うんです。

青木（豊）政府参考人 先ほども申し上げましたように、委員御指摘のような制度ということは、制度をつくる際には考えられないことはないとはもちろん思いますけれども、いわば社会保険労務士が代理をできる範囲というものについて二種類のものが併存するという形になるわけです。

　一方、この個別労働関係紛争について、和解を目指して紛争解決をしていこうというときに、現行のシステムだけを希望する社会保険労務士さんがどれだけいらっしゃるのかというのは、甚だ私自身疑問を持つところであります。実際には、紛争解決をするために代理人としてゆだねられたというときに、今現在は紛争解決機関が裁判のように期日を開いて話を聞く。そのときに決着するところもあるでしょうし、次のときに決着するときもあるでしょうが、大体軽い事件はそのときに決着する。そうすると、決着したときは、私は代理ではありませんと言って引き下がらざるを得ない、次のときに御本人を呼んでまいりますというようなやり方をせざるを得ないわけであります。

　それで、今度拡充をすることによってそういうのが一遍にできるということになるわけでありまして、いわば現在の制約された代理の範囲内では、そういうことで一生懸命仕事をなさっている社会保険労務士さんは、むしろ切歯扼腕といいますか、ここまである程度やってどうして最後のところができないのかとか、あるいは、もう少しうまくやるためには期日外でも交渉をやらせてもらえたらいいのになというのが普通ではないか。期日のときだけ出ていって代理だけやりたいと言い続けるという社労士さんが、本当にそういうニーズがあるのかなと。

　そういうような、仮に制度としてあって、制度が併存して複雑になるのでこれをいろいろ周知して混乱を避けるということを努力いたしましても、そういうこととの意味あいでどれだけのメリットがあるのかなというのが正直なところでございます。

②既得権の政令による、経過措置

　さて、内山委員の発言にある「従来のものをそのまま普通の社会保険労務士ができるように置いておいてもらえれば、何ら問題がない」ということは、換

言するならば既得権を政省令による経過措置で対応することを意図している。

そこで、既得権の概念を整理しておきたいのだが、ここでの既得権とは、法律的根拠に基づいて、既に獲得された「あっせん代理権」のことである。既得権を考えるとき、「法律不遡及の原則」が引き合いに出されるのだが、これは「新たに制定されたり、改正された法律が、その施行以前の関係にさかのぼって適用されないという原則」である。「そうでなければ、既得権を害したり、過去にされた予測を裏切ったりして、法的安定性が害される」ことがその根拠である（法律学小事典第3版）とされている。

いうまでもなく、既得権は尊重されるべき性格を有し、「法律不遡及の原則」に対して、「既得権不可侵の原則」とか「既得権尊重の原則」といわれる。

この原則は旧法によって生じた法律関係、ことに既得権は、新法の制定、施行によって、変更または消滅することがなくできるだけ尊重されなければならないということである。すなわちこれを否定するならば、社会生活の安定を著しく害することになり、法的安定性の要請が阻害されるからである。

特に「既得権不可侵の原則」は、**厚生年金保険法、国民年金法等年金各法において、受給資格、受給開始年齢、加給年金に終わらず、常套手段として経過措置政令が駆使されており、これなしでは法律が成り立っていない事実**を確認しておきたい。

しかし、この原則も絶対的なものではなく、公共の福祉のため、立法政策上の必要から既得権が奪われる場合もあるものの、これには相当な合理的理由が存在しなければならない。

整理するに、一旦保障した権利である「既得権」は、原則的には剥奪も引下げも許されないものであると解されるが、一方、社会情勢の著しい変化等に伴い、公共の福祉に反するような重大かつ相当な合理的理由が生じれば、やむを得ず不利益変更が許容されるものであると解される。

さて本件に戻ると、「あっせん代理」という既得権が、今まさに奪われようとしているのであり、その理由を政府委員の答弁に求めると、「同じあっせん代理を行うのに、2つの制度があると国民が混乱するため」であるが、これは合理的な理由として著しく説得力に欠ける。

なぜなら、社会保険労務士の業務に関しては、昭和55年8月31日まで

に行政書士会に入会していた行政書士には、「他人の依頼を受けて報酬を得て、社会保険労務士法（昭和43年法律第89号）第2条第1項第1号及び第2号に掲げる事務を業とすることができる」とする、行政書士法における経過措置の附則が存在しているためである。解説を加えると、当時、それまで明確ではなかった業際をめぐり、社会保険労務士と行政書士の対立が絶えなかった。そこで、法改正により業際を明確にしたのだが、それに伴い、法施行前まで業として行っていた行政書士に限り、その既得権を認めましょうとこうした経過措置を残したのである。

つまり、行政書士会への入会年次により、社会保険労務士業務の一部ができる者と、そうでない者の二種類が存在することになる。

行政書士法

附則（昭和55・4・30法律第29号）抄
（施行期日）
一　この法律は、昭和55年9月1日から施行する。
（経過措置）
二　この法律の施行の際現に行政書士会に入会している行政書士である者は、当分の間、この法律による改正後の行政書士法第1条第2項の規定にかかわらず、他人の依頼を受けて報酬を得て、社会保険労務士法（昭和43年法律第89号）第2条第1項第1号及び第2号に掲げる事務を業とすることができる。

今回の法改正においても、附則第3条により「前条で定めるもののほか、この法律の施行に関して必要な経過措置は、政令で定める。」としており、技術的には、既得権尊重の経過措置政令をつくることは可能である。

したがって、不利益変更による既得権尊重は、厚生労働省がやるかやらないかの意思のみにかかっているともいえる。

③既得権が経過措置で保護される事実について、連合会の認識

既得権を保護するために経過措置政令をおくことについて、過去、社会保

5章　今回の社労士法改正の問題点

険労務士会連合会もそうしたことが行われることを十分認識している。にもかかわらず、今回それを主張していないことについて、すこぶる疑問が残る。

月刊社会保険労務士、平成4年2月号の『「提出代行」の行政書士との関係について』に、その部分の記載があるので紹介しておきたい。

『「提出代行」の行政書士との関係について』

月刊社会保険労務士　平成4年2月号

1．行政書士が社会保険労務士法第2条第1項第1号の2に規定する提出代行ができるか否か

　行政書士が社会保険労務士法（以下「法」という。）第2条第1項第1号の2に規定する提出代行ができるかどうかということが、昭和53年の第1次法改正で、法第2条第1項第1号の2に提出代行権が加えられてから常に問題とされているが、これは、4.の附則第2項及び別添1の社会保険庁、労働省の通達でも明らかなように、行政書士ができる社会保険労務士の業務の範囲は、法第2条第1項第1号及び2号に限定しており、同条第1号の2の提出代行は含まれていないのは、法解釈上明らかである。行政書士のなかには、昭和53年の第1次法改正で提出代行が加わってから、昭和55年8月末までは提出代行業務を行っていたので、提出代行業務も行政書士の既得権であると主張する向きがあるが、昭和55年の行政書士法の改正で行政書士法第1条の2に提出代行が加わるまでは、行政書士に提出代行権は存在しなく、当然社会保険労務士のみに付与された提出代行権を行政書士が行使できるわけでないので、昭和53年当時から行政書士の付与されていた既得権は、法第2条第1項第1号及び第2号に限定されていたものである。

　従って、当時行政書士が労働社会保険諸法令に基づく申請書等を関係行政機関に提出していた行為は、法第2条第1項第1号の2の提出代行ではなく、事業主等の使者として持参していたのにすぎないものである。

　また、昭和55年の行政書士法改正で行政書士法第1条の2に提出代行が付与されたので、行政書士は、行政書士法上の提出代行権により社会保

険労務士業務の提出代行が同様にできるという主張があるが、これは既得権を保証した経過規定を逸脱することになり、経過規定を定めた意味がなく到底そのような解釈はありえないものである。

さらに、昭和56年及び昭和61年の第2次、第3次の社会保険労務士法の改正の際に、日本行政書士会連合会と取り交わした「申合せ」及び「覚書」により、行政書士に社会保険労務士法の提出代行権が認められたという主張の向きもあるというように仄聞するが、「申合せ」による「申請書等の事実行為」とは、先にふれたように、当時行政書士が行っていた「申請書等を使者として行政機関に持参すること」を現状のままとすることを確認したものであり、法第2条第1項第1号の2の提出代行業務を行うことを認めたものではないものである。

また、「申合せ」の内容が、法解釈を越えるということは法治国家である以上ありえないことである。

以上説明したとおり、4.の附則第2項により、社会保険労務士業務のうち、申請書等及び帳簿書類の作成ができることとされた行政書士であっても、法第2条第1項第1号の2の提出代行ができないことは明白である。

なお、社会保険労務士制度と行政書士との関係は、以下のとおりである。

2. 社会保険労務士法制定時の行政書士との関係

社会保険労務士制度は、社会保険労務士法案の趣旨説明にあるように「労働社会保険関係の法規に通暁し、適切な労務指導を行い得る専門家」の制度として、昭和43年に制定、施行されたものである。

しかしながら、法第2条の社会保険労務士の業務に規定されている同条第1号の申請書等作成の業務については、社会保険労務士法が制定される前は、明治6年太政大臣布告をもって代書人取締規則が施行された当時から行政書士法第1条で定められた行政書士の業務分野であった。

そのため、社会保険労務士法が施行された際に、法附則第2項及び3項で資格の特例として社会保険労務士法施行(昭和43年12月2日)の際引き続き6カ月以上行政書士会に入会している行政書士は、法第3条の規定にかかわらず社会保険労務士の資格を有することとされ、社会保険

労務士法の施行の日から1年以内に免許申請を行えば社会保険労務士の資格を得ることができた。

また、同時に行政書士の資格で労働社会保険諸法令に基づく書類の作成事務及び帳簿書類の作成事務ができるよう、社会保険労務士法及び行政書士法にかっこ書で除外規定が設けられた。

なお、このいわゆる行政書士特例で、当時社会保険労務士の免許を得た者は、約9,000人である。

3. 昭和53年の社会保険労務士法第1次改正に伴う行政書士との関係

昭和53年の社会保険労務士法の改正時には、1.でふれたように、社会保険労務士の業務に第2条第1項第1号の2として提出代行が追加されたが、その際に労働社会保険関係事務の複雑化、多様化の進むなかで、行政書士のもつ知識、経験では専門化した社会保険労務士の仕事を行うことが困難であり、かつ社会保険労務士の専門領域の確立を図る意味で行政書士の業務との調整を図るべく、原則として、行政書士の資格で社会保険労務士業務ができないよう規定することを法律案要綱案に盛り込むこととなった。

そのため、日本行政書士会連合会と折衝を行い、その過程で行政書士であって現に社会保険労務士業務を行っている者の既得権については、当分の間これを認めるという趣旨の経過措置を盛り込むこととしたが、結局、日本行政書士会連合会の了解を得ることができず、行政書士に関する法改正を行うことができないまま第1次の法改正は終わった。

しかしながら、行政書士との関係については、衆議院及び参議院の社会労働委員会で次のような決議がなされて、次回の法改正に持ち越すこととされた。

＊

(社会保険労務士制度の改書に関する特別（附帯）決議)

社会保険労務士制度の現状にかんがみ、次の事項について改善を図るものとする。

　一　略

二　社会保険労務士と行政書士のそれぞれの資格制度及び業務分野の独自性にかんがみ、すでに行政書士の資格を得ている者を除いては、近い将来、社会保険労務士の業務と行政書士の業務の完全な分離を図る措置を講ずるものとすること。
（昭和53年5月9日衆議院社会労働委員会特別決議）
（昭和53年5月2日参議院社会労働委員会附帯決議）

4．昭和55年の行政書士法の改正に伴う行政書士と社会保険労務士業務

　3．のとおり行政書士との事務分離については、前回の第1次法改正で積み残され、第2次の法改正でその分離を図るべく本格的な取り組みを開始していたところ、行政書士法改正の動きが昭和54年5月に表面化した。
　その内容は、提出代行業務及び相談業務を行政書士の業務に加えるというものであったが、この改正案がそのまま成立すると先の改正時の衆参両議院の特別（附帯）決議の「近い将来業務調整を行う」という趣旨に反することとなるので、関係方面に調整を行った。**その結果、日本行政書士会連合会との間に行政書士法第1条かっこ書及び社会保険労務士法第2条第2項かっこ書を削除し、現に行政書士会の会員には既得権として当分の間、1号及び2号業務についてのみを認めるという行政書士法改正案についての話し合いが成立した。**
　そして、この行政書士法改正法案は、昭和55年4月23日に成立した。
（行政書士法の一部改正及び社会保険労務士法の一部改正、昭和55年法律第29号、昭和55年4月30日公布、同9月1日施行）
　それに伴い次のとおり附則が設けられた。

＊

附則（昭和55・4・30法律第29号）抄
（施行期日）
一　この法律は、昭和55年9月1日から施行する。
（経過措置）
二　この法律の施行の際現に行政書士会に入会している行政書士である者は、当分の間、この法律による改正後の行政書士法第1条第2項の規定

にかかわらず、他人の依頼を受けて報酬を得て、社会保険労務士法（昭和43年法律第89号）第2条第1項第1号及び第2号に掲げる事務を業とすることができる（以下略2なお、行政書士法の附則でも同じ規定が明記されている）。

*

　その内容は、経過措置として現在行政書士会に入会している行政書士については、当分の間、法第2条第1項第1号及び第2号の業務を行うことが認められるものの、9月1日以降行政書士会に入会した者については「行政書士は前項の書類の作成であっても、その業務を行うことが他の法律において制限されているものについては、業務を行うことができない」という規定（行政書士法第1条第2項）により、行政書士の資格のみで社会保険労務士の第1号及び第2号業務を行った場合には、行政書士法、社会保険労務士法違反となるというものである。

　改正行政書士法は9月1日から施行されたが、連合会としては、既得権を有する者がこれまでどおり社会保険労務士業務を行うことはやむを得ないとしても、9月1日以降行政書士会に入会した者については明確に区別する必要があるとして、主務官庁に申入れた結果、昭和55年8月29日付庁保発第23号及び労徴発第46号で社会保険庁長官官房総務課長及び労働大臣官房労働保険徴収課長よりその取扱方法が通知された（別添23照）。

　その方法は、まず行政書士会に8月31日現在の会員名簿（氏名、事務所所在地、会員番号、入会年月日　等を記載したもの）を都道府県民生主管部及び労働基準局に提出させ、その名簿を各行政窓口に備えることとするほか、個々の行政書士にも作成した書類の末尾または欄外に「入会年月日）を表示することを義務づけるというものである。

　従って、社会保険事務所等に備え付けられている昭和55年8月末日現在の行政書士会の会員行政書士以外は、既得権として認められた社会保険労務士法第2条第1項第1号及び第2号の業務ができなくなり、これによって社会保険労務士と行政書士との士業分離は、昭和56年にめざした第2次法改正を待たずに一応確立したわけである。

(別添1)
庁文発第2084号
労働省発労徴第56号
昭和53年8月8日

都道府県民生主管部（局）長
都道府県労働基準局長　　　　殿

社会保険庁長官官房総務課長労働大臣官房長
社会保険労務士法の一部を改正する法律の施行について

　社会保険労務士法の一部を改正する法律（昭和53年法律第52号。以下「改正法」という。）及び社会保険労務士法の一部を改正する法律の施行に伴う関係政令の整備に関する政令（昭和53年政令第308号。以下「改正政令」という。）の施行については、昭和53年8月8日付厚生省発社保第144号・労働省発徴第55号をもって厚生事務次官及び労働事務次官より通達されたところであるが、改正法及び改正政令の施行に伴い、社会保険労務士法施行規則の一部を改正する省令（昭和53年厚生・労働省令第1号。以下「改正省令」という。）が本日公布され、本年9月1日から施行されることになった。これらの改正法令の施行に当たって留意すべき事項及び改正省令の内容は下記のとおりであるので、その事務処理に遺憾のないようにされたい。
　なお、このことについては、労働省と協議ずみであり、労働大臣官房長より都道府県労働基準局長あて別途同文をもって通知ずみである。

記

第1　提出代行事務について
　改正法による改正後の社会保険労務士法（以下「法」という。）第2条第1項第1号の2の規定により、社会保険労務士は、労働社会保険諸法令に基づき事業主、使用者その他の事業者（以下「事業主等」という。）が行政機関等に提出すべき書類（以下「提出書類」という。）について、その提出に関する手続を代わってすること（以下この事務を「提出代行事務」という。）ができることとされたが、これについては以下の事項に留

意すること。
1　提出代行事務の内容
　（1）略
　（2）略
2　提出代行事務の表示
　（1）略
　（2）略
　（3）略
3　提出代行事務の取扱い
　（1）略
　（2）略
　（3）略
　（4）行政書士については、従来どおり提出書類等の作成のみで、提出代行事務はできないこと。
　以下略

(別添2)
庁保発第123号
労徴発第46号
昭和55年8月29日

都道府県民生主管部（局）長
都道府県労働基準局長　　　　　　殿
都道府県労働主管部長

社会保険庁長官官房総務課長
労働大臣官房労働保険徴収課長

行政書士法の一部を改正する法律の施行に伴う
行政書士と社会保険労務士の業務の調整について

　行政書士法の一部を改正する法律（昭和55年法律第29号。以下「改正法」という。）は、本年4月30日に公布され、9月1日から施行されることとなった。

ついては、改正法の施行に伴う行政書士と社会保険労務士の業務の調整問題に関し、下記の事項に留意し、業務の円滑な推進を図られたく通知する。
　なお、下記二の事項については、日本行政書士会連合会と協議の上、その協力を得ることとしているので念のため申し添える。

記

一　改正法（社会保険労務士法に関係する部分）の概略従来、行政書士は、社会保険労務士法第2条第1項第1号及び第2号に掲げる事務については、これを業として行うことができるものとされていたが、改正法により、今後は、行政書士の業務と社会保険労務士の業務とを完全に分離することとし、行政書士は上記の事務を業として行うことができないこととされたこと。

　ただし、経過措置として、改正法の施行の際現に行政書士会に入会している行政書士である者は、当分の間、改正法による改正後の行政書士法第1条第2項の規定にかかわらず、他人の依頼を受け報酬を得て、社会保険労務士法第2条第1項第1号及び第2号に掲げる事務を業とすることができることとされたこと。

二　都道府県行政書士会の協力の確保
　改正法の経過措置を具体的に実施するに当たっては、貴都道府県行政書士会に対し、次の諸措置についての協力を求め、円滑なる事務処を期すること。

（1）改正法の施行の際、現に行政書士会に入会している行政書士である者を把握するため、行政書士会から、昭和55年8月末日現在における会員名簿（氏名、事務所の所在地、会員番号、入会年月日、電話番号等を記載したもの）の提出を受け、提出された会員名簿は社会保険事務所等に備え付けた上、必要に応じ事務処理に活用すること。

（2）改正法の施行の際、現に行政書士会に入会している行政書士である者が、社会保険労務士法別表1に掲げる法令のうち、社会保険に関する法令に基づいて行政機関等に提出する申請書、届出書、報告書その他の書類を作成した場合においては、当該書類の末尾又は欄外

> に、改正法の施行の際に行政書士会に入会している行政書士である旨
> の表示（例えば、行政書士会への入会年月日等）を付すよう行政書士
> 会を通じて指導すること。

（3）試験は、競争試験ではなく、研修終了試験とすべき

　能力担保措置検討会では、試験につき、司法書士の場合では合格者を何割、弁理士の場合では合格者が何割だから、社労士の場合も受験者の何割を合格者としようかという議論がされている。

　これは、議論の方向が最初から違っているといわざるを得ない。なぜなら、今法改正で特定社労士に求められる能力担保は、紛争解決手続代理業務に携わる際、必要とされる能力が身についているか否かを考査するものであり、入社試験、大学入試等物理的に要求される人員のキャパシティーといった観点から、合格者数をあらかじめ決めるような選抜試験とは、その性格をまったく異にするからである。

　さらに試験内容について言えば、司法試験に要求されるような、難易度の高い試験は本改正法にはなじまない。あくまで、これまでとは異なる業の部分に関する研修に限定し、あっせんの手続の代理、調停の手続の代理を行うために必要最低限の知識習得のための研修終了後に、この研修内容につき認定試験を実施すればよいと考える。

　この件に関して、第162回国会　参議院　厚生労働委員会で、政府も単なる認定試験の意向を示している。

第162回国会　参議院　厚生労働委員会　第12号
平成17年4月7日　議事録

> **辻泰弘君**　そこで、今回追加される特定社会保険労務士についてですけれども、その合格者数とか合格率についての考え方についてはどのようにお考えでしょうか。
> **政府参考人（青木豊君）**　この特定社会保険労務士の試験ですけれども、そもそもこれは社労士の中でも受験をすることは任意ということでありま

すので、私どもの方から具体的にどうだというのはなかなか難しい、お示しするのは難しいというふうに思いますけれども、例えば、登録者数が開業社会保険労務士とほぼ同数、17,000、18,000人だったと思いますが、司法書士におきましては、初年度である16年度においては6,000人以上が合格したというようなことでありますし、司法書士の認定率、過去三回、大体75％ぐらい、また、先ほど申し上げましたように、弁理士にも同様にありますが、弁理士についても65％ぐらいということであります。

これは一つの参考ではありますけれども、いずれにしても、合格率については、やはり試験がその能力担保措置としての研修内容を十分に理解をしているかどうか、そういうことを判定するために行う言わば修了試験みたいなものでありますので、あらかじめどうだと、数字がどうだというのはなかなか予測するのは難しいというふうに思っております。

（4）第1ステージ・第2ステージ受講者の優遇は不公平

①連合会執行部は社労士会員全体ではなく、一部の権益に固執している

全国社会保険労務士会連合会は、検討会において一貫して「**法改正前に連合会が実施した司法研修の修了者について能力担保研修を免除する**」との主張を繰り返してきた。

具体的には、第4回までの検討会において、能力担保研修は中央発信型の集合研修（30時間）、地域集合型のゼミナール（12時間）、支部単位のグループ研修（18時間）で構成されると意見集約されてきている。そこで、この能力担保研修に関し、平成17年6月29日に実施された第5回検討会において、連合会専務の中井委員より「司法研修第1ステージおよび第2ステージの受講者に対し、平成18年度に限って30時間の集合研修を免除する」という事務局案が提出されたのである。

これはすなわち、能力担保措置が不十分な司法研修を受講した一部の社労士約3,600人を優遇し、その理由なき特権を与えようとしているに過ぎない。現在、全国の社労士は約29,000人であるが、連合会のHPで紹介されている検討会の議事録からも明らかなように、終始3,600人の権益に言及し、

社労会士29,000人の全体については無視しているとの誇りを免れない。

新たな改正法の適用にあたっては、公平かつ公正であるべきであり、能力担保試験が一部の特権者を選別する試験であってはならず、また必要な知識、実務能力、職業倫理が適正に担保される修了認定試験でなければならないと考える。

②法改正の能力担保を想定した研修でない

そもそも、連合会が以前に行った司法研修は、今回の法改正の能力担保を想定して行われたものではない。能力担保措置検討会で、鵜飼委員から、その確認がなされている。また、研修プログラム作成に携わった、能力担保措置検討会の弁護士馬橋委員は、この優遇措置を第1回検討会から第5回検討会にわたり、一貫して強く否定しているが、第6回検討会では「私もちょっと根負けしました」と苦笑している。

第1回　社会保険労務士裁判外紛争解決手続代理業務能力担保措置検討会
平成17年1月28日　議事録

鵜飼委員　今回の法改正の能力担保を想定した研修ではないんですか。
馬橋委員　ございません。
鵜飼委員　一般のレベルアップというか、そういう感じの目的なんでしょうか。
中井委員　司法制度の議論の中で、私どもは本来労働問題の専門家であるから、司法書士の方が新たに訴訟代理という新しい業務をされるのと、われわれが労働問題についてこういうことをやるのとは違う話なので、能力担保は要らないのだといって頑張っていたのですが、結論としては信頼性の高い能力担保措置という条件で認めるという司法制度改革推進本部の決定になりました。

ただ、そうはいってももちろん勉強しなければいけません。だから一生懸命こうやって勉強しています。志のある人はちゃんと勉強しなくてはいけないし、一生懸命やっていますということは併せて言っておきます。基本的には能力担保措置というものを、そもそも想定してやっているわけで

はないのです。

③情報開示がされていない…もともと能力担保のある社労士が、排除されている

　自己研鑽が目的の研修を、途中から能力担保措置の研修免除の特典にすり替えるのは、受講した者と受講できなかった者との立場を著しく隔たりのあるものとする。

　仮に、事前の連合会司法研修が、法改正後の研修免除という能力担保措置の一環だとわかっていれば、司法研修受講者はもっと増えたはずである。事実、第1ステージの受講者は5,000人で、第2ステージでは3,600人に減少したが、事前に能力担保措置の一環であると情報公開されていれば1,400人もの減少はなかったであろう。また、第2ステージの受講資格は第1ステージ修了者にのみに限定しており、第2ステージから研修を受講しようとしても受付けないといった極めて閉鎖的な研修であった事実を十二分に確認しておきたい。

　そもそも、3年前から順次行われていた第1ステージの研修は、基礎的な法律知識の講義であるので、法学部を卒業してその知識が十分な者、あるいは、社労士の業として認められている、不服申立ての代理を恒常的に行っている者等、法の基礎的知識を備えた社労士は第1ステージは受講しておらず、結果として彼らには第2ステージを受ける権利がなかったのである。

　しかも検討会の報告書によれば、免除とされる30時間の研修内容は、第2ステージに行われたものであり、結果からいえば第1ステージを受けなかった者に、第2ステージを門前払いする理由はなかったといえる。

　このように、情報開示がされていない状態は極めて不公平といわざるを得ない。仮に、法案に能力担保措置が盛り込まれることを確認した後に開催された第2ステージの実施にあたって、連合会が当初からこの研修を能力担保措置の一環として位置づけようとしていたのなら、きわめて悪質であるといわざるを得ない。

　連合会は、情報公開を行わなかったこと、第2ステージ研修を希望者全員に門戸を広げなかったことにつき、いったいどのような論理で説明ができ

5章　今回の社労士法改正の問題点

④第5回検討会議事録の検討と要点

　連合会は、行政と結託して何が何でも優遇措置をさせようと躍起になっているさまが、第5回検討会の議事録から見て取れる。

　「情報開示」「優遇措置」については、第5回検討会で馬橋委員・鵜飼委員・遠山委員が連合会専務理事中井委員に対して鋭く質問し、その意見を正している。だが、中井委員は、この優遇措置が「人数もあるし、効率的に事柄を推移させるためには、一つの便法」の一点張りで、各委員の指摘につき、どれ一つ明確な回答を出せないでいる。その後、議論の埒が明かないので、渡辺座長が水を入れ、議論の方向に変化をもたせている。そしてそれが合図かのように連合会の小沢委員が原則論を述べ、続いて厚生労働省の森岡課長が、国会の答弁を盾に連合会の主張を擁護している。

　その後、受講しなかった人との不均衡につき、中井委員は馬橋委員から質問を受けるが、それは「割り切らなければならない」と言い放っている。結局議事は紛糾したままで、結論は次回検討会に持ち越された。

　見方によっては議論の流れとして、馬橋委員他委員が質問及び意見を述べ、中井委員が答弁にならない答弁と頑なな主張を行い、収拾がつかなく窮地に陥ると、渡辺委員長が水を入れ、小沢委員が中井委員を援護し、さらに行政が擁護するという図式の繰り返しがなされているようだが、いかがであろうか。

　こうした中井委員の一連の発言は、議事録の読み手にとって、上司の命を受け何が何でも職務を遂行しなければならず、なりふり構わずゴリ押ししているとしか映らない。

　以下、議論のフレーズを大切にしたいので、少し長くなるが、委員等の発言からその議論を検証したい。特に、弁護士等委員の発言と、中井委員の助け舟と思われる部分を注視して読んで欲しい。

第5回　社会保険労務士裁判外紛争解決手続代理業務能力担保措置検討会
　　　　　　　　　　　　　　　　　平成17年6月29日　議事録

馬橋委員 第１ステージ、第２ステージですが、それを確かにやったという意味はあるでしょうけれども、これが将来的な能力担保につながるというどれだけの説明がなされていたのか。また、実際の研修の中できちっとした出席管理ができていたのかどうか、全国的にできているのかどうか、という点も問題です。

 そもそも、この第１・第２ステージをこれから始まる能力担保の中に入れ込むというのは無理があるのではないか。前に勉強した人はそれでいいじゃないですか。実力がついたのだから、試験が楽なだけの話だと思います。この割合を見ても、１％以下の地域が非常に多い。東京、大阪に集中していて、地方のほうはどれだけそういうふうなお誘いがあったのか、連絡があったのかもよく分からない。全国的な会員のことを考えたときに、第１・第２ステージを能力担保に組み込むというのはいかがなものかと思うんです。

渡辺座長 私もそれを中井委員に前もって聞きまして、第１・第２ステージの、出席確認までは聞きませんでしたけれど、修了者のリストはきちっとしているのかどうか。ちょっとそのへんを。

中井委員 第１ステージ、第２ステージともきちっとその出欠の管理はしておりまして、全部受けたことを確認した者について修了証を出しています。その名前も全部私どもで管理しております。そういった意味での明白さは十分確保できると思っています。

 その前に馬橋委員が言われた、そもそも基本的にそういうものかという話は当然あると思いますが、それについてはこの前もちょっとお話ししましたけれど、第１ステージは法律の基礎的な勉強ですが、第２ステージはＡＤＲ代理業務、個別労働紛争の代理ということを想定して、よくご相談しながら中身を決めていった話です。

 これをずっと続けるということではなくて、最初の年で大量に来る人が出てくるわけですから、そういったことはある程度評価をしていただいて、少なくとも最初の年だけは大量にドッと来るようなことを想定しながら、そこを何らか認めてやっていただけないかというのが、ここに書いてある趣旨です。

馬橋委員 だけど、それは譲ったとしても、例えば社会保険労務士の権限と倫理などは今度新しく決まった話ですから、それまで免除するというのは全然話にならないと思うんです。

中井委員 そこは確かにその後、法律が変わったところです。法律が変わったところ、権限のところは確かに今回ADR代理業務が新たに追加されたわけで、第2ステージの行われた時にはなかったわけです。

ただ、地域集合型のゼミナールの中に当然権限と倫理という話がある。これを免除しろと言っているわけではないんです。ゼミナールまで。

馬橋委員 第1・第2ステージをやった人が今度の改正法を理解していて、自分は何ができて何ができないのか、どういう倫理上の問題が起こるのか、ということは必ずしも理解しているとは言えないでしょう。

中井委員 これは社労士法の問題です。社労士法が改正されて、その中身を社労士一人ひとりが知らないわけがない。また知るべきです。たぶん役所からいろいろ法の解釈について通達などが施行に伴って来るでしょうし、それはきちんと全員に伝えて、全員が勉強するわけです。

民法が変わったとか民事訴訟法が変わったとかというのとは訳が違って、これはわれわれが日ごろ仕事をするための法律ですから、基本的に分かっていなくてはいけない話です。そういった意味で、この研修ではなくて、それはやります。

もう一つは、この研修の中で考えれば、地域集合型のゼミナールの中でそのことは十分議論してもらうし、あるいは自主的なグループ研修の中でも、そのことをテーマに挙げてやればいいわけで、変わったところはそこのところだけです。

もう一つ、倫理のほうは、私ども社労士法も22条に弁護士法と同じような規定があり、これはすでに平成14年の法改正で入っていまして、この前の第2ステージでもやっております。確かに倫理というのは慣れないことではありまして、そういった意味ではよく勉強しなくてはいけないところだと思います。

新たに代理ができることにつきましては、べつに特定社労士であろうがなかろうが、私どものほうで全部そのことは徹底します。

馬橋委員 第2ステージはあくまでも現行法時点でやっておられた労働局の個別紛争をテーマに取り上げているのであって、今回の新しいADRとか、相談ができるとか、そういう視点からの取り上げは全くやっていない。作ったぼくは、はっきり言いますがそんなことは考えてないです。

中井委員 確かに紛争調整委員会のあっせん代理ということで例に挙げてやったのですが、それは基本的にはほかのADR機関だって同じことです。全然違う話ではないでしょう。

馬橋委員 同じ程度にしか考えてないわけですか。前の権限と今度の権限と同じですか。違うでしょう。今回何のために権限が広がったのですか。

中井委員 それは分かります。広がったのですが、そのことを特定社労士に徹底する以前に、私どもは社労士全員にちゃんと徹底します。これから行政解釈によって、こういうことはやってはいけない、ああいうことはできる、という話をたぶん役所のほうから言ってくるんです。14年の法改正の時も私どもはさんざん役所といろいろ議論して通達を出してもらって、それを全員に徹底しているわけです。

　だからそのことは、少なくとも社労士の権限とかを講義で改めてやらなければいけないということは、私はないと思うんです。ただ、そうはいってもそれは重要な話だからということはよく分かりますので、ゼミナールとかグループ研修の大きなテーマとしてやりますから、中央発信で話をするところは、厳密に言えば確かに変わっているところはありますが、基本的には前にもやって、特に22条の関係はよくやっていただいたところです。

鵜飼委員 中央発信はやったほうがいいのではないですかね。スタート段階で、第1ステージ、第2ステージをやられた方は参加しなくていいということになれば、それ以外の人は参加するわけでしょう。第1ステージをやった人で第2ステージはやってないとか。

中井委員 第2ステージは第1ステージを受けた人を対象にやりましたから、第2ステージを受けた人は3,800人ぐらいいますが、その人たちについて免除しようと言っているわけです。

遠山委員 せっかく国会の付帯決議で「能力担保をしっかり」と書いてい

ただきましたね。出発点で、国会は、国民に迷惑が掛かってはいけないということで、念を入れて付帯決議をしているわけです。

そういうふうに考えると、中井委員の言うことは分かるのだけれども、大が小を兼ねるのではなくて、小は大を兼ねないという関係ではないかという気がするのです。

馬橋委員がおっしゃっているとおり、前の司法研修のターゲットとか目的と、今回の能力担保とは、重なり合う部分もあると思いますが、基本的に新しい立法で、新しい権限をいわば士業としていただいて、それを発展させるためのベーシックを作るプログラムです。法教育という点では確かに重なり合うんだけれども、大が小を兼ねるのではなくて、小は大を兼ねないということで、鵜飼委員、馬橋委員が言うとおりきちっと初めからやったほうが、国会が付帯決議で士業の方に期待しているメッセージにも合うのではないかと思います。

中井委員がおっしゃるのは、人数もあるし、効率的に事柄を推移させるためには、一つの便法かなとは思うのですけれども、ここは出発点だからむしろちょっと厳しくしたほうがいいのかなと思います。

馬橋委員 社労士はこんなに勉強しているんだ、だから新しい権限を与えるその基盤ができているんだという意味では、第1ステージ、第2ステージは大事だったと思うんです。それで権限が来た。法律で能力担保が決まったら、新しい角度から作り直して、もう1回受けたほうがいいのではないですか。

中井委員 それでは、例えばイの部分は全部やめてしまって、地域集合型のゼミナールとか、グループ研修の中できちっとやるという考えはどうですか。

馬橋委員 1人の人だけではなくて別な人からもいろいろな講義を聴く。別の角度からの講義を聴くというのが、何でマイナスになるのかというのがよく分からない。むしろプラスになるので、それでいいじゃないかと割り切るんですが。

これを受けていた人は、能力担保の時に自分が免除されるという認識があったのですか。そこまでの認識がありましたか、当時。

中井委員 能力担保措置というのが決まったのは去年の秋の話ですから、それまでべつに私どもは能力担保措置ということを想定して、いろいろお願いしていたわけでも要望したわけでもないのですが、そうはいってもわれわれの能力をADR代理業務ができるように高めよう、そのためのものである、そのための今回の能力担保措置の研修ですから、目的は同じなんです。

鵜飼委員 代理業務の範囲はそれで広がりますかね。

中井委員 そのことをやらないと言っているわけではなくて、集合研修では3,800人には免除だと言っていますけれど、ゼミナールの中とか地域の中でそのことは徹底しますということですし、それ以前に私どもは特定社労士とか能力担保の問題ではなしに、私どもの仕事の中身ですから、社労士全員に徹底しなければいけないわけです。3万人近い会員が全部やらなければいけないし、全部勉強するはずなんです。そういう問題ではないと思うんです、権限の話は。

　能力担保措置で代理業務をやる特定社労士だけそのことを知っていればいいということではなくて、全員が知っていなければいけない話ですから、それは私ども徹底してやります。

鵜飼委員 それとこれとは違うのではないですか。徹底してやるということは、社労士会としてやるということですか。この代理業務のための前提条件として能力担保措置を施して試験に合格した者ということがありますから、そのための能力担保措置の制度を作るわけでしょう。

中井委員 それはいいのですけれど、受けてない者はこれをちゃんと受けなければならないとして、いま言っているのは、司法研修を受けた者はとりあえずその評価をしていただいて、この相当部分はすでにやっているので、そのことを評価してもらって、18年度の最初の時だけは78時間受けている実績を評価していただきたいということなんです。そうすると、権限の部分はないじゃないかと言われるわけですから、その部分の説明として、全員に徹底しますとか、ゼミナールなりで徹底しますといっております。

　それから、権限と倫理で、倫理については特に変わってないわけです。

平成 14 年の改正は大きく変わりましたけれども。それは法律改正後の話であるわけですから、そういうことを申し上げているので、常に、受けた者は永遠にということではなくて、とりあえず最初の時だけでも、要するに法律的に言えば附則で書くような「当分の間」とか、最初だけというような形で評価してもらえないかと言っているわけです。

馬橋委員 法律ができる前にやったことを入れるのはおかしいと思う。

中井委員 でもそういう実績は評価してもらいたい。それも受けた者が分からないという話ではなくて、われわれも重要視して管理をきちっとしているんです。

渡辺座長 司法研修というのは去年初めてやったのですか。

中井委員 いえ、ずっと前からやっています。第 1 ステージは 3 年ぐらいになります。第 2 ステージは、2 月 3 月に 1 回だけです。

鵜飼委員 今後もずっと司法研修はやるんですか。

中井委員 いえ、やりません。今回から能力担保研修になりますから、それでやればいいわけですから、今後はやりません。これに置き代わるわけです。

渡辺座長 こちらを受けなさいということですね。

中井委員 能力担保研修はこれからずっとやっていかなければならないわけです。毎年毎年の新規の会員等がでてきますから、ここで決めていただく能力担保の研修をそのとおりに行います。

小澤委員 先ほど馬橋委員から第 1・第 2 ステージに社労士がどの程度期待していたのかというお話がありましたが、昨年実施した第 2 ステージについては本当に心底期待しておりました。法律は通っていないけれど、法律が通ることを前提として能力担保をするんだという意気込みで受講した人たちがほとんどだと思います。

　先ほど渡辺座長から司法研修第 2 ステージのテキストが非常にすばらしいと言っていただいたのですが、馬橋委員が理事長をされている、日弁連法務研究財団で作成していただいた研修プログラムに私たちも非常に満足しています。今度新しい法律ができて、さらに第 2 ステージの内容では不足の部分があると思いますので、その部分、職業倫理の問題とか、権

限の問題とか、不足している部分を重点的に盛り込んでいただいて、新しい司法制度参画のための能力担保ができるようにしていただけたらと思います。
　そのときに、少なくとも第2ステージまできちっと終わっている人は、その重複する部分は研修免除を認めていただきたいと、こういう趣旨でございます。

渡辺座長　第1ステージは3年ぐらい前からやっている。第2ステージを去年特にやったという意味は、いま小澤委員がおっしゃったような趣旨ですか。

小澤委員　はい。そういうことを期待しておりました。

森岡課長　国会の審議の過程の中で、研修をしっかりやりなさいということを言われて、付帯決議にも書いていただいた。一方、社労士の方は忙しいのだから、ある程度皆が受けられるような形にしてやってくれという先生もおられて、例えば土日にやるとか、配慮したいというような答弁をさせていただいています。
　その中で、第1ステージ、第2ステージを受けた人について何らかの考慮がされるのかという質問をされた先生もおられます。それについては、この検討会の場において検討いただくことになるけれどもということで、一切それは別ですよという考えであるという答えはさせていただいてなくて、それはあり得るという含み、前提で答えさせていただいているという状況です。
　そういう意味で行政として考えれば、今回やる研修とすでにやった研修で合致するところについては、やはり免除的なものもあり得るのかなと思っています。一方、権限と倫理のところについては、今回で非常に重くなっているはずでございまして、ここについて本当に一致しているのかと言われると、確かにそこはたぶん違うということもあろうかと思うんです。
　これについては何らかの形で担保しなければいけないだろうと思っていまして、ゼミナールでやるということもあるでしょうし、例えばビデオを作って、見るのだとすれば、免除されている人はそのビデオをグループ研修の中で見るとか、ネットのオン・デマンドで発信されて、見て、レポー

トを書かないといけないとか、そういう担保の仕方があればなと思います。
馬橋委員 例えば民法は第1ステージは2時間程度だったでしょう。
中井委員 いえ、第1ステージで民法は2時間とか、そんなものではないです。
馬橋委員 第1ステージは民法の安西先生の講義は何時間だったか。社会保険労務士と民事法上の基礎知識は120分ではないですか。
中井委員 私ども民法というのはそのことを言っているのではなくて、その前に民法は第2ステージで相当やっていまして、それを意識して言っているわけではないんです。
馬橋委員 例えば個別労働関係に関する専門的知識・能力(裁判例の研究)は6時間なんて、そんなにやってないでしょう。
中井委員 解雇等のいろいろな判例をやりました。
馬橋委員 判例としてきちっととらえて6時間もやってないのではないですか。もちろん憲法もやってない。
中井委員 裁判例の研究は、解雇の話をテーマにしたり、労働条件の切り下げの話をしたり、セクハラの話をしたり、いろいろやっていただきました。
馬橋委員 全部で何時間やりましたか。
中井委員 相当の時間ありました。
馬橋委員 答弁書の書き方とか、本来の総論的な話ではないのもありましたよね。
鵜飼委員 試験がどの程度の難しさかだと思うんですが、もし30時間が免除されますと、12時間、2日間でしょう。あとは少人数のグループ研修ですから、自主的に自分たちでやる。12時間で本当に実力がつくかどうか。
渡辺座長 私は自宅研修、グループ研修18時間は12時間にして6時間を講義のほうに回すべきだという感じがしますけれどね。自宅研修というのはあまり感心しない。
　私もいまお聞きしていて、社会保険労務士の権限と倫理というのは、社会保険労務士の中で連合会が取りまとめて、これとは別個にやるとはいっ

ても、弁護士の方々にまた別の立場から講義していただくということも重要なので、この講義は外せないですね。
　中井委員の言う全部外すということはあるかもしれないけれども、能力担保措置として特に組んだカリキュラムのうち、これは外せないというものがあってもいいわけでしょう。例えば社会保険労務士の権限と倫理とか、特にケーススタディとして裁判例をやるものについては受講してほしいとか、選択的に免除というのはいけないですか。馬橋委員も、選択的免除について考慮の余地はないでしょうか。
馬橋委員　細かく突き合わせてみれば、あり得ると思います。ただ、憲法は絶対にやらなければいけないでしょう。
渡辺座長　第2ステージで憲法はあるんですけれども、少しそういう面からちょっと議論をして、ゼロか全部かではなくて、どうですか。事務局としては全部外したい。
中井委員　免除をする以上は、全部やらないと全然意味がなくなってしまいます。
渡辺座長　全然意味がないということはないのではないですか。
馬橋委員　知識がなくなるわけではなくて、増えることはあっても減ることはないんだから、いいんじゃないですか。
鵜飼委員　試験が後であるわけでしょう。どんなレベルの試験になるか分かりませんが、そう簡単な試験ではないと思うんです。
渡辺座長　しかも試験は2問のうち1問は権限と倫理でやるというわけでしょう。
中井委員　権限と倫理ということを言われますので。
渡辺座長　それは大きいですよ。
中窪委員　含むということで、1問全部がそれということではないんでしょう。
渡辺座長　どういうイメージなんですか。2問で、1問は権限と倫理を含む。
馬橋委員　司法書士の問題としては、最初にAさんの言い分、Bさんの言い分というのがあって、Aが訴訟を起こして、訴訟物から始まって、請求原因がどうだ、抗弁がどうだというのを書かせるのがあります。

今回もう問題が公表になっていますが、次に、例えば法人が受けた事件を法人を辞めた後、その相手方を受けるのはどうか。そういういわゆる倫理の問題が出ていました。今回は権限については、少額訴訟における少額債権執行はどうか。訴えの提起と同時にやらなければいけないという問題と、通常訴訟に移ったときに執行ができるのかどうか、というような形で権限を聞くというような形が結構多いです。

前は、反訴を起こしてきたときに、それが 150 万円だったら受けられるかというような問題があったと思うんです。それが大きなウエートを占めています。

中窪委員 問 1 の中で、これこれこういう事件があって両者はこう言っている、という事例を考えたときに、社労士がこういう立場にあって、そういう申出を受けたときにどうするかというような、労働法的知識を聞く中で倫理というのを具体的に適用する。そういう意味で「含む」というふうに言っているのだと思います。

渡辺座長 分かりました。社労士法の試験は権限と倫理は。

中井委員 今おっしゃったのは社労士法の試験でもあるんです。民間型の ADR にいったときに 60 万円までは弁護士と共同受任という制度になっていますから、60 万円を超えた場合はどうなるかとか、そういった問題は社労士法の解釈の問題ではありました。

馬橋委員 試験問題のことをここで言ってもしょうがない。

渡辺座長 権限と倫理は特に書いてありますから。

鵜飼委員 ビデオを見るのも負担ですかね。30 時間。

中窪委員 中央発信だけれども各開催地で集中するか土日にするかを決める。その関係がよく分からないのですけれども。

渡辺座長 ぼくも昨日聞いたんです。そしたら中央発信というのは連合会が主体となって発信する。ビデオを作ったりして。地域集合型というのは社労士会の各都道府県の支部……。

中窪委員 いやいや、地域集合型ではなく、1 の中央発信型そのものについて、2 で、土日にするか、集中するかを各地で決めることになっています。

中井委員 われわれ連合会が研修の主体ですから、そこははっきり具体

な研修の中身を決めて、それを伝えるという意味で中央発信。いろいろなやり方があります。

中窪委員 中央発信というのは、中央でだれかが話した同じものを映すということですか。

中井委員 そうです。例えば第2ステージでやったのは衛星放送を使って東京から全部3,600人に同時に講義したんです。それと同じような形を考えています。

中窪委員 それだと同時になる。そうではなくて、片方は土日で片方は別の日にするというのは、どこかに録画しておいて……。

中井委員 いろいろな可能性があります。ただ、一方通行ではあるわけです。双方向ではなくて一方通行の講義です。講義をきちっと決めて、衛星放送でやるのか、インターネットでやるのか、あるいはビデオでやるのか、いろいろな手法があると思います。

馬橋委員 中央発信は一番簡単な言い方をすれば、同じ講師が全国に同じ内容の講義をするということです。それは衛星を使って同時にやる方法もあれば、ビデオに撮っておいて、そのビデオを全国に回してあげるというのもある。こういうことでしょう。

中井委員 そうです。同じ内容の研修を何千人にしなければいけないということで、例えば第1ステージの場合はそれぞれの地域地域で先生が全部違ったんです。第2ステージは1人の先生で3,800人に同時に講義をした。同時か、時間差があるか、それだけの違いだと考えています。

鵜飼委員 ビデオで研修してもいいのではないか。そんな負担にならないのではないですか。

渡辺座長 でも、1カ所に、教室に集まってこなければならないでしょう。

中井委員 もちろん会場を決めて、そこできちっと管理して、全部がしなければいけませんから。そういう意味で免除してやる意味はあるんです。30時間、5日間来なくていいわけですから、助かるわけです。

中窪委員 自分が受講者だとすると、生身の人間が来て前でしゃべってくれるのであれば、一方通行にしても一生懸命聴こうという感じがするのですが、わざわざ出ていってビデオを見るのでは元気が出ない。

中井委員 講義をされる方もそういうことを言われたのですが、実際にやってみて、今そういう形での研修はわれわれだけでなくてあちこちでやっているんです。各士業なんかも関係する法律が変わったというので研修をやるときには、衛星を使ってやると非常にスピーディーにできます。

渡辺座長 放送大学がやっているから。

中井委員 放送大学もありますし、こんな小さな画面で見るのではなくて、非常に大きな迫力のある鮮明な画像が今はできるんですね。そういう意味では迫力ある講義をしてもらえるんです。それは私ども今回やって、よく分かりました。

馬橋委員 途中にレジュメをきちっと入れるとか、図解して入れるとかすると、見る気持ちにはなるのですが、同じ講義がずっと1時間しゃべっていられたらそれはもうたえられない。

中井委員 それは工夫しています。レジュメを入れたり絵を入れたりしながら、先生と事前によく打ち合わせて。今はプロがいますから、分かりやすくこういうことをやる人たちがいて、やってくれます。

渡辺座長 ビデオの中で対談しているようなビデオも。質問をして答えるとか。

中井委員 それもできます。一方的にワッとしゃべるだけでなくて、黒板に板書する代わりになるようなやり方もあります。

渡辺座長 さて、どうしましょうか。まず時間数を、30、12、18という配分で、18のうちの自宅研修というのは問題があると思う。再三言って申し訳ないのですが、そういう含みがあって、そのうち30時間全体を平成18年度に限って司法研修の第2ステージまできちっと受けた人は免除するかどうかという問題。

　私は先ほど、試みに選択的免除という方法もありますがいかがですかという話をしたのですが、事務局としては全部免除ということのようです。弁護士の先生方、少しあれば。

馬橋委員 例は違うかもしれませんが、司法書士が100時間やって、いま私どものほうで土地家屋調査士を検討中なんです。だいたい43から45で決めたらどうかという雰囲気になっています。それとのバランスで、

相当それよりも大きな権限だと思いますのでね。それの中からさらにポーンと30時間とんじゃうということになりますと、これは何なんだろうということになってきますし。

中井委員 ただ、30時間がとぶといっても、実はその背景には78時間の研修があるわけで、決してとぶ話ではないと思うんです。研修はあくまでも60時間やるわけですから。その中で1回限り、18年度だけ特例を設けてほしいといっているのです。

馬橋委員 勉強したがって、研修したんじゃないの。それでいいと思う。

中井委員 勉強したくて、よくやったのは、それなりに評価してやってもいいのではないか、ということです。

馬橋委員 試験の問題とかいうことになってくると、研修に出たということを前提に、その成果を見るわけですから、試験だってこの研修をもとにして考えざるを得ないと思うんです。早く言えば試験に研修から全然外れたような話は出せないし、研修をきちっと聴いていれば合格できるようなものでなければいけない。

　逆に言えばこの講義を聴いてないと危ないですよ。第1ステージ、第2ステージを前にやったから、1年も前のものを、覚えているかといって耐えられるものではないと思います。合格者をきちっと出したいのなら、この研修を受けたほうがいいと思います。

中井委員 それはここに書いていますように、受けたい、受講すべきだと思う人は、もちろん受講できることにします。出てはいけないと言っているわけではなくて、出なくてもいいと言っているだけの話ですから、その人たちの判断の問題だと思います。

遠山委員 馬橋委員がおっしゃるのが原則論だと思うんです。中井委員がおっしゃるのも便宜的には分からないこともないのですが、座長が言うのも一つありかなという感じを持っています。オール・オア・ナッシングはやっぱりおかしいですね。原理原則をデフォルメしようとしているわけだから、そこには多少の合理性とか柔軟性が必要だと思うんです。

　そう考えると、中井委員がおっしゃるように何十時間しっかり勉強したんだからということであれば、突き合わせをして、これぐらい勉強したの

であれば、これぐらいはオフにしてもよろしいのではないですか。そういうきめ細かさ、原理原則がしっかり授業を受けて、授業の成果についてテスティングするということであれば。

　座長のサゼスチョンが比較的いい方法かなと思っています。突き合わせをすれば、おのずとここの部分は従前に勉強したから、本人の希望があればオフにしましょうというのは、原理原則に対する例外として、ありかなという気もします。

渡辺座長　馬橋委員、社会保険労務士の権限と倫理というのは、例えば2時間で足りますか。

馬橋委員　これは足りないと思います。

渡辺座長　例えばイとロを3時間・3時間にして6時間にして、これは1日出てきてください。

　憲法も2時間ではちょっと。5日のうち1日で……。

中窪委員　それだけでできるのかなという心配はありますね。民法にしたって現代語化されている。そういう意味では変わっているわけですし、労組法の改正があったり。労働審判はこの前の第2ステージでやったのですか。

渡辺座長　労働審判はやってない。

中井委員　全体の労働審判とか労働訴訟に関する基礎的な知識の講義はいただきました。

中窪委員　労働審判法はもう通っていたのですか。

鵜飼委員　規則はまだできていない。

中井委員　制度はもうあります。

　私どもはさっきから原理原則を言っているのではないんです。ある時期だけの例外を。(笑)すぐに元の原理原則に戻るのです。

鵜飼委員　受講した人たちが、話が違うじゃないかと。

馬橋委員　受講しなかった人が、話が違うと言うんじゃないですか。だって、それが免除の要件になるなんて言ってない。

中井委員　もちろんそういう意見も当然出ています。それは分かっています。

馬橋委員　言ってくれれば自分だって出たのにということになる。
中井委員　そう言う人もいますが、そうではない人もいまして、いろいろいますから、それは割り切ってこちらで決めないとどうしようもないんです。
渡辺座長　第2ステージは民法はあるんですか。
中井委員　労働法を考えるときの、民事法の基本的なところということで、そういうテーマで講義してもらいました。
馬橋委員　社労士として知っておくべき民事法の基礎知識。
中井委員　そういう形で労働法と民法の間の問題としてやっていただきました。
馬橋委員　民法は広いから、これだけでとても終わっている話ではないんですが。
中井委員　その前に第1ステージで18時間やっているんです。
鵜飼委員　やったほうがいいのではないか。
中井委員　やったほうがいいということは異論はないのですが、やらなくてもいいことにしてくださいと言っているわけで、もちろんやりたい人はやっていいのです。
遠山委員　中井委員のお気持ちは分かるんですけれど、この組み立ての中のパッケージの中で、このパッケージはだめだけど、このパッケージは従前にこれだけ勉強したからオフできる、ということはできないのですか。
中井委員　それはいま言いましたように民法は、今のその話以外に18時間ありますし、憲法も2時間よりさらに長い時間すでにやっています。最初に馬橋委員が言われた権限と倫理は論理的には新しいところではあるんです。それから、民法も確かに平仮名になったというところはあります。
馬橋委員　講師の先生はもっと教えたいことがいっぱいあったと言っている。
鵜飼委員　相談から和解、解決までの代理をするわけでしょう。その場合に問題になってくる民法の基本的な知識というのは、ちょっと違うと思うんですがね。
　労働判例についても一般的な解説ではなくて、具体的に紛争解決という

中井委員　ただ、基本的にはこの前の第2ステージもそういうことの勉強という形で、単なる判例の平板的な解説よりも、むしろそういう紛争解決を頭に置いた形で先生方に講義をしていただいたというふうに、私ども理解しています。

馬橋委員　講義したほうも、担保の対象になるとは思っていないと思う。

中井委員　そうなんですけれど、そうは言っても先ほど言いましたように同じなので、本人たちの判断で受けなくてもいいような制度に、それも18年度最初にやる時だけ何とかしていただけないかということなんです。原理原則については何の異論はないのです。

小澤委員　先生方が社労士のためにいろいろお考えいただいていることはよく分かるのですが、憲法にしても民法にしても体系的に全部教えたほうが良いという気持ちもよく理解できます。それも必要だということも分かりますが、この法律ができた時、付帯決議のところに記載されているように、特定社会保険労務士が人事労務管理に係る専門的知見と能力を活用しつつという部分がポイントでございまして、社労士はある程度直接あるいは間接的に民法や憲法の法文を理解した上で、労務管理をしてきているわけです。だから労務管理の実務家としては、散漫的にではあるけれども労働判例も含め法律の勉強も相当してきているわけです。

　それをある程度整理して法体系的にきちんとした理解で運用できるように、そんな観点でこのカリキュラムを整理していただければ、むだという言い方はおかしいですが、相当重複する部分を整理していただけるかなと思います。

馬橋委員　カリキュラムをもういっぺん考えて組んでみるというのがいいと思うんです。そこで免除できるものが出てくるかどうかという問題ではないでしょうか。

渡辺座長　カリキュラムというのは、国会審議のときに、こういう検討会で、こういう構成で考えて検討されています、ということは言っているわけですね。この間の中間報告で。つまり、これはイロハニホヘトでしょう。

中井委員　そうです。そこまで詳しくはやってないのですが、4月20日

の報告に沿って局長は答えています。
渡辺座長　先ほど、この能力担保の研修を平成18年度中に2度やりたいという話でしたね。
中井委員　17年度に内容を決めていただいて、具体的な教科書等は作成して、18年度に2回実施したいと考えています。
渡辺座長　春と秋？
中井委員　いえ、春は時間的にたぶんできないと思います。秋と冬ぐらいになるのではないでしょうか。
森岡課長　行政として18年度は2回、研修と試験を実施する必要があると考えていて、研修をやって試験をやって合格発表までというスケジュールを考えると、秋・冬ではちょっと無理で、もう少し早める必要があるのではないかと考えています。
　研修をやって試験をやって、研修をやって試験をやって、できればもう1回ぐらい試験もやるとよいかなと、そんな感じです。
馬橋委員　今までなっている社会保険労務士に資格を与えるには、1年に何回かやらなくてはいけない。ある程度そこの整理がついたら、あとは年1回の話でしょう。
森岡課長　そうです。2年目からは年1回です。
馬橋委員　ずっとこれが続くわけではないと思う。
渡辺座長　2年目からは年1回でいいのですか。
森岡課長　法律上は年1回以上と書いてあって、初年度については2回やってスタートの時にはある程度そろえておきたいという考えです。
渡辺座長　春は無理というのは、教材の準備やら……。
中井委員　実際にいろいろお願いしなければいけないことがあるんです。例えば講義の内容、講師の選定、これらを具体的に決めるために、たぶんほかの士業もそうですが、私ども基本的に考えているのは日弁連の法務研究財団にお願いして、それからゼミナールの中身と講師の先生を選んでもらって、講師の先生の教育もしないといけない。ということを考えたら、すぐにはとてもできないと思いますが、いかがでしょうか。
渡辺座長　今おっしゃったように秋か冬か、具体的には何月と何月を考え

ていらっしゃるのですか。9月と12月とか。
中井委員 まだそこまでは。例えば9月までにこれをまとめていただきたいといってお願いしています。まとまった段階ですぐにお願いしなければいけません。
馬橋委員 今度は当方が守りの立場になる。(笑)
中井委員 いつごろできるかという話ですよね、教科書を作って。この前の第2ステージも結構長い時間をかけていただきました。なかなかそう簡単に行かないのではないか。
鵜飼委員 これは施行はいつですか。
森岡課長 法律の施行は9カ月以内と書いてありまして、今年度中に施行させて、来年度研修をやろうという考えです。
中井委員 代理業務そのものは、ADR法の施行と同じです。
森岡課長 法律の公布から9カ月以内です。6月17日が公布日になりますので、それから9カ月というと3月17日までに施行させようということです。
馬橋委員 労働局のあっせんなどは。
森岡課長 それがそうなるのは19年4月からです。18年度の1年間で研修をやってしまおう。
渡辺座長 では2度と。
森岡課長 国会答弁でも2回ぐらいは研修をやりたいと言っていますので。
中井委員 2回と言われているので、私どもやらないといけないわけです。
渡辺座長 では今日出されたことぐらいは今日決めないと準備に入れない。
鵜飼委員 労働審判の研修で弁護士が今回66名なんですが、応用研修がプラスされて、91人ぐらい。来年以降も研修がずっと続くわけで、来年2回やるとなると弁護士サイドでは大変な負担になります。
中井委員 さっきのシミュレーションで2回でだいたい60人近い方が先生になっていただいて、2回やっていただければ、5,000人ぐらいできるわけです。ここには58人とありますが、60人の先生が1回2,500人ぐ

らいやっていただいて、2回で5,000人。50人の弁護士の先生を集めて、教育をして、その先生が手分けして全国で講義をすることになります。

渡辺座長 地域集合型ゼミナールの講師が58人必要ということですね。

中井委員 そうです。各県に全部同じ時期に行っていただいてという話になります。これはさっきの第1ステージ、第2ステージに関係なく全員についてやります。

鵜飼委員 2日は少ない。

中井委員 前回は4日間というのも。土地家屋調査士会とかいろいろバランスもあります。

遠山委員 当初の1回2回の研修でだいたい陣ぞろえをしたいというのは、行政と社労士会との希望ですね。だから、そこの時に事前の78時間を活用したいというのが中井委員の意見ですね。これを結論づけないと先に進まないですね。

鵜飼委員 そういう意味では第2ステージまでやった方は、ここで全部資格を取るということですね。構想としては。

中井委員 ここの講義だけですから、ゼミナールはもちろんやるんです。

鵜飼委員 思い切って中央発信型の講義のウエートをもう少し小さくして、ゼミナールのほうを大きくして、そこには弁護士だけでなくて、学者の先生とか、むしろその人たちと弁護士が共同してやるとか。2番目のウエートを大きくする。

　紛争の処理というのは実践的になりますから、一般的な知識よりも実践的な知識が必要になってきます。

馬橋委員 少人数で各地で行うのも、やりっぱなしではなくて、ゼミナールみたいな時に弁護士を交えて復習みたいなのをきちっとやったほうがいいと思うんです。ただグループでやればそれで済むというのではなくて。そういうためにちょっと時間が足りないなと思ったんですけれどね。

中窪委員 先ほどの労働審判との関係で一層大変ですね。

鵜飼委員 頭が痛いです。増やすと大変ですけれど、免除という話が出たので、能力担保も避けて通れない重要なテーマです。

中井委員 ゼミナールをずっと全国でやらなくてはいけない。これも大変

なことですが、2倍にすると2倍の先生にお願いしなければいけません。もちろん同じ人が1回やるのか、2回やるのか、3回やるのかという話もあると思うんですけれど。

馬橋委員 充実した内容にするのであれば、人をそろえないとしょうがないですね。

鵜飼委員 意義が分かれば、やろうということになると思うんですけれど。

渡辺座長 いま鵜飼委員がおっしゃった最低限度12時間というのを、1日6時間だとすると、もう1日増やすということですか。最低3日、仮にこれを18にして、研修の①のへの個別労働関係紛争解決制度というのは何をやるんですか。

中井委員 民事訴訟法とか、あるいは労働審判制度とか、訴訟法とか、それに関連するようなものの基礎的な知識と考えています。直接われわれがやるわけでは当然ないのですが、ADRで、もしうまく行かなかったらそっちに行くことにもなりますから、手続法の知識が要るということで2時間取ってあります。

渡辺座長 そうするとグループ研修の18時間を12時間にして。

馬橋委員 削らなくてもよろしいのではないでしょうか。66というのはいい数字だと思う。(笑)だいたいバランスからしても、いい数字ではないですか。

中井委員 でも、土地家屋調査士会は45時間ですから、60ぐらいがちょうどいいのではないでしょうか。

馬橋委員 だって権限が全然違う。土地家屋調査士は弁護士と共同受任だもの。社労士は60万円以下は単独ですよ。

中井委員 ただ、今回拡大しただけで初めてではないんです。向こうは初めてですが、私どもは今までやってきたのを拡大するわけですから。

馬橋委員 そうではないんです。向こうも初めてで最初は大変な議論だったんです。20時間とかいろいろおっしゃっていたのを結局そこまで必要だということで。

中井委員 自宅学習とか、そういうのは要りませんから、みんな全員必ず集まるようにしますから、そこのところは減らしていただいてもいいのか

なと思います。
　私も司法書士の101時間というのを聞いても、そのうちの4割ぐらいはそういう自主的な勉強会とか、それ以外に裁判所の見学とか、そういうのも入っていますよね。
馬橋委員　全部テキストが配られていますから。毎日毎日やるテキストが。
中井委員　もちろんテキストとか、私どもも勉強するためにいろいろなものを作っていただこうと考えています。
遠山委員　12時間を18時間にするのがいいかもしれないですね。真ん中の地域集合型ゼミナール。だから上を削るかどうか。
中井委員　ただ試験との関係がありまして、試験だと半日ぐらいかかるんですね。
馬橋委員　そんなに行かないでしょう。2時間の試験じゃないですか。
中井委員　そうすると、できれば、もう1日試験に要るというよりも、2日なら2日、3日なら3日の中で収めていただければ、というようなことは考えられないか。
馬橋委員　3日の最終日を4時間にして、あとの2時間は試験という方法だってある。ぼくは、4日目を3時間にして、そのあと試験がいいかなと思っていたんだけれど。土日土日で使いやすいかなと思った。そこに受講者が集まっているわけだから試験はやりやすいんですね。
渡辺座長　グループ研修の時に集まるんですか。
中井委員　いえ、ゼミナールです。ゼミナールが最後になって。
鵜飼委員　都道府県単位で試験をするんですか。
中井委員　それはその時によってと思います。というのは、最初の時はたくさんいますから、都道府県の各会でやらないといけないと思いますが、2回、3回になれば少なくなってくると思いますから、大きなところで集まってやるしかないと思います。
渡辺座長　別々にやったら、試験問題も別々に作らないといけない。
中井委員　いえ、同時にやります。もちろん1回目と2回目は違えないといけないですけれど、1回目は同じ日、2回目も同じ日にやらないといけない。

渡辺座長 全国。

中井委員 全国です。

馬橋委員 ゼミナールは同じ日にやるという前提になる。

中井委員 同時にやらなければならないので、講師もたくさん要ります。

渡辺座長 地方に行って1泊2日で講義をして帰ってくるというのはいいけれども、2泊3日というのは大変ですね。

鵜飼委員 全国一斉になると同じ人が行くというわけにいかないですね。

中窪委員 採点はどういうふうにするのですか。各都道府県でやるのですか。

中井委員 いえ。今までは試験委員という方を任命して、その試験委員が全部集中してやるんです。それぞれではとてもできないと思います。

渡辺座長 鵜飼委員、どうでしょうか。

鵜飼委員 ゼミナールそのものが、全国一斉に同じ日ということになると……。

渡辺座長 少なくとも最終日は同じ日。

鵜飼委員 最終日の午後を試験。

渡辺座長 そうすると12プラス3ぐらいで、午後試験。

鵜飼委員 弁護士だけでなくて学者の先生もぜひやっていただかないと、弁護士だけでは難しいと思います。

中井委員 でも、ゼミナールはむしろ実践的なものだと思うんです。起案とか、和解とか交渉の技術みたいなものとか、基本的には実務家の方にお願いするしかないと思っています。司法書士の場合も全部弁護士の先生だと思います。140人と聞いていますけれど。

鵜飼委員 来年は労働審判の応用研修が始まりますから、基礎研修と応用研修が重なってくるんです。

　先ほどの免除の問題からまず片づけていかないと。

中井委員 <u>最初だけは何とか。</u>

鵜飼委員 全部免除で、ゼミナールとグループ研修を充実させる。試験がどの程度のレベルの試験になるか。

中井委員 <u>受けてもいいんですけれど、受けなくてもいいというふうに。</u>

鵜飼委員　たぶんほとんど受けないのでしょう。
中井委員　それでもし馬橋委員がおっしゃるように試験で合格しなかったら、もう1回受けないといけないということになります。
渡辺座長　<u>国会での答弁もそういう含みもあったということですので、免除の余地を考えるということで、弁護士の先生のバリアを少し低くしていただいて。</u>

　ただ、新しい、社会保険労務士の権限と倫理、あるいは憲法は、先ほど民法も法律の条文の体裁が新しくなったということもありますが、6時間のうち2時間をそれに充てるとか、2・2で民法の2と4に分けて、1日は出てきてもらうとか。

　今のままでは解決しませんので、私がそういう案を出します。それで、民法の4とニホヘトは免除。両方から受け入れられないかもしれません。（笑）だけど民法2だけでは意味ないね。
中井委員　憲法は特に基本的人権のところの一番根幹ですので、そこは全員にということもあろうと思います。
渡辺座長　理想をもし言うならば権限と倫理を3時間、憲法を3時間、民法を6時間、2日は出てきてもらう。
中窪委員　憲法と民法は第1ステージでされたとおっしゃっていましたが。
中井委員　そうは言っても憲法は特に基本的人権を考えるべきと思います。第1ステージでは、統治機構まで含めて全般的なことをやられたので、今回は基本的人権に絞って深く講義していただくという形でやるので、研修に出てこいという話はあるかもしれません。
渡辺座長　<u>私もはっきりしたことは言えませんが、ともかく免除できるものと、免除しないものとを分けるという方向で少し議論してください。</u>
　<u>5日間集中して行うというのは、現実問題として無理なんでしょう。</u>
中井委員　無理だと思います。第1ステージの48時間も一度にやったわけではなくて、2回に分けてやっておりますし、30時間も2回に分けてやりましたので、やはりぶっ続けというのはちょっと無理だと思います。
渡辺座長　30時間を2回に分けてやるというのは、15・15で、1日当た

り何コマやったんですか。
中井委員 科目によってちょっと違いますが、だいたい2時間単位です。
鵜飼委員 5日間のうち基礎的なところを3日で、若干それにプラスして権限と倫理、要するに今までの司法研修でできなかった、やってなかったものを2日。その2日は履修してもらう。
中井委員 馬橋委員が最初におっしゃった社労士の権限と倫理は変わったじゃないかというのは、そのとおりなんです。新しく出てきたわけで、そこの部分はやってないんです。権限のところです。
鵜飼委員 個別紛争の相談から和解で解決するまでの代理権を付与されるという点の能力担保のカリキュラムを作るわけでしょう。発想が違うはずですね。目的も違う。そうすると、そのために必要な中央発信型の講義の内容もちょっと違ってくるのではないかと私は思うんです。
中井委員 ただ、<u>私ども代理業務というのは全く初めてではないんです。今回初めて創設されたのではなくて拡大されたわけで、今までできていたわけです。能力担保措置も何もなくて、紛争調整委員会のあっせん代理はできていたわけです。それを今回法律改正でその範囲を拡大してあげると言われたので能力担保措置を受け入れたのです。</u>
　それからもう一つは、そのかかっている事案に対する和解契約の締結とか、和解交渉の代理もできるというふうに法律でなりましたから、そういう意味では新しくなったのですが、そうはいってもあっせん代理みたいなものはそもそも能力担保措置もなくやらせていただいていたわけですから、和解契約の締結とか、そういうところは確かに違うと言われればそうですが、基本的には前からやっていたことの延長ですから、今まで全然なかったことを初めてやるというわけではないので。
馬橋委員 私が特にというのではないのですが、弁護士会は弁護士会でこれに協力すると言っていますので、それなりの研修でないと弁護士会の気持ちが乗らないということもあり得るわけで、その点についてはちょっと時間をいただきたいと思います。
　基本的なところになるのではないかと思うんです。最低でも60時間以上のものを私どもは考えておりましたし、そこから何か抜けるものがある

ということは想像もしてなかったのです。
中井委員　抜けるものは何もないと思います。
馬橋委員　ただこれは試験をやれば必ず抜けたところが分かると思いますけれどね。
中井委員　この中に抜けているという意味ですか。
馬橋委員　そうではなくて、第1・第2ステージの人は抜けるという話は全く考えてなかった。また、ある程度の能力の高い人がいなかったら、ゼミナールなんてできないです。みんな低い人ばかりでは。少し学んだ人が先頭に立って行ってもらうからこそ、全体のレベルが高くなっていくんです。
中井委員　それはそのとおりです。リーダーになる人は当然に第1・第2ステージを受けた者です。
馬橋委員　一緒に学んだという共通のものがないと、ちょっと、いいのかなという気がするんです。
中井委員　第1ステージ、第2ステージ、一緒に学んでいるんです。
馬橋委員　今回の集合研修は学んでないわけでしょう、その人は。そういう人が急にポンとゼミナールに入ってくるわけでしょう。
中井委員　だけど、講義の内容は、分かっているはずですから。
馬橋委員　例えば「講義のあそこで話したでしょう」とかいう話が全然できなくなってしまうわけでしょう。例えば倫理の問題で事例研修をやると思うんですけれど、あそこの第1日目で話したこの問題を具体的に考えていくとこうなるんじゃないかとか、講師の先生はあそこでああ言っていたけれども、実際にはこういう問題もあるんだとか、そういう深みのある話が何もできなくなってしまう。
　能力担保は一連のものとして考えないといけないと思うんです。だから、ちょっと私どももそこは考えたいと思うんです。
中井委員　さっきから何回も同じことを申し上げて恐縮ですが、今回の研修をお願いしたのもそういった目的を明確にしてカリキュラムを考えていただいて、それをわれわれも一生懸命やったわけですから。
馬橋委員　能力担保から外すなんてことは全然聞いてないですよ。

5章　今回の社労士法改正の問題点

> 中井委員　いえ、そういうことではなくて、その目的です。能力担保というのはそもそもお願いした時期にはまだ決まってなかったわけです。ただ、実際に講義をしていただいたときは、すでに11月26日の本部の決定で中身は決まっていましたが、少なくともお願いした時は能力担保措置は考えてなかった。
> 　だけど後から考えれば、目的は同じだったし、中身もそれなりに工夫していただいたし、ある程度少しは評価していただいて、暫定的に評価していただきたいということです。べつに原理原則にそれをやれと言っているわけではなくて、また、実際に法律も変わったり、いろいろ判例も変わったりするわけですから、1回聴いたからこれでいいというわけにはいかないのも分かりますが、最初だけぐらいは考えていただいてはどうかと思います。
> 馬橋委員　ちょっと考えさせてください。

⑤第6回検討会議事録の検討と要点

　平成17年8月2日に開催された、検討会の第6回議事録は、9月5日全国社会保険労務士会連合会のHPにアップされ、多くの一般会員はその議事内容をここで初めて知ることになる。やはり内容は、第5回検討会の流れを受け、司法研修履修者の特定社労士研修免除の話題が主であった。ここでもまた、研修免除者が最初の試験を受けることになるというので、どのような内容が出題されるのかと、執拗に質問する連合会専務理事中井委員の姿が、異様な光景として脳裏に焼きついた。

　思うに、これは連合会主催の司法研修第1ステージ、第2ステージ受講者である、連合会の役員を含めた古参を中心とした約3,600人の権益に終始しているとしかいいようがない。まず自己研鑽が当初の目的であったはずの司法研修会を、法改正後の能力担保措置の研修免除にすりかえ、さらに第1回目の試験受講者には、試験の傾向を示唆して欲しい、つまり連合会よりの一部の人間には、どうしても試験に合格させたいとの思惑が明らかである。

　くわえて、「法の下の平等」はどこ吹く風、免除を省令できっぱり謳うとする、行政サイドの思惑も並々ならぬものがあると、あらためて恐れ入った。

中井委員は研修免除対象者について、「実際にこういうことを言っても、たぶん熱心な会員は必ずこれを受けると思います。私どもも、試験との結びつきから『ぜひ受けたほうがいい』ということですすめたいと思います。」との趣旨を何度も強調しているのだが、仮にそうだとしたら、研修を免除することの意義は極めて低いわけで、はなはだ論理矛盾である。

　さらに馬橋委員は、何が何でも研修免除を推し進めたい中井委員の発言に、第5回検討会で「ちょっと考えさせてください」と終始一貫反対だった立場を軟化させ、第6回検討会では、話の流れはすでに免除が決定されているために「根負けしました」と苦笑を隠せない様子で発言している。

第6回　社会保険労務士裁判外紛争解決手続代理業務能力担保措置検討会
平成17年8月2日　議事録

【国会答弁が研修免除の根拠】

（略）

中井委員　その次に、6月8日衆議院厚生労働委員会抜粋とありますが、2枚目に、質問でこういった話がありまして、このことは労働保険徴収課長から前回の検討会で話をしています。その具体的なことは、要するに第1ステージ、第2ステージを終わられた方々と、代理権の付与についての能力担保研修をお受けになる方との、受けたことのメリットみたいなものが何かあるんですかという質問に対して、青木豊政府参考人は、もちろん断定的なことは何一つ言っておられませんが、共通性が相当あるのではないかと思われるということと、具体的には検討会で検討し秋までにきちっと最終報告をまとめるということで、これからということですが、一つ考えなければいけない問題であろう。中身を精査して、どう評価できるか、評価できないのか、そういうことを検討する必要があるだろうというふうな答えです。

　ということで、決して決めてはいないのですが、そういうことを評価し、それなりのことを答えられていると私ども思っております。

　もう少し説明させていただきますと、（別紙）のところですが、私どもはこういった形でぜひ運用の話としてやっていただきたいと思っておりま

す。前回でもいろいろご議論いただいたのでよく分かっています。また、実際にこういうことを言っても、たぶん熱心な会員は必ずこれを受けると思います。私どもも、試験との結びつきから「ぜひ受けたほうがいい」ということですすめたいと思います。

　ただ、一方で78時間ということを何らかの評価をしてもらいたいという会員の意向もそれなりに考えて、こういった形の運用をぜひお願いしたいと思っています。現実にはたぶん、いろいろ考えても、これを受けない人は非常に少ないのではないかと思っています。歯切れの悪い説明になりましたが、そういったことでぜひご理解をいただきたいと思っています。

　（略）

【免除は省令に盛り込む】
馬橋委員　ちょっと教えていただきたいのですが、この中身が何かの形で決まりますね。さっき省令という話も出ていたのですが、そこで決まることというのは、例えばこういう細かい内訳まで規定されるのでしょうか。というのは、こういうふうに分けられますが、実際はなかなかきれいに分けられる話ではないし、まして免除の問題が出ていますと、免除を受けた人は、ここで免除されたのと違うことをやっていたではないかとか、変なことになっても嫌なんですね。おかしいと思うんです。

　つまり、免除される司法研修第1、第2ステージと同等、ほとんど同じ中身がニホヘトだと思われても困ると思うんです。これから教材を作る先生が何とおっしゃるか分からないし、どこまで規定されるのか。例えば中央発信型をこのくらい、グループ型をこれぐらい、というような形での決め方なのか、それも決まらないのか、それを教えていただかないと……。

森岡課長　ここでご検討いただいた結果を踏まえて、研修については「省令で定める研修」というふうに法律上書かせていただいていますので、省令で定めることになります。省令で定める中身は、法律の書きぶりが、弁理士の研修と同じ書きぶりをとらせていただいていますので、弁理士とか司法書士の研修の書きぶりにならうことになりますが、それぞれの例を見てみますと、科目について、こういった項目についてゼミとか中央発信

型学習と合わせてトータル何時間というような書きぶりになっていますので。細かくそれぞれが何時間という対応関係には省令上はならないのではないかと思います。

渡辺座長　科目は出ますか？

森岡課長　ここまで科目を細かく書くかどうか、ちょっと分かりませんが、ある程度こういう項目についてやるというのは書くことになります。

　あと、免除の関係がありますので、受けた人はトータルから何時間分は免除ができるというような書きぶり、書いてもそれぐらいだと思います。

馬橋委員　でしょうね。どの科目を免除とはならない。実際の運用上、最後にやる2日間が免除だよという形になるわけで……。

森岡課長　研修を社労士会でこういう研修ということで組んできたときに、そこで出てくることになります。

　細かいことでついでに申し上げると、法令的に免除規定を書くときに、実行上は18年度限りということで社労士会のほうで厳しく指導してやっていただくことになると思いますが、省令上書くときは、18年度だけ認めるという理屈はなかなか立ちにくいのではないかと言われていまして、省令を書くときは、ざくっと「免除できる」という形で書かざるを得ないかもしれない。そのへんだけご了承いただきたいと思っています。

渡辺座長　省令では、ざくっと「免除できる」と書くのですか。

森岡課長　「何時間分は受けなくていいですよ」ということにして、「18年度において」というところがなかなか理屈がないと言われていますので、そこは実行上でしっかり社労士会でやってもらうということにしたいと思っています。決してわれわれも免除を長く続けたいと思っているわけではないので。

馬橋委員　もう司法研修はないわけだから、今まで受けた人が、体調が悪くてしょうがなくて19年度に受けたときに、免除規定はないですよというのも……。免除を決めた以上は、18年度に限る必要性はないと思います。

　（略）

【原則を大切にしなければいけない】

中窪委員 たぶん免除が絡んでくるので話がゆがんでいるのだと思うのですが、もともと言えば、これだけのことをきちんとやっていただきたいというのが原則なわけですね。その上で、第1ステージ、第2ステージでやられたことをどう評価して免除するかということを次の段階として議論しているわけですから、12時間分何らかの形で免除するということであれば、どれを選ぶかということになるわけです。

　そのときに憲法、民法については第1ステージできちっとやったからということで免除して、時間的にそれでは少し足りないということであれば、第2ステージでも力を入れてやられた労働契約関係について免除できるものがあるかどうか。そういうふうに議論を考えるほうが筋が通るような気がします。

（略）

【免除の人だけでなく、一般の人のことを考えなければ】
渡辺座長 イロハニホヘトチまで分ける。そうすると、イロハニ、ホが労働契約。ちょっと番号を変えてもらうと、ヘが労働条件、トが個別労働関係に関する専門知識、そういうことで労働条件について免除との関係で12時間の免除をしたいとすれば、労働契約は3ということになるでしょう。

　ただ、難点は、先ほど課長が言われたように第2ステージの内容が労働契約になっているので、対応関係があまりはっきりしないのですが、社労士の方々は賃金、労働時間、労災補償というふうな労働条件については、日ごろの業務として専門的知識をお持ちだから、そういうふうな説明になるのかなという感じがします。

　そうすると全体として30時間で、免除対象時間が労働条件の5とヘとトの5と2で12時間。労働契約を項目を分けて、労使関係の6を3に削って、その3を労働契約のほうに持ってくる。少ないのですけれども。<u>本当は労働条件を3にして、労働契約を5にしたいのだけれど、そうすると免除時間が10になる。それでもいいですか。本当はそれのほうが望ましいのですけれど、免除を増やしたいのでしょう</u>。（笑）

中井委員　12時間ぐらいは何とか、いや、もっとと思っていますので、それが減るというのは……。
鵜飼委員　5日間のうち2日間を免除するわけですか。
中井委員　そうです。ただ、先ほどから何回も言っているように来ます。たぶん来ると思います。みんなまじめですから。
馬橋委員　考え方は、免除の人を考えてやって、一般の人をあまり考えてないということではいけないので、労働契約は3日目の何時間かを使うのもいいですが、4日目も少しやらないと、初めての人はかわいそうなのではないか。さっきおっしゃったように試験にも出る一つのヤマだろうし、その後のグループ研修とかゼミナールも結局そういう問題、雇止めとか、そういうところになるわけでしょう。労働条件で6時間やるというのは、それほど要らないのではないか。
（略）

【在宅研修は社労士だけ、ほかを免除するよりましだから】
渡辺座長　司法書士のほうでも在宅を認めているのですか。
馬橋委員　認めません。司法書士は、変な話ですけれども北海道の人は留萌からどこかまで車で60キロ走ってグループ研修をやっていたとかいいます。
渡辺座長　社会保険労務士については認めるというのは、どういうことですか。
馬橋委員　認めたくはなかったのですが、認めろとおっしゃるから。ほかの免除を認めるよりは、ここを免除したほうがましかなと、ただそれだけの理由です。比較の問題です。
鵜飼委員　研修を受けられた方が率先してやられたほうが、本当の議論ができるのではないですか。
中井委員　それはそのとおりだと思います。現実に指導的なというのはたぶんそういう人たちですから。ですから、出てくると思います。そういった形で何とか評価をしたということでお願いしたいということだけなんです。

馬橋委員　私もちょっと根負けしました。（笑）どれを免除したという形にすればいいか。ここを免除したという形にして、今度ゼミナールできちんとやって、結局理解してないのではないか、とやればいいのではないか。試験で落とせばいいんだというのもある。（笑）ゼミナールで多少そこを知らせてやろうじゃないか。遅いかもしれないけれど。そこまでなら譲ろうかというのが……。

渡辺座長　省令を書くほうとして、格好がつきますか。グループ研修を在宅で代えてよいというのは。

森岡課長　時間数免除の書きぶりとしては、12時間の免除。自宅で学習するのは、きちんと学習してもらってレポートを出してもらうので、学習したことになるであろうというふうに思います。そこは社会保険労務士会の研修を実施する実施者のほうが、この人はちゃんと研修をしたという認定をしていただく。そういうやり方かなと思っています。

中井委員　実施計画みたいなものを作って役所のほうに出すのだと思います。

（略）

【どのような試験が出るか教えてあげないとかわいそう】

中井委員　これはちょっと、試験については、どんな試験が出るのかぐらいは教えてやらないといけないのではないかと思うんです。要するに〇を付けるやり方か。こういう例題といって、例題ぐらいは示して勉強しないといけないのではないか。

馬橋委員　試験の内容はどう決めるかという問題で、そこで決めれば、決まっていることは公表されることでしょうから、それでいいのではないですか。ここの試験の内容についての決め方がちょっとまずいと思っているのです。付け加えておいたほうがいいとか、記述式とするとか、2問しかないみたいだけれども、小問を設けるとかいうような形にして出しておけば……。

渡辺座長　そちらのほうでやり方は書くとして、ここは「申請書、答弁書の起案等を行う」ではないでしょうか。「試験に関する予習」というのは

ちょっと……。
馬橋委員 そうすると講師がすごく気にするんです。
渡辺座長 ではそういうふうに直して。
中井委員 ○×式とか、記述式とか、論文式とか、と単に書いてあるだけでなくて、実際にこういう例が出て、これについてこんな問いが出るんだよ、というようなことはやっぱり教えないとかわいそうではないですか。
鵜飼委員 ゼミナールでやる事例研究が中心になるのではないですか。
中井委員 2回目以降は、1回目でどんなふうな問題が試験に出たか分かるけれども、1回目の人は大変だと思うんです。
馬橋委員 いろいろな試験で、こういう問題が試験に出ますというのはあまり言わないでしょう。記述式か……。
中井委員 でも新しい司法試験では、こんな試験だというのを事前にやるのではないですか。
馬橋委員 だけどそれが出るとは限らない。
渡辺座長 試験は研修の成果を見るわけでしょう。だから研修内容との関連において試験問題が出されるわけです。
鵜飼委員 ゼミナールであらかじめテキストがあって、こういうものについて検討しなさいというわけで、それから外れる試験なんてないでしょう。
中井委員 ただ例えば、記述式といっても何々について論ぜよという試験もあるし、いろいろな例を挙げて1問これについて答えよという場合もあるし、司法書士みたいに小問のあるやり方とか、いろいろあるわけですね。そういうことくらいは教えてやらないといけないかなと思うんです。
渡辺座長 中井さん、教えることと、ここに書くことと、区別して議論してください。
中井委員 具体的に何をするかをここに書くわけですから、そういう意味で試験に関する予習等と私は書いたわけです。
馬橋委員 試験委員というのは別の話であって、教えている講師とは全く関係がないのが前提だから、あまり言うのはまずいのではないか。
中井委員 グループ研修ですから、講師は関係ないわけです。
馬橋委員 うわさをしろというわけ。（笑）試験の方法のところで詳しく

書いてあげるのがいいのではないですか。
中井委員　分かりました。

⑥泣訴状

　前項で第6回検討会の要旨を抜粋したわけだが、この内容が周知された9月5日には、最終回とされる第7回目の検討会（9月1日）はすでに終了している。したがって、**第6回の内容について、一般会員は意見を申し述べる機会を与えられなかった**ことになる。

　しかしながら、8月19日には、高知県社会保険労務士会 副会長 横田 隆雄氏を団長とする、**「能力担保措置公正実施協議団」**が今法改正における研修免除の疑義を問う次の泣訴状を、検討会各委員、行政、弁護士会等、関係機関に送っており、検討会の最終回である第7回検討会に話題となったが内容については一顧だにされなかった。

殿

泣訴状

―この度の社労士法改正で約25,000人の社労士の人権が侵害されている―

　突然失礼をかえりみずかかる訴状をお出しすることをご容赦下さい。各先生方におかれては公私に亘りご繁忙のことと重々承知しておりますが、この度の社労士法改正についてぜひとも各先生方のご尽力を仰がなくてはなりません。

　特定社会保険労務士の能力担保措置に関して全国社会保険労務士会連合会の姿勢に公正さを欠き、それを正すのに自浄能力を期することができません。

　各先生方のご明鑑を求めるとともにお力添えを賜りますようお願い申し上げます。

平成17年8月19日

能力担保措置公正実施協議団

　平成17年6月17日に平成17年法律第62号として改正社会保険労務士法が公布され、社会保険労務士が裁判外紛争解決手続（ADR）の代理業務の担い手となることができるようになったことは、社会保険労務士の職域が拡大し、社会的地位の向上が期待されるという点でまことに喜ばしいことである。
　本法案の審議に関しては、参議院、衆議院とも付帯決議がなされており、「特定社会保険労務士が人事労務に係る専門的知見・能力を活用しつつ、個別労働関係紛争における代理人として紛争解決手続を担うことができるよう、紛争解決手続代理業務に係る研修及び試験については、必要な知識、実務能力、職業倫理が担保されるものとすること」とされている。
　この能力担保措置については、全国社会保険労務士会連合会（以下 連合会という。）に行わせることになっており、現在、連合会では弁護士、社労士のほか学者を委員とする社会保険労務士裁判外紛争解決手続代理業務能力担保措置検討会（以下 検討会という。）において審議検討中である。しかし、これに対する連合会の姿勢が公平さを欠き、これを正すに残念ながら連合会に自浄能力を期することができない。
　そこで、法の公正な運用を実現するため、各先生方のご尽力を切に嘆願するものである。

1. 趣旨

　連合会は、これまでの5回の検討会において一貫して「法改正前に連合会が実施した司法研修の修了者について能力担保研修を免除する」との主張を繰り返し、能力担保措置が不十分な司法研修を受講した一部の社労士約3,800人を優遇し、その特権を守ろうとしている。全国の社労士は約29,000人であるが、別紙の議事録で明らかなように、終始3,800人の権益に言及し、29,000人の全体については無視している。
　新たな改正法の適用にあたっては公平かつ公正であるべきであり、能力担保試験が一部の特権者を選別する試験であってはならず、必要な知識、

実務能力、職業倫理が担保される修了認定試験でなければならないと考える。

2. 問題点
(1) 司法研修受講者に対する集合研修の免除
　第4回までの検討会において、能力担保研修は中央発信型の集合研修（30時間）、地域集合型のゼミナール（12時間）、支部単位のグループ研修（18時間）で構成されると意見集約されてきている。

　この能力担保研修に関して、平成17年6月29日に実施された第5回検討会において、連合会専務の中井委員より「**司法研修第1ステージおよび第2ステージの受講者に対し、平成18年度に限って30時間の集合研修を免除する**」という事務局案が提出された。

　ちなみに、第1ステージは社労士の全体的な資質向上を目的とした法律の基礎的な勉強であり、約3年前から実施されており、第2ステージは本年2月、3月に1回実施されたのみである。また、両方の研修を修了した受講者は、社労士会員約29,000人のうち、各県会会長を含む執行部を中心に、約3,800人である。

　この事務局案に対して、第2ステージの研修プログラムを作成した日弁連法務研究財団の理事長を務める馬橋委員は「そもそも、この第1・第2ステージをこれから始まる能力担保の中に入れ込むというのは無理がある」と反対の意を表明している。その理由として「第1ステージ、第2ステージの研修が将来的な能力担保につながるというどれだけの説明がなされたか、また、実際の研修の中できちっとした出席管理がなされていたのかどうか、全国的にできているのかどうか。」とその公平性に対して疑問を呈し、「例えば社会保険労務士の権限と倫理などは今度新しく決まった話ですから、それまで免除するのは全然話にならない」、「第2ステージはあくまでも現行法時点でやっておられた労働局の個別紛争をテーマに取り上げているのであって、今回のADRとか、相談ができるとか、そういう視点からの取り上げはまったくやっていない。」と能力担保として不足であることを挙げている。

(2) 能力担保研修免除の公平性

　まず公平性について、馬橋委員の意見に対し中井委員は「出欠の管理はきちんとしており明白さは確保できている。」と答えているが、司法研修が将来的な能力担保につながることについて説明をどうしたかについては触れていない。連合会も認めている通り、そもそも第1ステージ、第2ステージともあくまで社労士の全体的な資質向上のための勉強として講義が実施されたものである。したがって、全国の社労士に対しては、これが能力担保措置の一環であるという説明がなされていないのが事実である。

　中井委員は「能力担保措置が決まったのは去年の秋ですから、それまで別にわたくしどもは能力担保措置ということを想定して、(第2ステージについて) いろいろお願いしていたわけでもないのですが、そうはいってもわれわれの能力をADR代理業務ができるように高めよう、そのための今回の能力担保措置の研修ですから、目的は同じなんです。」と述べており、周知をしなくても目的は同じであるから、問題はないといわんばかりである。

　全国にいる連合会員29,000人 (うち開業社労士18,000人) に対する情報公開なしに、なし崩し的に能力担保研修の肩代わりと位置づける連合会の姿勢には、法を扱う当事者にも拘わらず人権意識が極めて低いことに疑問の念を禁じえない。自己研鑽が目的の研修を途中から能力担保措置の研修免除の特典にすり替えるのは、受講者と受講できなかった者との立場を著しく隔たりのあるものとする。「法の下での平等」を標榜する隣接法律家にとっては断じて許されない行為であろう。

　もし、研修免除という能力担保措置の一環だとわかっていれば、司法研修受講者はもっと増えたはずである。第1ステージの受講者は5,000人で、第2ステージでは3,800人に減少したが、能力担保措置の一環であると情報公開されていれば少なくとも減少はなかったであろう。また、第2ステージの受講資格は第1ステージ修了者にのみ限っており、第2ステージの研修を受講しようとしても受付けないといった極めて閉鎖的な研修であった。3年まえから順次行われていた第1ステージは基礎的な法律知識

の講義であるので、基礎的知識を備えた社労士は、第1ステージは受講しておらず、彼らには第2ステージを受ける権利がなかった。

連合会が第2ステージの実施にあたって、当初から能力担保措置の一環として位置づけようとしていたのなら、きわめて悪質であるといわざるを得ない。

もしそうであるなら連合会は情報公開するべきであったし、第2ステージ研修は希望者全員に門戸を広げるべきであった。

(3) 司法研修の能力担保としての妥当性

次に、司法研修の内容が能力担保なりうるかの問題である。

馬橋委員の指摘に対して中井委員は「社会保険労務士の権限と倫理については、確かに、法律が変わったところであり第2ステージが行われたときにはなかった」と認めながら、「これを免除せよとはいっていない。地域集合型のゼミナールの中に当然権限と倫理という話がある。」として、ゼミナールで取り上げることで十分事足りると主張している。

社労士の権限と倫理については、遠山委員（弁護士）が「国会の付帯決議で『能力担保をしっかり』と書いていただきましたね。出発点で、国会は、国民に迷惑がかかってはいけないということで、念を入れて付帯決議をしているわけです。……前の司法研修のターゲットとか目的と、今回の能力担保とは、重なり合う部分もあると思いますが、基本的に新しい立法で、新しい権限をいわば士業としていただいて、それを発展させるためのベーシックを作るプログラムです。……鵜飼委員、馬橋委員が言うとおりきちっと初めからやったほうが、国会が付帯決議で士業の方に期待しているメッセージにも合うのではないかと思います。」と意見を述べている。また、オブザーバである厚労省の森岡雅人氏は、連合会案を擁護しながらも、「権限と倫理のところについては、今回で非常に重くなっているはずでございまして、ここについて本当に一致しているのかといわれますと、確かにそこはたぶん違うということもあろうと思うんです。」とコメントし、全員がその重要性を指摘している。

中井委員は、これらの反対意見を受け、ついには「これは社労士法の問

題です。社労士法が改正されて、その中身を社労士一人ひとりが知らないわけがない。また知るべきです。権限と倫理は、べつに特定社会保険労務士であろうがなかろうが、私どものほうだけでなくすべての社労士が認識しなければならないことであるので、私どもで徹底します。」と、開き直るかのような発言をしている。

また、「第2ステージでは従来の紛争調整委員会のあっせん代理を例に挙げてやったのですが、それは基本的にほかのADR機関だって同じことです。ぜんぜん違う話ではないでしょう。」と発言し、今回獲得できた権限の拡大は従来とそんなに違いはないとして認識の甘さを露呈している。

中央発信型の講義全般についても、鵜飼委員から「個別紛争の相談から和解まで解決するまでの代理権を付与されるという点の能力担保のカリキュラムを作るわけでしょう。発想が違うはずですね。目的も違う。そうするとそのために必要な中央発信型の講義の内容もちょっと違ってくるのではないかと私は思うんです。」という意見が出されている。

第1ステージの基本的な法律知識については、本来必要な時間数との差異も指摘され、また、3年前から実施されているので受講者によっては受講後の改正点もフォローできていない危惧もある。この点については、馬橋委員から「この講義を聞いていないと危ないですよ。第1ステージ、第2ステージを前にやったから、1年も前のものを覚えているかといって耐えられるものではないと思います。合格者をきちっとだしたいのなら、この研修を受けたほうがいいと思います。」と意見が出されている。

つまり何年も前に行った不十分な研修は、能力担保措置の研修免除には当たらないといえる。

中井委員は、このような他の委員からの様々な意見に対しても、連合会案を繰り返すことに終始している。3,800人を優遇するため「司法研修の実績を評価して欲しい。」と訴え、「初年度の能力担保研修は人数が多く、実施が大変なのでできるだけ効率的に行いたい。」という本音も加わり、強引に研修免除を望んでいるとしか思えない。

これでは、連合会自身が改正社会保険労務士法の趣旨を認識できておらず、特定社労士の能力担保研修・試験の運用を任されている連合会が、自

らの責任と義務を放棄しているといわれても仕方がない。

(4) 厚生労働委員会における研修免除に関する質疑応答

　第162回国会の厚生労働委員会 第26号（平成17年6月8日）の議事録において、能力担保研修・試験について具体的に質疑応答がなされているが、司法研修受講者の対応については次のように言及している。

　橋本（清）委員より「この第一ステージ、第二ステージを終わられた方々と、代理権の付与についての能力担保研修をお受けになる方々との、第一ステージ、第二ステージを受けたことによるメリットみたいなことはあるんですか。」と質問があり、それに対する青木（豊）政府参考人の答弁は以下のようである。

　「……（第一ステージ、第二ステージの司法研修は）社会保険労務士のいわば法律的な能力を高めようということで自主的に連合会が始められたものであります。しかし、そのねらいとするところが、紛争解決の実践的な応力を高めることを意図として始められた、設定されているということで、その行っている研修の中身でありますとかそういうのを拝見しますと、今般の能力担保措置で求められている事項に非常に関係が深い、共通性があるのではないかと思われます。能力担保措置の内容につきましては、現在、社会保険労務士会連合会の中の検討会でどうしようかと検討し、中間報告も出て、秋までにきちんと最終報告をまとめるということであります、……この第一ステージ、第二ステージについて評価をどうするのかということは一つ考えなきゃいけない問題であろう。……」

　これらを読むと、検討会において連合会の中井委員が主張する内容をなぞるように質疑応答がなされているようにも思える。推測ではあるが、これが連合会のロビー活動によってなされているのなら、担保措置が不十分な司法研修受講者に対する研修免除について、厚生労働委員の言質を引き出させることを連合会は意図しているのではないかと疑念を持たざるを得ない。

　ロビー活動は社労士全体の利益を考えてこそ意味があるのであって、一部の身内の権益を守るため都合がよいように先導しているのであれば許せ

215

ない行為といえる。

(5) 自らの責務に無自覚な連合会の体質

　連合会は、本来、社労士会員 29,000 人全員の権益を守ることが責務である。しかし、これまでの連合会の一連の行動は、本来の責務をないがしろにし、一部の会員の権益のみを重視しその実現を図るために奔走しているとしかみえない。

　社労士と同様に、司法改革の一環として職域拡大された隣接士業のなかで、一部の特権者に対する研修免除を声高に訴えているのは連合会だけであろう。

　司法書士の場合、司法書士連合会では全体の資質向上を図るに従来より熱心で、法改正前から質、量とも充実した研修を実施していた。もし、社労士連合会が唱える「研修免除」を適用するなら、司法書士連合会では法で決められた能力担保研修の受講者がほとんどいなくなるのではないか。

　多くの社労士会員はこれまでの連合会の見苦しい行動に慙愧に堪えない思いを持つとともに強い憤りを抱いている。

　過去の話になるが、平成 10 年に社労士が審査請求・再審査請求の代理権を獲得した。その際、第 142 回国会において枡屋委員が社労士の能力担保について「今回、こうやって業務を拡大することによって、本当に、今まで弁護士さんに全部任せたようなものを社労士さんが、審査請求、再審査請求、そこでちゃんと対応していただけるような体制なのかどうか」と質問し、これに対して渡邊（信）政府委員が「この不服申立ての代理というのは、やはり通常の書類とは比較にならないほど複雑で難しいものであるというふうに思いますが、発足以来社労士の制度も 30 年を経過しまして、そういった力量を持った社労士の方もたくさん出てきている、そういったことも背景にして、今般、職域の拡大ができたものだというふうに思っております。」と答弁している。

　ご存知のように審査請求は民事訴訟法等の専門知識が要求され、今回、新たに獲得した「和解」手続（あっせん代理）より数段難しいものである。

しかし、当時、社労士に能力担保ありとして研修や試験など特別な措置は必要とされなかった。

今回の改正では、「能力担保研修・試験」を条件に「紛争解決手続代理業務の拡大（あっせん代理）」を獲得したわけであるが、7年前に既に能力担保が認められていたのに、なぜ審査請求より簡単な和解手続に「能力担保研修・試験」が必要となったのか。能力担保の観点からは明らかに矛盾しているではないか。連合会では、この矛盾についてどのように考えどのような行動を起こしたのか。また検討会において、各委員が審査請求権獲得の経緯も認識した上、その整合性など、十分議論を尽くし、関係部署への働きかけがなされたのかどうか。はなはだ疑問である。

法改正に際し、連合会がなすべき責務は、一部の特権者の権益を守るのに一生懸命になることではなく、社労士全体の権益を守り、その拡大を図るためにこそ行動するべきであった。連合会の体質の弱体化を会員の一人として認めざるを得ない。

3. 結論

連合会の責務は、ADR制度を実効的なものにし、真に社労士が労使紛争の解決に役立ち、社労士の社会的地位の向上を図るために、将来展望に立った公平な立場で、多くの優秀な認定社会保険労務士を育成していくことであろう。

そのためには、**特定社会保険労務士の能力担保研修および認定試験は公平であるべきである。司法研修を受講した3,800人のために、全国で活躍している残りの約25,000人の社会保険労務士が泣くことはあってはならない。**

まず「3,800人の司法研修受講者に研修免除を行う」ことはせず、「法の下の平等」という観点から希望者全員に対して、同じ条件で研修を行う。その研修内容は、研修カリキュラムを修了することで能力担保が可能となるべく充実させる必要がある。

その上で、試験は、合格者数をあらかじめ決めるような選抜試験とするのではなく、能力担保を認定する修了試験とすべきである。

> 　今後、検討会で十分議論を重ね、公平でかつ実効的な能力担保研修・試験が実現することを切望する。
>
> 　私たち社労士は、自らの権利が侵害されているのに、それを守ることもできず、それどころかそうと気づきもしなければ、法律家として人様の権利の代理ができるはずはない。少なくとも、法律に携わり、クライアントの代理を行うものは人権感覚に敏感でなければならない。
> 　これまでの検討会の経緯をみるに、連合会自身に自浄能力が欠如している。
> 　自浄能力のない組織に意見書を提出しても、問題解決は図ることはできず、やむなく外に向けて発信し外圧による問題解決を選ぶこととした。
> 　コンプライアンスの重要性が叫ばれる現在、内部告発しなければ、法の公正な適用が実現できない現状は痛恨の極みであるが、ここに各先生方のご尽力を嘆願する次第である。
>
> 　　　　　　　　　　　　　　　　　　　　　　　　　　　　以上

　これは法改正における研修免除の疑義を問う、心ある社労士会員からの意見書である。残念ながら、最終回の第7回能力担保措置検討会では、その内容を正しく取り上げることはされなかった。社労士会会員の声を代弁するはずの、連合会中井委員はこの件につき「ご迷惑をお掛けして。会員のやったことで、おわびを申し上げます。」と述べている。

　中井委員にこう言わしめた根拠は、「総会なりのいろいろな意思決定機関、その前に執行部とか、あらゆる機関でそういったことは言ってきたつもりです。」ということである。つまり、機関決定したものは会員の総意であり、一度決定したものについて後からとやかく言われるべき筋の問題ではないとする認識なのである。

　果たして、ほんとうにそう言い切れるものか。

　検討会において議論すべき内容につき、会員から重要な意見が出されたのであるなら、本来、討議内容の再検討を行い、仮に誤った方向に議論が進んでいるのならば、正しい方向に軌道修正するのが検討会の役割ではないか。

最初から**結果ありきでは、検討会は国民や一般の社労士会員に対する単なるポーズでしかない**。大勢の委員が7回も集まって、ただ膝をつき合わせるだけでは、時間と金の無駄である。議論を深めるのがその設置意義であり、理論には理論を持って答えるのが本来あるべき検討会の姿のはずだ。

それをきっちりした議論もせず、「社労士会内部の問題」として片付けられたのでは、**せっかくこれだけの格調高い内容を認めた会員の労苦にまったく答えていない。このように当事者能力、自浄力の欠如を連合会自ら露呈していることは、クライアントである国民や、他の隣接法律専門職に対して恥ずかしい限りである**。

連合会は、「司法研修受講者の能力担保研修の30時間免除は、あくまで手順を踏んだ機関決定であり会の意思である」と主張するが、仮にそれが正しいとしても、そうすると問題は、連合会の執行部や総会の主席者たる代議員の選出方法にある。つまり社労士会連合会の機関決定は、必ずしも会員の総意ではないという点である。現在の社労士会連合会の執行部は、執行部よりの考えを持つ人間だけで構成されており、そうした人たちにより意思決定されれば、当然一般会員の声は顕在化しないことになる。

紙面の都合上、これ以上連合会の体質について触れるのを控えるが、今後執行部の役員決定については、選挙制度を含め大いに改善の余地があることを提言しておく。

第7回　社会保険労務士裁判外紛争解決手続代理業務能力担保措置検討会
平成17年9月1日　議事録

渡辺座長　この件で泣訴状というのが来ましてね。ここで議論したことだからいいのですが、司法研修というのは、能力担保措置を講じて社会保険労務士があっせん代理だけでなくて、紛争解決も代理権を持ってやれるということを見越して、そのための能力担保として連合会が独自にやる。そういう趣旨を明らかにして実施したのですか。

それを受講すれば、こういう免除の対象にするというのも道理が通るけれども、泣訴状によるとそのへんがどうもはっきりしなくて、不公平な扱いになるという趣旨ですよね。もういいのですけれども、どういう趣旨で

司法研修をそもそも始められたのか。

中井委員　先生方に文書を送ったグループの意見は、私どもから見て少数の意見でして、この会議で小澤委員からも私からもいろいろお願いしたことは、私ども連合会の総会なり理事会でいろいろ議論し、こういう形でぜひやっていただきたいということを踏まえて、ここでいろいろ議論させていただいたということをまずお話しします。

　それからいま渡辺座長から言われたことですが、そもそも能力担保措置というのが決まったのは、昨年の11月26日の司法制度改革推進本部で私どもにADR代理業務の拡大ということを認める前提として、そういう形で決められたもので、そもそも能力担保措置ということを私どもは考えていたわけではありません。

　司法研修第1ステージ、第2ステージを行ったのは、あくまでも私どもに個別労働紛争を解決する能力を付ける。その前提となる法律の基礎知識、個別の労働関係の法制について勉強しなくてはいけないということでやった。これが事実です。

　ただ、そうは言っても、いよいよ能力担保措置が前提となったという時に、今までやった研修のうち、それなりに能力担保措置の中で評価していただけるところはぜひ評価していただきたい、ということで一生懸命申し上げたわけです。

　研修が始まった当初は、能力担保措置の代わりであるという形でやっているわけでは決してありません。実際にやった中身、具体的な内容、目的とか、そういったことを考えていただいて、一部についてぜひ評価していただきたいということで、今回ご議論いただいて認めていただいた、というふうに理解しております。

鵜飼委員　平成14年に紛争調整委員会のあっせん代理が認められました。そういうもののための基本的な知識とか解決能力を付与していこうと、そういう問題意識はあったのですか。

中井委員　そうです。

鵜飼委員　そういうことを司法研修の時にうたっていないのですか。

中井委員　司法研修の第1ステージと第2ステージは時期が違います。正

確には、第2ステージでいまおっしゃった問題意識を明確にもって研修を行いました。
鵜飼委員 平成14年の法改正であっせん代理が認められたのですね。
中井委員 私どもがADRの関係についてぜひやりたいと主張し、ご理解いただけるように努力をしていた。その中で単にご理解いただくだけでなくて、私ども自らこうやって勉強しているんだということを、きちんと世間の方に知ってもらわなくてはいけない。
鵜飼委員 司法研修をやるときに、相当の予算を使ってやられたと思いますので、そういう目的を明確にされたのではないですか。
中井委員 そうです。明確にするためにやったわけですから。ADRの業務に参入する、そのための実力を付けるということで、第1ステージが始まりました。
第2ステージはついこの間やったのですが、これは今おっしゃったあっせん代理の業務ができるという状況の中で、あっせん代理が私どもできる範囲の基本ですから、それを中心に能力を高めるという形で、日弁連法務研究財団でいろいろ知恵を出していただいて研修をやりました。
鵜飼委員 そういう説明をされたらいいのではないですか。
中井委員 そういう形でやって、今回はそれと違うではないか、さらに拡大されたではないかというけれども、基本は同じで、一定部分は認めていただきたいということでさんざん申し上げたわけです。
鵜飼委員 私が言いたいのは、会内で説明責任が果たされているかということがちょっと疑問なわけです。
中井委員 <u>いま申し上げたことは、私どもの組織の中で理事会なり、総会なりのいろいろな意思決定機関、その前に執行部とか、あらゆる機関でそういったことは言ってきたつもりです。</u>
渡辺座長 それがはっきりしていれば、そういう趣旨で始められたものを、受けた方について一定の免除措置を講ずるというふうにわれわれはここで議論したわけですから、それで十分で、いま言われた説明責任、<u>少数と言うけれども、そんなに少数でもないのではないですか。ずいぶんたくさんの人が、日本全国、北海道から四国、九州まで</u>……。

221

> 中井委員　私ども会員は3万人おりますから。もう少し詳しく申し上げると、そこに書いておられる方が本当に全部中身を知って、そこに名前を挙げているかどうかは疑問です。といいますのは、それなりに私どもでも、そこに名前が挙がっている方に事実を聞いたりしています。知らなかったという方も何人かおられます。そこに書いてある全部の方がその意見だと必ずしも言えないような状況です。
> 渡辺座長　<u>連合会の内部問題ですから、これ以上立ち入りませんが、</u>自宅にいろいろありますので、ちょっと申し上げたわけです。
> 中井委員　ご迷惑をお掛けして。会員のやったことで、おわびを申し上げます。
> 馬橋委員　私どもは起案能力の参考にさせていただきます。

⑦他士業で研修履修者の優遇はされていない

　泣訴状にもあったが社労士と同様に、司法改革の一環として職域拡大された隣接法律専門職のなかで、一部の特権者に対する研修免除を声高に訴えているのは社会保険労務士連合会だけであろう。

　また他に能力担保措置の研修を免除された事実は耳にしない。

　前掲第5回能力担保措置検討会において、馬橋委員他の再三の説得にもかかわらず、一部の会員の権益のみを重視しその実現を図るために奔走している様は、本来連合会は社労士会員29,000人全員の権益を守ることが責務であるはずなのに、見苦しい限りである。

⑧目的がはっきりしない研修を受けた者を優遇することは、国民が不利益を被る

　法改正前に行われた連合会の研修は、今法改正の能力担保措置を目的として行われたものでないことは、そのタイミング、また前掲第1回能力担保措置検討会の中井委員の発言からも明らかである。自己研鑽の目的で行われた研修と、今後の業務拡大につなげる目的で受講する研修とでは、おのずと学習に対する姿勢が異なり、習熟度にも差が出るはずである。

　仮に試験の内容が易しかった場合、研修を優遇された者も少なからず特

定社労士となることができるだろう。ただし危惧しなければならないことは、研修を優遇された者は、試験の随分前に研修を受けているため、そのほとんどの記憶は忘却しており、結果として国会が付帯決議として求めた能力担保を身に着けず、クライアントの代理を行うことになる点である。

これでは、国民に迷惑をかけることになる。したがって連合会の推し進める、一部の社労士の権益保護は、国民の正しい代理人選択の機会を奪うことに繋がるのである。第5回能力担保措置検討会で、馬橋委員が、この点につき触れている箇所があるので再揚げしておく。

第5回　社会保険労務士裁判外紛争解決手続代理業務能力担保措置検討会
平成17年6月29日　議事録

> **馬橋委員**　試験の問題とかいうことになってくると、研修に出たということを前提に、その成果を見るわけですから、試験だってこの研修をもとにして考えざるを得ないと思うんです。早く言えば試験に研修から全然外れたような話は出せないし、研修をきちっと聴いていれば合格できるようなものでなければいけない。
>
> 　逆に言えばこの講義を聴いてないと危ないですよ。第1ステージ、第2ステージを前にやったから、1年も前のものを、覚えているかといって耐えられるものではないと思います。合格者をきちっと出したいのなら、この研修を受けたほうがいいと思います。

（5）過重な能力担保措置は必要なのか

①平成10年改正法とのアンバランス

「3章　今改正に至るまでの経緯　（2）平成10年社労士法の改正の解説」の項で、「不服申立ての代理は複雑で難しいが、社労士にはその力量がある」と国会で渡邊（信）政府委員が発言し、能力担保措置の議論なし不服申立ての代理権が社労士に付与されたことは既に述べたとおりである。

それから7年。不服申立て代理に携わる社労士も増え、司法研修も私が主宰する社労士の任意団体である「青労会」に先導される形ではあるが、連

合会が自己研鑽のために行うこととなり現在に至る。

 したがって社労士の法知識への関心も、7年前と比べて自ずから高まっているはずである。

 そうした経緯を考えるに、不服申立ての代理より実務的にははるかに難易度の低い、しかも限定された「あっせんの手続の代理」や「調停の手続の代理」を行うのに、今さらなぜ厳格な担保措置が必要なのであろうか？

 本改正法の国会の議論にも、能力担保措置検討会の議論の場にも、首肯できる理由を見つけることができない。それどころか、不服申立て代理業務とのバランスにたった議論の皆無であることが、腑に落ちない。

②労働法を知らない弁護士

 「紛争解決手続代理業務の拡大」の能力担保措置について、司法制度改革推進本部の意向もあるが、非常に慎重に且つ厳格に討議されている感がある。これまで業として行えなかった、国民の権利を代理するわけだから、慎重にならざるを得ない気がしないでもない。

 しかしながら、代理能力の担保措置は弁護士以外の隣接法律専門職にだけ問われる資質なのだろうか。弁護士だけは特権階級なのだろうか。

 例えば平成10年から、司法試験の選択科目から労働法がなくなっている。したがって、それ以降に弁護士資格を取得した弁護士の多くは、その分野の弱い者が少なくないという。訴訟技術が長けていれば、労働法の知識がなくても労働裁判に携われるというのは、能力担保措置の観点からして危険極まりない状況といえよう。その点、社会保険労務士は、労働法が専門である。これまで経験したことがない訴訟技術には長けていないものの、労働法の分野ではプロである。

 国民の利益を第一義に考え能力担保を厳格にするならば、業種による差別を行うべきではない。たとえ弁護士でも、専門以外の分野については能力担保措置を厳格に講ずるべきであると考える。

 この実態につき、第1回能力担保措置検討会で、渡辺座長が興味深い発言をしている。

第1回　社会保険労務士裁判外紛争解決手続代理業務能力担保措置検討会
　　　　　　　　　　　　　　　　平成17年1月28日　議事録

> **渡辺座長**　平成10年に司法試験の選択科目から労働法がなくなりまして、私は中労委の公益委員もしているのですが、若い弁護士の先生方は労働法を本当に知らないですね。社会保険労務士だけでなく、そこの事件に来てはじめて少し教科書を見てみるかというふうな感じで、労働委員会や個別紛争のところへ来られる方が非常に多いです。

③簡裁では本人訴訟がほとんど。司法書士等も過重な能力担保措置は必要ないのでは

　第4章「他士業の現状及び司法統計の数字から見えてくるもの」の項で触れたが、簡易裁判所レベルでは本人訴訟が9割がたである。そもそも、簡裁における訴訟は、本人が訴訟を行うことを前提としている点を思い出してほしい。

　民事訴訟法第270条に、簡易裁判所の手続の特色の定めがある。

民事訴訟法

> 第270条　簡易裁判所においては、簡易な手続により迅速に紛争を解決するものとする。

　したがって、司法書士についても、厳格な研修や難易度の高い試験が要求される司法書士特別研修制度がそもそも必要なのかの疑念を拭い去れない。

　この点につき、拙著『**司法の病巣　弁護士法72条を切る（花伝社）**』に「**簡易裁判所における　隣接士業の訴訟代理権は必要か**」と題し、簡易裁判所の本来の役割における代理業務に関して記しているので、抜粋を紹介しておこう。特に、弁護士と隣接法律専門職の関係を、医者と患者の例にたとえた論旨展開は、一般に理解されやすいものと自負している。

（前略）

　当初簡易裁判所が設置されたのは、「地域住民のための日常事件を扱う裁判所」として、通常の地方裁判所とは異なった独自の機能を持たせるはずだった。しかし、実際には小型の地方裁判所と化してしまっている。それゆえ、本来は特殊専門的な知識と技術は必要とされない簡裁事件でも、不法行為や、損害賠償事件等、熟達の弁護士でもてこずるような内容もある。そうすると簡裁事件は単純・一様であるとばかりは言えず、隣接士業に訴訟代理権を承認するにしても、それ相応の慎重さが要求されるのではないか、という問題である。

　まず現状の、小型の地方裁判所と化してしまっている簡易裁判所のあり方を是認して放置するということは許されないと考える。簡易裁判所の本来の設置目的である「簡易な手続きにより迅速に紛争を解決する（民訴270条）」という制定趣旨に沿い、「通常の地方裁判所とは異なった独自の機能を持たせる裁判所」としての位置付けに軌道修正すべきなのだ。

　本来、簡裁事件は弁護士がいなくても行うことができるのだ。弁護士がいなくても裁判官はちゃんと国民を相手にしてくれるのだが、多くの人は法律を知らないと裁判が戦えないと思っているふしがある。実際は、裁判官が法律を知っているから、本人が法律を熟知していなくてもかまわないのだ。

　このような話もある。簡裁における金銭消費貸借事件で、一方の当事者が弁護士をつけずに裁判に臨んだ。裁判官がこの人に弁護士をつけるようすすめると、弁護士を雇う金がないという理由でこの人はこれを拒否し、審理が始まった。しかし、この人は訴訟の進め方は全くの素人であったため、しばしば裁判官が説明をしなければならない。そのうちとうとう裁判官はやっていられなくなり、相手方の弁護士に和解をするよう圧力をかけたとのことだ。

　このようなケースはしばしば起こっており、簡裁における訴訟で弁護士に訴訟代理を依頼することの意味が失われつつあるといえるのではないか。

　確かに、簡裁において難解な事件が扱われることも皆無とはいえない。

しかし、そうしたものまで隣接士業に行わせることは誰も要求していないのだ。例えば、ちょっとした擦り傷ができた場合には誰も病院へ行こうとは思わず、自分で何とかしようと考えるだろう。一方深い傷を負って出血が止まらないような場合には誰しも自分で何とかしようとは思わず、速やかに病院へ行くだろう。このように、自分（本人）で何とかなるものは自ら処理し、自分の手に負えないものであれば然るべき者に委ねるのは理の当然である。簡裁における訴訟も同様だ。隣接士業の手に負えない案件であれば、当然弁護士に委ねることになるだろう。

したがって、**簡易裁判所の異常な状態を常態として、それに見合う本来必要とされる能力以上のものを要求し、それを理由に、隣接士業の訴訟代理権を否定することは排除の理論としか言えないであろう。**

逆に、法律全般を扱う弁護士ではなく、特定の法律の専門家だからこそ適切な問題解決を計ることができる場合もある。例えば、社会保険労務士の専門分野である、労働関係諸法令に精通している弁護士は全国でも余り多くないと聞く。それ故に、特別法である労働基準法の規定に気づかず、何でも一般法である民法の規定に拠って問題を処理する弁護士も少なくない。これでは司法制度が十分に活用されているとはいえないだろう。

具体例をあげると、労働基準法第19条では、労働者が業務上災害で負った負傷等の療養のため休業している場合には、その休業期間中及びその後30日間の解雇を制限している。この規定にもかかわらず、筆者の顧客先の顧問弁護士は、この休業期間中に解雇を通告する内容証明郵便を送るよう指導するといったことがあった。もちろんこれは打ち切り補償を支払うなどの例外的な事情があったものではない。ややこれは極端な例ではあるが、実際、こうした事例はよく見受けられるようだ。やはり「餅は餅屋」というように特定の法律については、その専門家である法律家に委ねるということも考慮されるべきだ。

（後略）

出典　拙著『司法の病巣　弁護士法72条を切る』花伝社　131ページより

（6）「社会保険労務士裁判外紛争解決手続代理業務能力担保措置検討会」は役割を果たしているのか

①過去の国会議事録が引用されていない

　これまで何度となく指摘してきたが、今法改正について平成10年以降の社労士法改正の沿革から議論がされなければ、正しい検討がなされないことがお分かりいただけたと思う。しかし検討会では、まったくその点につき触れられていない。

　第142回国会、第154回国会、第155回国会、の法制定趣旨、委員の発言内容等を勘案して検討すべきであった。

②「あっせん」と「和解」が分離されていることへの質疑が不十分

　平成14年法改正の「あっせん代理」につき通達で「あっせん」と「和解」が分離されていることへの質疑が極めて不十分である。

　「第3章　今改正に至るまでの経緯」の項で触れたが、草案で「近年の社会経済情勢の著しい変化と労働者の働き方や就業意識の多様化の進展等に伴い、社会保険労務士の行う業務の公共性、専門性及び重要性が増大していることにかんがみ、国民の利便性の向上に資するとともに、信頼される社会保険労務士制度を確立する」ための施策のひとつとして、「個別労働関係紛争に関して、紛争調整委員会におけるあっせんについて、紛争の当事者を代理することを社会保険労務士の業務に加える」が盛り込まれている。しかしその後出された、厚生労働省の通達で大幅に制限され、あっせん代理の実態は、当初想定されていたものと大きくかけ離れた内容となった。

　この点につき、検討会委員があっせん代理のあり方に首をかしげ、通達を出した張本人の行政が「使い勝手が悪い」と発言し、法的に義務はないものの、通達に拘束される側の社労士連合会も「このあり方がおかしい」と述べている。つまり、平成14年のあっせん代理について検討会ではそれぞれの立場の人たちが、すべておかしいとの共通な認識の上に立っている。このように、おかしいままで代理が運用されていた事実につき、検討会がそうなったいきさつを究明していないことは、社労士会の一般会員にとって不可解極

まりない。

　平成17年の改正は、極論を言えば、この**「使い勝手の悪い代理」**が**「本来の代理」**に戻っただけのことである。にもかかわらず、本来の代理を行うために能力担保措置が行われることになった。

　また別の言い方をすれば、能力担保措置の付加は、「紛争解決手続代理業務の拡大」の一方、会員に対する経済的（決して安くない受講料、つまり受益者負担）及び、時間的な拘束（業務を中断して参加しなければならない）という負荷でもある。こうした、デメリットを甘受しなければならない会員に対して、次のステップに進むためには、検討会の場でそもそもの元凶である「あっせん」と「和解」が分離された経緯を解明するのが筋である。

　くわえて、今法改正でも、なぜあっせん期日以外の場外における和解契約の締結が、弁護士法第72条に抵触し行えないとしたのか、検討会は究明しなければならない。再び使い勝手の悪さで、法改正をしなければならない状態となるのは、国民にとっても士業者にとっても得策ではないはずである。

第1回　社会保険労務士裁判外紛争解決手続代理業務能力担保措置検討会
平成17年1月28日　議事録

①首をかしげる鵜飼委員
鵜飼委員　期日においてあっせんを受託しますね。和解を成立させますよね。その代理はできないのですか。
森岡課長　今はできません。それから、あっせんの期日の間にお互いに連絡を取ってください、というようなこともできないということで、非常に使いにくい部分がございます。
鵜飼委員　あっせん案が出るとしますね。それを受けましょうとなると、いろいろ調整しますね。こういう内容で合意しましょうとなったときに、その代理もできないんですか。
森岡課長　あっせんの期日において受諾するということの代理はできますが、受諾に基づいて和解契約を結びますというところになると、できないんです。
鵜飼委員　あっせんは、言い分を言い合って、お互いに譲歩しあって、こ

ういう形で合意しましょうということで、それがあっせんですね。合意内容を固めますね。その代理はできないんですか。
森岡課長 固めてあっせん案を受諾するというところまでが代理です。
渡辺座長 社会保険労務士があっせん代理をしても、当事者がハンコを押さないとだめ。
鵜飼委員 サポートするだけですか。

②使い勝手が悪いと、厚生労働省森岡課長
森岡課長 広がるといいますが、現在のあっせん代理の範囲そのものがいろいろ14年の法改正の調整中で、あっせんを開く期日の時だけしか代理ができません。したがって、あっせん案として提示されたものについて、お互いが合意しました、合意に基づいて和解契約を結びましょう、というときになると代理はできません。
鵜飼委員 期日においてあっせんを受託しますね。和解を成立させますよね。その代理はできないのですか。
森岡課長 今はできません。それから、あっせんの期日の間にお互いに連絡を取ってください、というようなこともできないということで、非常に使いにくい部分がございます。

③おかしなあっせん代理だと、社労士連合会中井委員
中井委員 あっせん代理につきましては、平成14年の社会保険労務士法の改正によって15年4月からあっせん代理ができるようになりました。ただ、私どもとしてはこの司法制度改革で問題でと言っていたのは、実際には極めて限定された代理であって、そのあっせんが終わった途端に代理は終わって、和解契約の締結はできない。それはおかしいと言っておりまして、そんなことが書いてございます。

③国会答弁のための検討会か
　検討会の議事録、及び第162回国会の議事録を読み込むに、検討会はどこを向いて検討しているのかを問いたくなる発言が散見される。もっとはっ

きり言うのなら、連合会、厚生労働省、議長の間で、何らかの事前協議が行われている節が見受けられるのは気のせいだろうか。

　第2回の検討会では、厚生労働省の穴井補佐があえて言わなくてもよい発言で本音を吐露しているように受け取れる部分があり、また、中間報告の中身について、中井委員が厚生労働省の意向を問う場面がある。さらに、連合会の法改正前に行われた司法研修に出席した者の優遇措置について、渡辺座長や厚生労働省森岡課長が中井委員の発言を擁護しているふうに見受けられる点がある。さらに、国会の質疑にも何らかの力学（はっきり言えば、やらせ）が働いているように読める。

　仮に、事前協議があり、さらに何らかの取り決めがあったとするならば、検討会は世間に対するポーズであり、真理が議論される場とは程遠いものといえよう。

第2回検討会では、穴井補佐が本音？

　中井委員が行った、委員会の取りまとめの方向についての問いに対し、
穴井補佐答弁　しっかりした討論会で討論していただいておりますという点。つまり、行政が連合会と手を結んでごまかしているのではありません、しっかりとした検討会で検討していただいています、という程度です。

第3回検討会でまとめる中間報告は、厚生労働省の役人の答弁のためのものなのか？
渡辺座長　国会の審議で答弁席に立つのは厚生労働省の方でしょうが、この程度のものでよろしいのですか。もうちょっと詳しいほうがいいのでしょうか。

第5回検討会　森岡課長、渡辺議長、国会答弁を盾に連合会擁護
森岡課長　国会の審議の過程の中で、研修をしっかりやりなさいということを言われて、付帯決議にも書いていただいた。一方、社労士の方は忙しいのだから、ある程度皆が受けられるような形にしてやってくれという先生もおられて、例えば土日にやるとか、配慮したいというような答弁をさ

せていただいています。

その中で、第1ステージ、第2ステージを受けた人について何らかの考慮がされるのかという質問をされた先生もおられます。それについては、この検討会の場において検討いただくことになるけれどもということで、一切それは別ですよという考えであるという答えはさせていただいてなくて、それはあり得るという含み、前提で答えさせていただいているという状況です。

そういう意味で行政として考えれば、今回やる研修とすでにやった研修で合致するところについては、やはり免除的なものもあり得るのかなと思っています。一方、権限と倫理のところについては、今回で非常に重くなっているはずでございまして、ここについて本当に一致しているのかと言われると、確かにそこはたぶん違うということもあろうかと思うんです。

渡辺座長 国会での答弁もそういう含みもあったということですので、免除の余地を考えるということで、弁護士の先生のバリアを少し低くしていただいて。

さらに、ここで取沙汰された、国会での質問とそれに対する答弁を見ていこう。

検討会でのやり取りと、橋元委員の背景に、意図的なものを感じるのは極自然な解釈だと思うがいかがであろうか。

第162回国会　衆議院　厚生労働委員会　第26号
　　　　　　　　　　　　　　　　平成17年6月8日　議事録

橋本（清）委員 そういったところで、代理権付与についての能力担保研修、そして試験の方もお答えいただいたんですけれども、私ちょっと疑問に思うのは、この第1ステージ、第2ステージを終わられた方々と、代理権の付与についての能力担保研修をお受けになる方々との、第1ステージ、第2ステージを受けたことによるメリットみたいなことというのは何かあるんですか。

> **青木（豊）政府参考人** 第1ステージ、第2ステージということで連合会側も既に実施している司法研修でありますが、これは、先ほども申し上げましたように、社会保険労務士のいわば法律的な能力を高めようということで自主的に連合会が始められたものであります。しかし、そのねらいとするところが、紛争解決の実務的な能力を高めることを意図として始められた、設定されているということで、その行っている研修の中身でありますとかそういうのを拝見しますと、今般の能力担保措置で求められている事項に非常に関係が深い、共通性が相当あるのではないかと思われます。
> 　能力担保措置の内容については、現在、社会保険労務士会連合会の中の検討会でどうしようかということで検討し、中間報告も出て、秋までにきちんと最終報告をまとめるということでありますので、これからということでありますが、この第1ステージ、第2ステージについての評価をどうするのかということは一つ考えなきゃいけない問題であろう。秋に出て、私どもが研修内容はこうだというふうに決めるときには、その中身とこの第1ステージ、第2ステージの中身というものも精査をして、どう評価できるのか、評価できないのか、そういうことを検討する必要があるだろうというふうに思っております。

　仮に、こうした第162回国会の中身を重視するのであれば、それ以前の社労士の力量が評価された国会の質疑も同様に重視されるべきで、こうした整合性にかける能力担保措置のあり方から見直されるべきだと考える。

④能力担保措置緩和に向けた、検討会の設置

　これまでみてきたとおり、本来、この程度のあっせんの手続の代理や調停の手続の代理に、不服申立ての代理権を持つ社労士に過重な能力担保措置を求めること自体に無理がある。したがって研修や試験は、本代理を行うための最低限の範囲とし、既得権を経過措置として盛り込むことを強く要望するものである。

　くわえて、附則第4条の、法律施行後5年経過時に検討される、紛争解決手続代理業務にかかる制度の見直しに向け、今度こそ正しい検討が加えら

れるよう、既存の検討会が解散した後も、迅速な紛争解決による国民の利便性に寄与すべく、担保措置緩和を目指しあらたな検討会設置を提案するものである。

> **改正法　附則第4条**
>
> 　政府は、この法律の施行後5年を経過した場合において、この法律の施行の状況等を勘案し、新法第2条第2項に規定する紛争解決手続代理業務に係る制度について検討を加え、必要があると認めるときは、その結果に基づいて所要の措置を講ずるものとする。

(7) 社労士法第23条撤廃について

　本改正法により、労働争議に対する不介入条項であった、社労士法第23条が撤廃されたが、これにより何が変わったかを考えなければならない。

　「社労士が、これまでできなかった労働争議に介入できるようになった」と単純に解釈するのは、早計である。それというのも、第23条が撤廃されても弁護士法第72条の存在により、社労士が相対交渉をすることは依然、制限されているからである。したがって、これを撤廃したからといって、職域が拡大するということではなく、あまり意味があることではない。

　それは「仮に争議行為が発生して、あるいはまた発生するおそれがある、そういう状態において、当事者の一方の行う争議行為の対策の検討でありますとか、その決定等に参与するような相談、あるいは指導業務を行うことができる」というだけのことであり、参議院では国務大臣が、衆議院でも政府参考人がその旨述べている。

第162回国会　参議院　厚生労働委員会　第12号
平成17年4月7日　議事録

> 政府参考人（青木豊君）　社会保険労務士が使用者の代理人として団体交渉を行うことにつきましては、社会保険労務士の業務に含まれないということであります。そういうことから、このような行為を業務として行うこ

とはできないというふうに考えております。

　また、その弁護士法七十二条違反となるか否かについては、その事案が法律事件である場合であって、業として報酬を受けて、一つは当事者の代理人となること、もう一つは適正な手続や弁護士との協力体制を整えない状況で当事者の間に立って交渉の妥結のためにあっせん等の関与をするということ、そういったことについては行うことができないというふうに考えております。

国務大臣（尾辻秀久君）　労働争議不介入規定の削除をいたしました。その結果、社会保険労務士は、争議行為が発生いたしまして、あるいはまた発生するおそれがある状態におきまして、当事者の一方の行う争議行為の対策の検討、決定等に参与するような相談・指導業務を行うことが、これはできることになりますけれども、労働争議の団体交渉において一方当事者の代理人となることについては、この相談・援助業務に含まれませんから、社会保険労務士の業務として行うことはできないものでございます。

第162回国会　衆議院　厚生労働委員会　第26号
　　　　　　　　　　　　　　　平成17年6月8日　議事録

五島委員　一時間十分の時間をもらったんですが、あと十分ほどしか時間がなくなりましたので、次の大きな問題に移りたいと思います。

　今回、いわゆる二十三条問題、労働争議不介入という規定が削除されることになりました。これが削除されたことによって一体どういうふうなことができるようになったのか、具体的にお教えいただきたい。基準局長。

青木（豊）政府参考人　二十三条は、社会保険労務士の労働争議不介入の規定、介入禁止規定でありますが、これが削除されるということになりますと、社会保険労務士は、仮に争議行為が発生して、あるいはまた発生するおそれがある、そういう状態において、当事者の一方の行う争議行為の対策の検討でありますとか、その決定等に参与するような相談、あるいは指導業務を行うことができることとなります。

　しかし、当事者の一方を代表して相手方との折衝に当たる、あるいは当

事者の間に立って交渉の妥結のためにあっせん等の関与をなすことについて、これらにつきまして業として報酬を得て行うことは、また弁護士法七十二条に抵触することになりますので、その部分については、この削除があっても引き続き行うことはできないというものだと考えております。

五島委員 経営側が社労士さんに対して紛争が起こった場合に相談することはいいですよということですね。しかし、労使交渉そのものの一方の代理人にはなれませんということをおっしゃっているわけですね。

その場合に、例えば団体交渉その他の席上に社労士さんが出席をして、そして、経営側なり、労働側に雇われることがあるかどうかわかりませんが、労働側と一緒になって交渉の席に臨み、いろいろアドバイスをしていくということは認められるんですか。

青木（豊）政府参考人 現行法の二十三条で禁止されております行為というのは、一つは、争議行為中の場合であるということであります。もう一つは、その行為が労働争議に影響を与えるものである、この二つの要件を充足した場合であります。

したがって、まず、労使交渉といいますか団体交渉といいますか、いわゆる団体交渉ではなくて通常の交渉といいましても、それが労使間の平和時において交渉をしているというようなものについては、現行法においても当事者となって交渉するというのは差し支えないというふうに考えております。

しかし、労働争議行為中の場合におきましては、現行法の二十三条を削除した後も、業として報酬を受けて、当事者の代理人となるとかあるいは交渉の妥結のためにあっせん等の関与をなすことについては、相変わらず行うことはできないというふうに考えられますので、そういう場合の団体交渉に使用者と同席しまして、使用者を助けて団体交渉を代理するというのは、社労士業務には含まれないというふうに考えております。

五島委員 そうしますと、団体交渉は社労士の業務に含まれないという話ですが、平和時の団体交渉なら含まれるわけですか。もう一回、そこだけ簡単にお答えください。

青木（豊）政府参考人 現行法におきましても、労使間の平和時において

交渉するというのは、委任を受けて当事者となって交渉するのであれば差し支えないというふうに考えております。

五島委員 平和時と紛争時と一体どこで区別をつけるのか、私にはわからないので、一番それを日常的に切った張ったやっておられる連合の長谷川さん、一体、平和時と紛争時と言われて、労働組合としてわかりますか、教えてください。

長谷川参考人 先生の御質問ですが、非常に難しいと思いますね。

平和時に、労働組合が要求書を提出して使用者と交渉している。例えば賃金を引き上げるという交渉をしている。平和時に交渉しているけれども、それがだんだん、交渉がスムーズに解決すれば、それは平和裏に解決したということになりますけれども、賃金交渉がうまくいかなくなってきたときに、労働組合はやはりストライキを構えたりとか、そういうことをするわけですね。そういう意味では、平和時と平和時じゃないところの境目は非常にグレーだというふうに思っております。

五島委員 そのとおりだろうと思うんですね。私は、ストライキになれば平和時じゃないというのは子供でもわかるので、いいわけですよ。だけれども、例えば交渉について労働組合がどのように要求して会議をやってもゼロ回答が続くという状態の場合に、平和時というのかどうか。逆に、事業主の側からいえば、きょうも交渉した、解決していないからあしたもやってくれということを穏やかに、しかしまじめに連日の交渉を求められたとき、それは平和時なのか、紛争時なのか。

だから、紛争時というのは、例えば地労委に上がってしまったとか、ストライキに入っているときとかいうのはわかるわけですけれども、そこのところを少しきちっと整理しておかないと、僕は混乱の原因になると思うんです。その辺は、例えば今回、この二十三条の削除を受けて、そこのところがある意味においては一部解禁になる、社労士会はどういうふうに理解しておられますか。

大槻参考人 そもそも、労使関係というのは労働条件を対等の立場で決定する、団体交渉というのはその集団的解決の一つの方法だと思います。団体交渉が積み上げられていって、妥結、いわゆる対等な立場で決まった、

こういうことになろうかと思います。したがいまして、団体交渉が平和時であるとか平和時でないとかというよりも、集団的労使関係を円滑に解決する一つの方法である。

　したがいまして、社会保険労務士としましては、従来、二十三条の解釈は、労働関係調整法の七条に争議行為というのがございますが、いわゆるストライキ、そういったところへ関与したりすることは禁止されておりました。そういう意味では、そのことがなくなったということでございまして、私ども社会保険労務士の本来業務は労務管理でございます。労務管理の中には労使関係管理をきちっとやることも入っておりますので、従来の業務をそのまま遂行していくというふうに理解しておりますので、とにかく、火に油を注ぐようなことのないように今後もやっていきたい、こう思っております。

　最後に連合会会長が述べている内容は、一体何を目しているのか皆目見当がつかないのは、当職だけであろうか。

(8) 厚生労働省の社労士に対する権限を制約

①立法趣旨を省みない不当な通達で権限を制約

　三権分立とは何か。それは国家の権力を区別し、それらを異なった機関に担当させ、相互に牽制させることにより国民の基本的権利を保障しようとする政治組織の原理である。一般には立法・行政・司法の三権に分けることから三権分立制と呼んでおり、他の機関が暴走しないよう、政治権力を1ヵ所に集中させず三権を分け、それらを異なる集団または個人に与えることにより、互いに抑制と均衡を働かせ、民主主義の実現をはかっているのである。

　したがって、立法趣旨は十分尊重されるべきで、曲解した行政通達は三権分立の原理に外れる。

　平成14年社労士法改正における、あっせん代理の行政通達はまさにこれであるといえよう。

　何度となく繰り返すが、平成14年の社労士法改正は、草案に「**近年の社**

会経済情勢の著しい変化と労働者の働き方や就業意識の多様化の進展等に伴い、社会保険労務士の行う業務の公共性、専門性及び重要性が増大していることにかんがみ、国民の利便性の向上に資するとともに、信頼される社会保険労務士制度を確立する」ための施策のひとつとして、「個別労働関係紛争に関して、紛争調整委員会におけるあっせんについて、紛争の当事者を代理することを社会保険労務士の業務に加える」が盛り込まれていたのである。
それにもかかわらずあっせん代理は、通達で大幅に制限され国民の利便性向上とはかけ離れたものとなった。

　このように立法趣旨が生かされていない通達の実施について、本来ならば、権利を不当に制限された全国社会保険労務士会連合会が、その旨の主張をすべきであるが、残念ながら当事者能力の乏しい同会では、会員の利益を擁護することもできず、なし崩し的に権利が制限された。

　こうなった背景には、厚生労働省の社会保険労務士に対する位置づけがあると考える。一言で言えば、厚生労働省にとって、社会保険労務士に弁護士に次ぐような権限をもたせては、「やりにくい」。ただそれだけなのである。現在も、行政協力と称して、「労働社会保険の未適事業所への適用促進」「労働保険の算定協力」「社労士試験の実施事務」等、社労士は会を上げて行政の手足となり、活動する場面の多いことがそれを如実に物語る。

　いみじくも、社労士法第1条に、この位置づけが表れている。「法令の円滑な実施に寄与すること」が第一義であり、「事業の健全な発達と労働者等の福祉の向上に資すること」はその次なのである。

　他の士業の目的を見てみると、いかに社労士が行政よりで、行政の下に位置づけられているかがお分かりいただけるだろう。他士業では、「法令の円滑な実施に寄与する」との文言が目的に見られない。思うに、こうした上下関係の意識改革からしないと、社労士は行政の不当で恣意的な管理体制の下から脱却できないのかもしれない。

　だからといって、立法趣旨にそぐわない通達での権限制約は、三権分立の根幹をゆるがす大問題であり、これが許されて良いはずはない。

> <社会保険労務士法>
> 第1条　この法律は、社会保険労務士の制度を定めて、その業務の適正を図り、もって労働及び社会保険に関する法令の円滑な実施に寄与するとともに、事業の健全な発達と労働者等の福祉の向上に資することを目的とする。
>
> <弁護士法>
> 第1条　弁護士は、基本的人権を擁護し、社会正義を実現することを使命とする。
> 　2　弁護士は、前項の使命に基き、誠実にその職務を行い、社会秩序の維持及び法律制度の改善に努力しなければならない。
>
> <司法書士法>
> 第1条　この法律は、司法書士の制度を定め、その業務の適正を図ることにより、登記、供託及び訴訟等に関する手続の適正かつ円滑な実施に資し、もつて国民の権利の保護に寄与することを目的とする。
>
> <税理士法>
> 第1条　税理士は、税務に関する専門家として、独立した公正な立場において、申告納税制度の理念にそって、納税義務者の信頼にこたえ、租税に関する法令に規定された納税義務の適正な実現を図ることを使命とする。
>
> <弁理士法>
> 第1条　この法律は、弁理士の制度を定め、その業務の適正を図ることにより、工業所有権の適正な保護及び利用の促進等に寄与し、もって経済及び産業の発展に資することを目的とする。

②厚生労働省から連合への天下り体質

　社労士会連合会には、厚生労働省からの天下り職員が配属されており、そ

の報酬は一人につき一千数百万円と聞いている。この天下りが、社労士を代表する連合会にとって、効果的に機能していればなんら問題はないのだが、これまでの経緯を見るに、天下り職員は会員の会費から報酬を受けているにもかかわらず、行政側を向いて仕事をしているように思えてならない。社労士全体の権益をはかり、社労士の社会的地位向上に資することができなければ、会員にとって厚生労働省から役員を迎える意味はないだろう。

　少々古いが、平成10年の第142回国会で天下りについての質問があるので、参考までに紹介する。

第142回国会　参議院　労働・社会政策委員会　第17号
平成10年4月23日　議事録

吉川春子君　社会保険労務士の国民の権利に関する重要な仕事が、こういう件数でも示されていますけれども、ふえることになると思うんです。

　それと、もう一つ私が伺いたいのは、社労士業務といいますか、社労士会の自主性を保つということもこの仕事を守っていく上で必要だろうと思うんです。

　先ほども同僚委員から質問がありました行政府からの天下りの点を伺いたいんですが、こういうことによって自主性が阻害されてはならないということは当然だと思います。労働省出身に限りますが、社労士会への天下りの実情、それから支払われている報酬等について具体的にお示しをいただきたいと思います。

政府委員（渡邊信君）　社会保険労務士会連合会に勤務しております役職員は全部で二十七名でございますが、そのうち会長一名と専務理事二名、職員二名、計五名が、これは厚生省も含みますが、厚生労働行政のOBということになっております。

　役員の報酬ですが、会長は無給でございまして、また専務理事の年収がいずれも約一千五百万円程度というふうに聞いております。

吉川春子君　そのほか、事務局長、総務部長、千三百万、千二百万という報酬なんです。

　ちょっと時間の関係で縮めて質問をいたしますけれども、九五年に連合

会に設けられました雇用保険コンサルティング事業部長というポストがあるそうですが、これも労働省からの天下り人事と聞いています。どんなお仕事をされているのでしょうか。

政府委員（征矢紀臣君） 雇用保険関係のコンサルティング事業、これを全国社会保険労務士会連合会に委託をいたしておりますが、これにつきましては、先生御承知のように雇用保険制度が最近相当幅広くなっておりまして、最近の法律改正で雇用継続給付制度あるいは育児休業給付制度、あるいは雇用保険三事業の各種給付金など、また、今国会におきましても教育訓練給付とか介護休業給付制度をおつくりいただいたわけでございますが、こういう雇用保険制度についての的確な周知を行ってその活用促進を図っていくということがますます必要になっておりまして、そういう観点から、その一環として御指摘の雇用保険コンサルティング事業を全国社会保険労務士会連合会に委託をいたしているところでございます。

特にその理由といたしましては、社会保険労務士の方々は雇用保険制度について専門的な知識を持っておられるわけでございます。かつ、特にこの制度の周知が必要な中小企業、零細企業、そういうところの事業主の方々と接点を持っておられまして、そういう意味からこの制度の活用をお願いしているところであります。

（9）連合会は会の代表である

①連合会は、全体の権益を考える立場にある

わたしたち社労士は、社労士会連合会への加入を条件に、初めてその業が行える。つまり、社労士会連合会へは強制加入なのであり、社労士の仕事がしたければ、いや応なしに、会員にならなければならないのである。

したがって、連合会の責務は会全体の底上げであり、一部の会員に特権を与え、優遇させるものであってはならない。くわえて、本法改正にあっては、ＡＤＲ制度を実効的なものにし、真に社労士が労使紛争の解決に役立ち、社労士の社会的地位の向上を図るために、将来展望に立った公平な立場で、多くの優秀な特定社会保険労務士を育成していくことであろう。

5章　今回の社労士法改正の問題点

　そのためには、特定社労士の能力担保研修および認定試験は公平であるべきである。司法研修を受講した数 3,600 人のために、全国で活躍している残りの約 26,000 人の社労士が泣くことはあってはならない。

　まず「3,600 人の司法研修受講者に研修免除を行う」ことはせず、「法の下の平等」という観点から希望者全員に対して、同じ条件で研修を行う。その研修内容は、研修カリキュラムを修了することで能力担保が可能となるべく充実させる必要がある。

　会員を公平に扱うことは、社労士会連合会の当然の責務である。情報公開がされず、なし崩し的に「自己研鑽が目的の研修」を「能力担保措置研修」に変更することは、連合会としての職責を全うしておらず、著しく信義則に反している。

　司法研修受講者に一部研修免除することは、理解に苦しむ代理制限を行うとする本法改正を認めさせるにあたってのひきかえとして、行政から連合会に提示された条件と推察される。平成 10 年の法改正同様、飴と鞭の関係にあるのだ。（ちなみに、平成 10 年の飴は「**不服申立ての代理権**」であり、**鞭は**「**社労士試験の事務委託**」である。）

　そうでなければ、全体の権益を考えるはずのしかも生抜きの連合会会長がこのような考えを容認するはずがない。

　月刊社会保険労務士 2005 年 7 月号に、平成 17 年度通常総会の議事録が掲載されているが、10 ページに司法研修（第 1 ステージと第 2 ステージ）と能力担保措置の関係について、中井専務理事と大槻会長が回答している。

平成 17 年度　全国社会保険労務士会連合会通常総会
　　　　　　　　　　　　　平成 17 年 6 月 24 日（於：東京会館）

▼平沢代議員（長野会）　今年度については、司法研修会の予算が組まれていないが、今後の検討の中で補正予算を組んででも行っていただきたい。また、司法研修と能力担保措置の関係についてお伺いしたい。
▽中井専務理事　能力担保措置の研修、試験を行うので、司法研修については行う予定はない。平成 19 年 4 月から代理業務ができるように、能力担保措置の研修、試験を行うということで進めていきたい。司法研修と能

力担保措置の関係については、そもそも第1ステージ、第2ステージはあくまでも社会保険労務士の法律的な能力を高めるためのもので、能力担保措置を想定せずに作っている。能力担保措置ということが出てきたのは去年の秋である。能力担保措置を条件で、われわれにADRの代理が拡大できることになった。

　ただ、そうは言っても第1ステージ、特に第2ステージの目的は、あくまでわれわれがADR代理業務を行うための研修であり、内容も日弁連の法務研究財団に研究委託して相当煮詰めたものだ。それを能力担保措置の中で何らかの評価をしてもらいたいと言っている。厚生労働省にも言っており、この前の衆議院の厚生労働委員会の中でも、そういう議論が出ており、厚生労働省も検討するという局長の答弁もあるので、可能性としてなくなったわけではない。そういう努力をして、何とか能力担保措置の研修の一部に取り込むことができるように、鋭意やっていきたいと考えている。

▽**大槻会長**　司法研修を受けたことに対して、どのように扱うかということについて、これはいま結論を出すわけには行かないが、あの司法研修は、時間といい、費用といい、エネルギーといい、またそのカリキュラムは日弁連の財団にわれわれがADRに参加するのにふさわしいカリキュラムということでお願いしたものである。あの内容は、実のあるものとして評価すべきであり、能力担保措置として、司法研修とイコールとするものだということで、今後ともその評価をしてもらう、ということで進めたい。

②会員に対して公平な情報開示がされていない

　従前行われた司法研修が、本改正法の能力担保措置として、一部研修が免除されるということにつき、会員に対して公平な情報開示がされていないことは、「本章（4）第1ステージ・第2ステージ受講者の優遇は不公平」の項で触れたとおりである。

　さらにこの点につき、第5回能力担保措置検討会で、馬橋委員がダイレクトに質問している。その質問に対し、連合会中井委員は、「それは割り切ってこちらで決めないと」とゴリ押しをしている。回答にも何にもなっておらず、連合会の認識がいかに身勝手で、一般会員のことを考えていないかが分

かる。この5日前に行われた、前掲平成17年度社労士会連合会通常総会での中井委員の発言にある、「鋭意努力」する先は、一部の会員の権益ではなく、会員全体の権益であるべきだ。

こうした当然の職責を忘れて、何が何でも持論を押し通そうとする様は、傍目に見苦しい。

第5回　社会保険労務士裁判外紛争解決手続代理業務能力担保措置検討会　　　　　　　　　　　　　　平成17年6月29日　議事録

> 馬橋委員　受講しなかった人が、話が違うと言うんじゃないですか。だって、それが免除の要件になるなんて言ってない。
> 中井委員　もちろんそういう意見も当然出ています。それは分かっています。
> 馬橋委員　言ってくれれば自分だって出たのにということになる。
> 中井委員　そう言う人もいますが、そうではない人もいまして、いろいろいますから、それは割り切ってこちらで決めないとどうしようもないんです。

③法が適正に運用されていないことへの、指摘すべき義務を怠っている

「本章（8）厚生労働省の社労士に対する権限を制約」でも触れたが、法が立法趣旨とかけ離れて運用されていることに気がつけば、社労士会連合会は厚生労働省にその旨を指摘することができる立場にある。そもそも通達とは「上級行政庁が法の解釈や行政の運用方針などについて、下級行政庁に対してなす命令ないし指令」であり（国家行政組織法14条2項）、行政組織の内部では拘束力はもつが、国民に対して拘束力をもつ法規ではなく、裁判所もそれに拘束されない性格を有する。

連合会には、法が適正に運用されていない場合、行政に指摘すべき義務があると考える。それというのも、連合会は会を代表して、会の不利益に対峙することもその重要な職責の一つであり、それゆえ会員は毎年高い会費を払っているのである。けっして、連合会役員の生活を潤わすためではない。

社労士法第25条の38には、連合会の意見申出が職務として記されている。が、今回の一連の流れを見るに、誰の眼からしても連合会が同条を誠実に履行しているとは映らない。

社会保険労務士法

> （意見の申出）
> 第25条の38　連合会は、厚生労働大臣に対し、社会保険労務士の制度の改善に関する意見又は社会保険労務士の業務を通じて得られた労働社会保険諸法令の運営の改善に関する意見を申し出ることができる。

④過去の法改正との整合性を主張していない

　今法改正前に、本来連合会が「鋭意努力」して主張しなければならなかったことは、過去の法改正の経緯から、あっせんの手続の代理や調停の手続の代理において、社労士に能力担保措置が必要であったかどうかである。訴訟代理とは異なり、しかも民間型ADRにあっては少額訴訟の訴額内での代理に、厳格な能力担保措置を課すこと自体、ADRの精神、規制緩和の流れから逆行していることを強く主張すべきであったのだ。

　なにより社会保険労務士は、限定された「あっせんの手続の代理や調停の手続の代理」より数段難しいとされる、不服申立ての代理ができる士業者なのである。連合会が社会保険労務士という資格に誇りを持っているならば、終始一貫してこれを主張すべきであったにもかかわらず、能力担保措置検討会においてこうした議論が全くされていないことが実に情けない。

6章 検証から見えるもの

(1) 問題点の横断

　これまで、平成10年から本改正に至るまでの、社労士法改正に係る「**国会議事録**」ならびに、「**社会保険労務士裁判外紛争解決手続代理業務能力担保措置検討会の議事録**」、そして「**当職の意見書**」等から、本法改正の背景と問題点を詳細に指摘してきた。ここにあらためて、連合会、連合会以外の能力担保措置検討会委員、行政、国会議員といったそれぞれの立場から重点発言の横断整理を行う。

項目	連合会の認識等	連合会以外の検討会委員の認識等	厚生労働省の認識等	国会議員の質問等
1　不服申立ての代理の評価	取り上げなし	取り上げなし	平成10年　評価あり　▼渡邊（信）政府委員　発足以来社労士の制度も三十年を経過しまして、不服申立ての代理を行う力量のある社労士がたくさん出てきている（第142回国会　衆議院　労働委員会）	平成10年　▼桝屋委員　本当に、今まで弁護士さんに全部任せたようなものを労務士さんが、審査請求、再審査請求、そこでちゃんと対応していただけるような体制なのかどうか（第142回国会　衆議院　労働委員会）
2　平成14年法改正のあっせん代理について	▼中井委員　おかしなあっせん代理（第1回能力担保措置検討会）	▼鵜飼委員　（前略）合意内容を固めますね。その代理はできないんですか？（第1回能力担保措置検討会）	▼厚生労働省森岡課長　使い勝手が悪い（第一回能力担保措置検討会）	▼狩野副大臣　紛争処理の法律事務に関して、社会保険労務士の有する専門性の活用を図ることが、紛争の解決の促進のために効果的（第154回国会　衆議院　厚労委員会）
	←―――（立法趣旨に反して、）おかしな代理との共通認識―――→			
3　従前の司法研修（第1ステージ・第2ステージ）のそもそもの位置づけ	▼中井委員　基本的には能力担保措置というものを、そもそも想定してやっているわけではないのです。（第1回能力担保措置検討会）	▼馬橋委員　講義したほうも、担保の対象になるとは思っていないと思う。（第5回能力担保措置検討会）	▼青木参考人　社会保険労務士のいわば法律的な能力を高めようということで自主的に連合会が始められたものであります。（第162回国会　衆議院　厚労委員会）	取り上げなし

247

4 司法研修受講者の一部研修免除について	▼中井委員 第1ステージ、特に第2ステージの目的は、あくまでわれわれがADR代理業務を行うための研修であり、内容も日弁連の法務研究財団に研究委託して相当煮詰めたものだ。それを能力担保措置の中で何らかの評価をしてもらいたいと言っている。(平成17年度社労士会連合会通常総会)	▼馬橋委員 第2ステージはあくまでも現行法時点でやっておられる労働局の個別紛争をテーマに取り上げているのであって、今回の新しいＡＤＲとか、相談ができるとか、そういう視点からの取り上げは全くやっていない。作ったぼくは、はっきり言いますがそんなことは考えてないです。 ▼馬橋委員 法律ができる前にやったことを入れるのはおかしいと思う。(いずれも第5回能力担保措置検討会)	▼青木参考人 能力担保措置の内容については、現在、社会保険労務士会連合会の中の検討会でどうしようかということで検討し、中間報告も出て、秋までにきちんと最終報告をまとめるということでありますので、これから、この第1ステージ、第2ステージについての評価をどうするのかということは一つ考えなきゃいけない問題であろう。(後略)(第162回国会 衆議院 厚労委員会)	▼橋本(清)委員 (前略)私ちょっと疑問に思うのは、この第1ステージ、第2ステージを終えられた方々と、代理権の付与についての能力担保研修をお受けになる方々との、第1ステージ、第2ステージを受けたことによるメリットみたいなことというのは何かあるんですか。(第162回国会 衆議院 厚労委員会)
5 研修優遇措置に関する情報開示の公平性について (中井委員→連合会専務理事) (馬橋委員→第2ステージのプロデュースに参画)	▼馬橋委員 受講しなかった人が、話が違うと言うんじゃないですか。だって、それが免除の要件になるなんて言ってない。 ▼中井委員 もちろんそういう意見も当然出ています。それは分かっています。 馬橋委員 言ってくれれば自分だって出たのにということになる。 ▼中井委員 そう言う人もいますが、そうではない人もいまして、いろいろいますから、それは割り切ってこちらで決めないとどうしようもないんです。 (第5回能力担保措置検討会)		取り上げなし	取り上げなし
6 既得権の経過措置による保護について	取り上げなし	取り上げなし	▼青木参考人 仮に制度としてあって、制度が併存して複雑になるのでこれをいろいろ周知して混乱を避けるということを努力いたしましても、そういうこととの意味合いでどれだけのメリットがあるのかなというのが正直なところでございます。(第162回国会 衆議院厚労委員会)	▼内山委員 (前略)あっせん代理が、その中でもやはりやっていた人もいるわけですよね。その人ができなくなるじゃないですか。二通りがあっても、それは選択肢によって、希望すれば特定社会保険労務士になって、希望しない人は従来のままでいいじゃないですか。省令でできるのであれば考えてほしいんですけれども。(後略)(第162回国会 衆議院 厚労委員会)

（2）今回の法改正で何が変わったのか

今回の法改正で、従前のあっせん代理と何が変わったのか、法文、通達、国会の議事録から流れ図を作成してみよう。

①平成14年改正の一般的なあっせん代理
（クライアントが期日に同席しなかった場合）

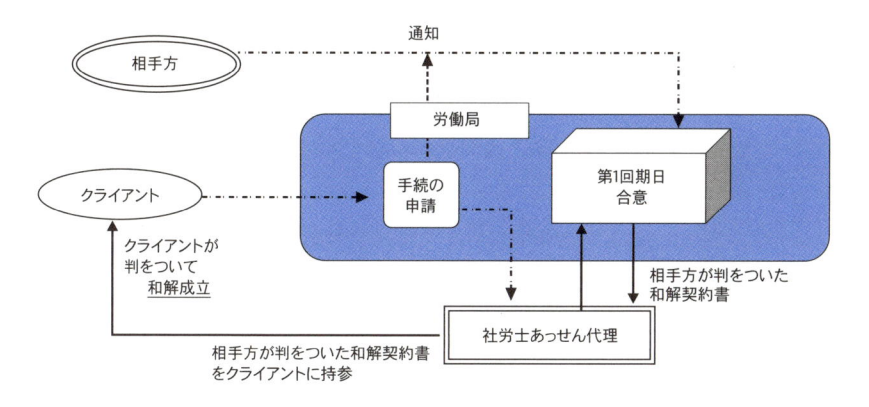

```
        通知
  相手方 -------→ 労働局 ←------・
                    ↓           ┊
                  手続の      第1回期日
  クライアント → 申請         合意
       ↑
  クライアントが              相手方が判をついた
  判をついて                  和解契約書
  和解成立        社労士あっせん代理
       ↑
  相手方が判をついた和解契約書
  をクライアントに持参
```

②今改正法における代理制限

次に今法改正で、第162回国会　参議院　厚生労働委員会で遠山委員が行った、4つの具体例をあげた質問に対し、政府参考人が示した脱法行為となる場合を図解する。

ケース1

遠山清彦君　まず一番最初に、受任をして直ちに相手方と交渉しほぼ合意ができたので、行政型又は民間紛争解決手続を申し立ててその第1回の期日で和解した場合、これが一番目です。

政府参考人（青木豊君）　まず一つ目の、受任して相手方とすぐ交渉して合意ができたということで、第1回期日で和解をするというものについては、その合意というのが申立て受理前の交渉によるものでありますので、これは二条三項二号、三号の範囲を超えるというものになると思います。（第162回国会議事録）

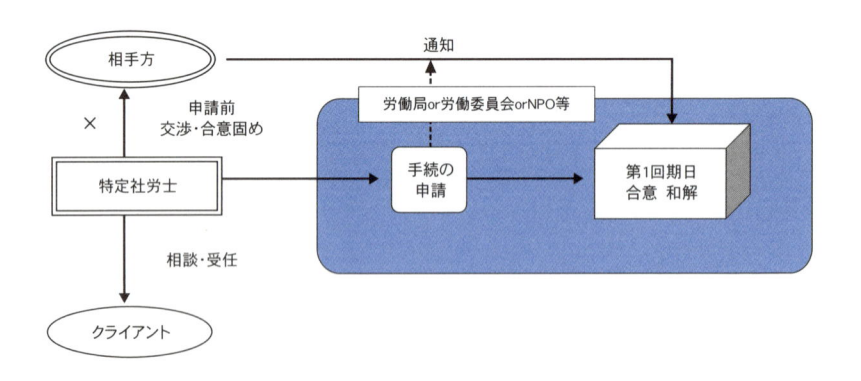

ケース２

遠山清彦君 二番目の場合が、申立て書を提出して受理された後に相手方と交渉して、第１回の期日前に手続外で和解をし、手続を取り下げた場合。

政府参考人（青木豊君） 御指摘の二番目と三番目、申立て書が受理された後に、第１回の期日前に手続外で和解をするという場合と、それから、次回期日の前に、１回目期日の後、次回期日の前に相手方と交渉して和解して手続を取り下げるというような場合。これにつきましては、手続外で合意が成ったと、そういう合意に基づく和解契約を締結するということについての代理ということになりますので、これはもう二条三項三号の事務には含まれないというふうに思います。（第162回国会議事録）

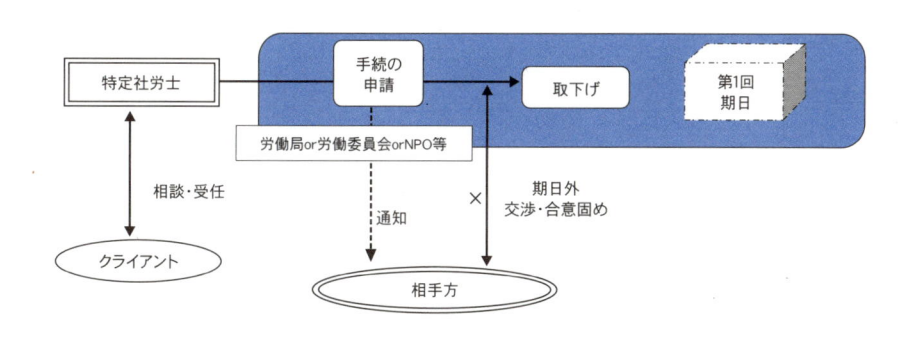

> **ケース3**

遠山清彦君 三番目が、第1回期日の後に、次回期日の前に相手方と交渉して和解をし、手続を取り下げた場合。
政府参考人（青木豊君） 御指摘の二番目と三番目、申立て書が受理された後に、第1回の期日前に手続外で和解をするという場合と、それから、次回期日の前に、1回期日の後、次回期日の前に相手方と交渉して和解して手続を取り下げるというような場合。これにつきましては、手続外で合意が成ったと、そういう合意に基づく和解契約を締結するということについての代理ということになりますので、これはもう二条三項三号の事務には含まれないというふうに思います。（第162回国会議事録）

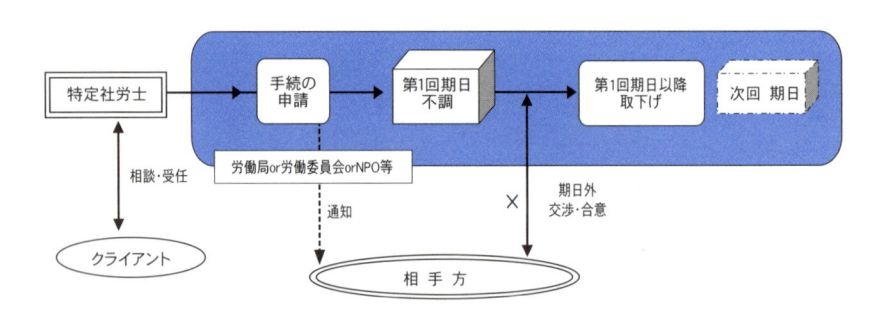

6章 検証から見えるもの

ケース4

遠山清彦君 そして四番目が、この二番目と三番目の場合に、合意が調った時点で、本人の名前、すなわち自分の代理人の名前を出さずに和解書を作った場合。

政府参考人（青木豊君） それから四つ目の、合意が調った時点で本人の名で、自分は代理人として名前を出さずに本人の名でやるという場合でありますが、形式的にはこれは本人ということで代理ということではないわけでありますけれども、本人の名で和解契約を締結したとしても、実質的には手続外で調った合意に基づく和解契約の締結の代理ということでありますので、やはり二条三項三号の事務には含まれないというふうに思います。(第162回国会議事録)

① ケース2の場合で、代理人の名を出さずクライアントの名で和解契約

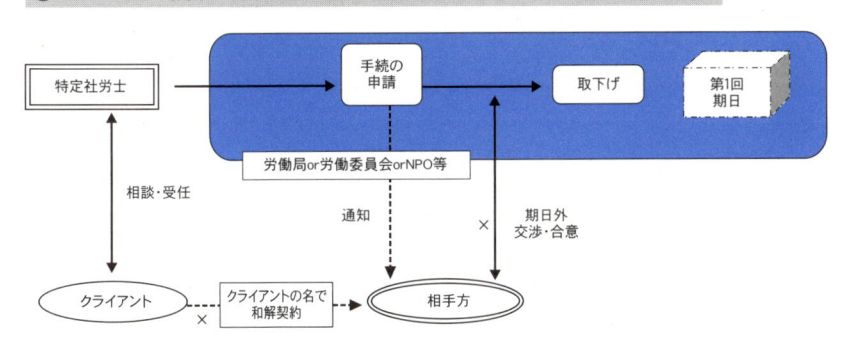

② ケース3の場合で、代理人の名を出さずクライアントの名で和解契約

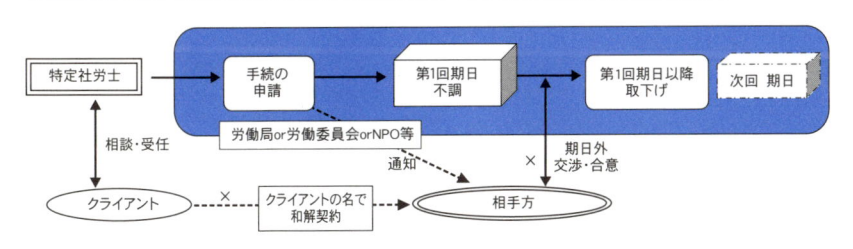

なお、代理権が与えられるのは、「**手続の申請が受理された時点**」との解釈がされているので、第162回国会　参議院　厚生労働委員会の質疑を掲載しておく。

> **小林正夫君**　持ち時間の関係もありますので、簡単に質問をいたします。紛争解決手続業務に含まれる事務の範囲について二つお聞きをいたします。
>
> 　一つは、代理権が与えられるのはいつからなのか。言い換えれば、相手方と代理権を背景に交渉できるのはいつからなのかということが一つです。二つ目は、社会保険労務士が依頼者からあっせんないし調停の代理を依頼された場合に、ADR機関の申立てを行わずに相手方と交渉するいわゆる相対交渉は禁止をされているのか否か。
>
> 　この二点についてお聞きをいたします。
>
> **政府参考人（青木豊君）**　まず一つ目の紛争解決手続代理業務で代理権を与えられるのはいつということでありますが、これは、代理業務は紛争解決手続の開始時から行うことができるということでございます。手続の開始ということについては、いろいろな裁判外紛争解決手続がありますけれども、その手続ごとにその時点は異なり得るというふうに思っておりますけれども、<u>一般的にはそういった手続の申立てが受理された時点がそういった開始時になる</u>というふうに思っております。
>
> 　二つ目の申立て、ADR機関への申立てをしないで行ういわゆる相対交渉、これはどうなのかということでありますけれども、手続の開始というのは、今申し上げましたように、ADR機関への申立てがなされてこれが受理された時点以降というふうに思いますので、その申立てをそもそもしないで行う相対交渉というのはこれはできないというふうに思っております。

③考察
(ア) 代理権限の制限

　平成16年11月26日の司法制度改革推進本部決定で社会保険労務士につ

いては、

> （別紙）
> **3　社会保険労務士**
> 　信頼性の高い能力担保措置を講じた上で（注3）、次に掲げる事務を社会保険労務士の業務に加える。併せて、開業社会保険労務士が労働争議に介入することを原則として禁止する社会保険労務士法の規定を見直す。
> 　　　　　（1）都道府県知事の委任を受けて地方労働委員会が行う個別労働関係紛争のあっせん及び雇用の分野における男女の均等な機会及び待遇の確保等に関する法律に基づき都道府県労働局（紛争調整委員会）が行う調停の手続について代理すること。
> 　　　　　（2）個別労働関係紛争（紛争の目的となる価額が60万円を超える場合には、弁護士が同一の依頼者から裁判外紛争解決手続の代理を受任しているものに限る。）の裁判外紛争解決手続（厚生労働大臣が指定する団体が行うものに限る。）について代理すること。
>
> （注3）個別労働関係紛争の解決の促進に関する法律に基づき都道府県労働局（紛争調整委員会）が行うあっせんの手続について代理する業務に関しても、併せて、信頼性の高い能力担保措置を講ずるものとする。
> （注4）1から4までにおける裁判外紛争解決手続の代理の事務には、裁判外紛争解決手続の代理を受任する前に依頼者の相手方と和解交渉を行うことは含まれないが、次に掲げる事務は、原則として、含まれることとなる。
> 　　　　　（1）裁判外紛争解決手続の代理を受任する際に依頼者からの相談に応じること
> 　　　　　（2）裁判外紛争解決手続の代理を受任した後、当該裁判外紛争解決手続の開始から終了までの間に依頼者の紛争の相手方と和解のための交渉を行うこと

> （3）裁判外紛争解決手続で成立した合意に基づき和解契約を締結すること

とされている。

確かに今法改正で、これまでの個別労働紛争に関する「都道府県労働局における紛争調整委員会のあっせん手続の代理」に加え、「都道府県労働委員会が行うあっせん手続の代理」、ならびに「男女雇用機会均等法に関する都道府県労働局が行う調停の手続の代理」と、社労士が特定社労士になれば携わることのできる代理の種類は多くなった。社労士の権限も、相当の部分で拡大したように錯覚する。

しかしながら、第162回国会で質疑があった、本改正法によっても社労士が脱法行為とされる4ケースに関する前掲の図解でもわかるとおり、その中身は、都道府県の労働局、都道府県の労働委員会、もしくはNPOなどの紛争解決機関の箱の外で相手方と交渉し和解契約を締結することは厳格に制限されている。

そこで、先の4ケースにつき、具体的に特定社労士が実務でどのような場合が制限されるのか、例示してみよう。

ケース1の場合

特定社労士のAはB会社の事業主C社長から、従業員Dとのトラブルに関してあっせん代理を受任した。Aは早速B会社に出向いて、従業員Dと面談し、ヒアリングをするとともに解決策を交渉したところ、ほぼDの合意を得た。

そこで、都道府県労働局に対してB会社の事業主Cの代理としてあっせんの申請手続を行い、受理された。指定された第1回期日に、労働局のあっせんの場に出席し、Dとの間で和解が成立した。

ケース2の場合

特定社労士のAはB会社の事業主C社長から、従業員Dとのトラブル

に関してあっせん代理を受任したので、都道府県労働局に対してB会社の事業主Cの代理としてあっせんの申請手続を行い、受理された。

そこで、Aは、労働局から指定された第1回期日前に、B社に出向き従業員Dと面談を行った。ヒアリングをするとともに解決策を交渉したところ、Dとの間で和解の合意を得たので、C社長の代理人として和解契約を締結した。

したがって、労働局のあっせん手続を取り下げた。

> ケース3の場合

特定社労士のAはB会社の事業主C社長から、従業員Dとのトラブルに関してあっせん代理を受任し、都道府県労働局に対してB会社の事業主Cの代理としてあっせんの申請手続を行い、受理された。

Aは、労働局から指定された第1回期日前に、B社に出向き従業員Dと面談を行い、ヒアリングをするとともに解決策を交渉した。

第1回期日の労働局あっせんの場では、交渉が不調に終わった。その後、第2回期日前に、B社においてDと交渉したところ、和解が成立したので、C社長の代理人として和解契約書を締結した。

したがって、労働局のあっせん手続を取り下げた。

> ケース4の場合

特定社労士のAはB会社の事業主C社長から、従業員Dとのトラブルに関してあっせん代理を受任し、都道府県労働局に対してB会社の事業主Cの代理としてあっせんの申請手続を行い、受理された。

そこで、Aは、労働局から指定された第1回期日前に、B社に出向き従業員Dと面談を行った。ヒアリングをするとともに解決策を交渉したところ、Dとの間で和解の合意を得たので、和解契約を締結した。その折、その和解契約書には代理人のAの名前を出さずに、C社長の名前で和解書を作成した。

したがって、労働局のあっせん手続は取り下げた。

改正法第2条第3項第2号で、特定社労士は「**紛争解決手続き開始から終了に至るまでの間に和解の交渉を行うこと**」ができるとされている「**和解契約の締結**」が、これは期日においてのみということである。

(イ) 今回の法改正は、本来の代理に戻っただけ
　いずれにせよ、本改正法により従前の「都道府県労働局における紛争調整委員会のあっせん手続の代理」で変わったことといえば、クライアント本人の出席なしに、期日で合意が固まった場合、あっせん代理人である社労士が相手の判のある合意契約書（または和解契約書）を、わざわざクライアントに持参し、判を押してもらわなくても、代理人の名で契約締結ができるようになったというだけのことである。
　つまりこれは、あっせん代理の「代理」が、本来のまともな一般常識の「代理」に戻っただけのことではないか。
　他方、特定社労士が代理するあっせん手続等につき、期日のみの和解が認められるということは、これをすることにより、迅速な紛争解決がその目的であるはずのADRの趣旨に反し、当事者双方に和解の意向があってもわざわざ期日まで待って、行政の監視下で契約を交わさなければならないというタイムロスを生じさせることになる。難しい法律事件ならいざ知らず、本改正法による代理は60万円以下の少額事件を対象としており、簡易裁判所でいえば90％以上が本人訴訟で対応する少額訴訟の現状を併せ考えるに、いたずらにハードルを高くして代理を制限することは、ADRの精神を有名無実化するものである。

(ウ) 法体系のピラミッド、憲法の下に通達
　ところで、法体系を考えるに、本来憲法を頂点として、一般法、特別法とピラミッドが形成されるわけだが、こと立法趣旨が生かされていない平成14年の社労士法改正から、社労士法は「**紛争解決手続代理業務の拡大**」とは名ばかりで、行政の通達が憲法の次に君臨しているとしか見えないのだがいかがであろうか。
　はたして行政は、恣意的に法文を解釈した上に、自らが出す通達で、士業

者の権利を制限できるのであろうか。
　すくなくとも、行政解釈による不当な代理制限は、できないものと考える。

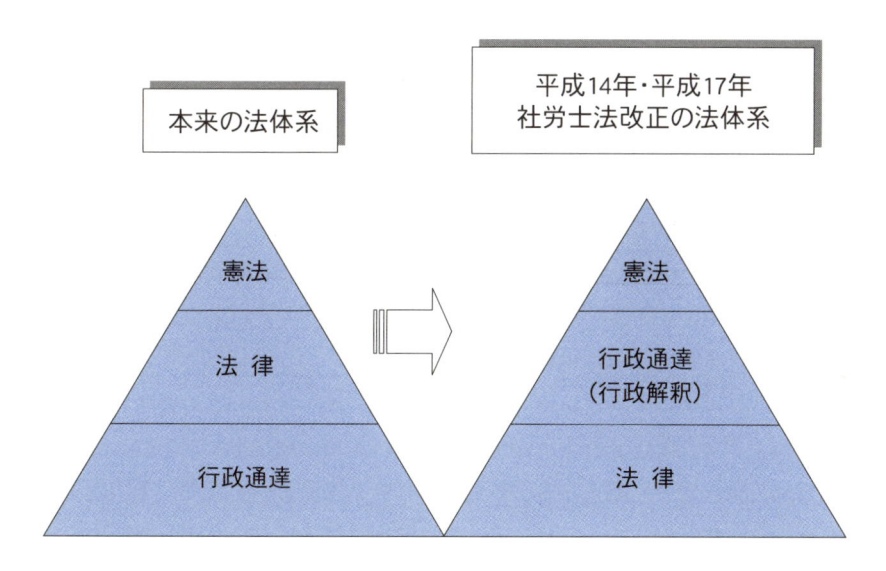

```
        本来の法体系              平成14年・平成17年
                              社労士法改正の法体系

           憲法                       憲法
           法律                    行政通達
                                 （行政解釈）
          行政通達                    法律
```

（エ）既得権の保護をすべきである

　今法改正は、本当に社労士業務の拡大といえるのか。一般社労士は少なくともそう思わない。いくら代理の種類が増えたからとはいえ、能力担保措置なしに不服申立ての代理が行える社労士が、あっせんの手続や調停の手続の代理をするためには行政の監視下で行わなければならず、拡大された権限をつきつめれば、クライアントから和解契約のハンコをもらいに行くのを免除されるために、結局はまともな代理をするだけのために、希望者は高額の研修受講料を支払い、何十時間もの時間を費やし、さらには試験を受けなければならないという不利益を甘受しなければならないこととなるからだ。
　このように考えると、これまで行えた業が取り上げられ、特定社労士になる方法しかそれを行う選択肢がない状況には、大きな疑念を抱かざるを得ない。
　したがって、不利益を甘受したくない社労士のために、既得権の保護を強く希望する。つまり、経過措置により、これまでの平成14年社労士法改正のあっせん代理の道を残しておくことである。

(3) 終わりに

　覆水盆に帰らず。

　過去の経緯から、また、その業務の難易度から、本来ならば社労士が能力担保措置を必要としないで行えたはずの「あっせんの手続の代理」と「調停の手続の代理」だが、**社労士会連合会の当事者能力の欠如**により、法案を成立させてしまった以上、現段階でこれに逆らうことはできない。したがって、研修と試験という形で、これらの業務を行うにあたっての能力担保措置を講じなければならないのであれば、社会保険労務士会の全会員が納得する、公平な制度を導入することは言うまでもない。決して一部の権益を最優先することだけは、あってはならない。

　また、今回の法改正における代理の解釈も、極めて常識から逸脱しており、使い勝手が悪い限定されたものであるため、国民の利便性と、士業の専門性における最大活用の観点から、鋭意を持って本来あるべき代理の姿に修正されることを望む。

　今法改正における、問題点及び課題を再揚げしておこう。

1　代理の解釈に不当な制限を加えないこと
2　能力担保措置の研修・試験ともに、今回付与される代理の権限を鑑み、必要最低限のものとすること
3　試験は、選抜試験ではなく、研修終了試験であること
4　能力担保措置の研修・試験において、社労士会会員のすべてが公平であること
5　司法研修受講者の研修一部免除は認めないこと
6　従前行えたあっせん代理は、既得権として経過措置に盛り込むこと
7　附則第4条による法律施行後の5年経過時に向け、能力担保措置の緩和検討会の発足をさせること　　　　　　　　　　　以上

社労士のためにわたしたちは黙っていない
社労士の地位向上のために黙りこまない
社労士の質が朝日のように光を放ち
その光がたいまつのように燃えるまでは

暗い嵐の夜に誰もたいまつに火をつける者がなく、
扉を叩く君に誰一人として応じる者がいなくとも
君よ、失望してはならない
雷が激しく轟く中で

わが心のたいまつに火をつけ
一人暗闇の中で火を燃やせ

資料編

1 社会保険労務士法の一部を改正する法律　理由

2 参考URL

1 社会保険労務士法の一部を改正する法律

　社会保険労務士法（昭和43年法律第89号）の一部を次のように改正する。
　目次中「社会保険労務士試験」を「社会保険労務士試験等」に、「第25条の49」を「第25条の50」に改める。
　第2条第1項第1号の4中「のあつせん」の下に「の手続及び雇用の分野における男女の均等な機会及び待遇の確保等に関する法律（昭和47年法律第113号）第14条第1項の調停の手続」を加え、「（以下「あつせん代理」という。）」を削り、同号の次に次の2号を加える。

1の5　地方自治法（昭和22年法律第67号）第180条の2の規定に基づく都道府県知事の委任を受けて都道府県労働委員会が行う個別労働関係紛争（個別労働関係紛争の解決の促進に関する法律第1条に規定する個別労働関係紛争（労働関係調整法（昭和21年法律第25号）第6条に規定する労働争議に当たる紛争及び特定独立行政法人等の労働関係に関する法律（昭和23年法律第257号）第26条第1項に規定する紛争並びに労働者の募集及び採用に関する事項についての紛争を除く。）をいう。以下単に「個別労働関係紛争」という。）に関するあつせんの手続について、紛争の当事者を代理すること。

1の6　個別労働関係紛争（紛争の目的の価額が民事訴訟法（平成8年法律第109号）第368条第1項に定める額を超える場合には、弁護士が同一の依頼者から受任しているものに限る。）に関する民間紛争解決手続（裁判外紛争解決手続の利用の促進に関する法律（平成16年法律第151号）第2条第1号に規定する民間紛争解決手続をいう。以下この条において同じ。）であつて、個別労働関係紛争の民間紛争解決手続の業務を公正かつ適確に行うことができると認められる団体として厚生労働大臣が指定するものが行うものについて、紛争の当事者を代理すること。

第2条第1項第3号中「(労働争議に介入することとなるものを除く。)」を削り、同条第2項中「前項各号」を「第1項各号」に改め、同項を同条第4項とし、同条第1項の次に次の2項を加える。

2 前項第1号の4から第1号の6までに掲げる業務(以下「紛争解決手続代理業務」という。)は、紛争解決手続代理業務試験に合格し、かつ、第14条の11の3第1項の規定による付記を受けた社会保険労務士(以下「特定社会保険労務士」という。)に限り、行うことができる。
3 紛争解決手続代理業務には、次に掲げる事務が含まれる。
 1 第1項第1号の4のあつせんの手続及び調停の手続、同項第1号の5のあつせんの手続並びに同項第1号の6の厚生労働大臣が指定する団体が行う民間紛争解決手続(以下この項において「紛争解決手続」という。)について相談に応ずること。
 2 紛争解決手続の開始から終了に至るまでの間に和解の交渉を行うこと。
 3 紛争解決手続により成立した和解における合意を内容とする契約を締結すること。

第5条第9号中「まつ消」を「抹消」に改める。
「第2章社会保険労務士試験」を「第2章社会保険労務士試験等」に改める。
第13条の2の次に次の3条を加える。

(紛争解決手続代理業務試験)
第13条の3 紛争解決手続代理業務試験は、紛争解決手続代理業務を行うのに必要な学識及び実務能力に関する研修であつて厚生労働省令で定めるものを修了した社会保険労務士に対し、当該学識及び実務能力を有するかどうかを判定するために、毎年一回以上、厚生労働大臣が行う。
2 厚生労働大臣は、紛争解決手続代理業務試験をつかさどらせるため、紛争解決手続代理業務に関し学識経験を有する者のうちから紛争解決手続代理業務試験委員を任命するものとする。ただし、次条の規定により連合会

に同条に規定する代理業務試験事務を行わせることとした場合は、この限りでない。

第13条の4　厚生労働大臣は、連合会に紛争解決手続代理業務試験の実施に関する事務（合格の決定に関する事務を除く。以下「代理業務試験事務」という。）を行わせることができる。

第13条の5　第10条の2第2項及び第12条から第13条の2までの規定は、紛争解決手続代理業務試験及び代理業務試験事務について準用する。

第14条中「及び第4章の3」を削り、「受験手続、社会保険労務士試験委員その他社会保険労務士試験」を「社会保険労務士試験及び紛争解決手続代理業務試験」に改める。

第14条の11の次に次の5条を加える。

（紛争解決手続代理業務の付記の申請）

第14条の11の2　社会保険労務士は、その登録に紛争解決手続代理業務試験に合格した旨の付記（以下「紛争解決手続代理業務の付記」という。）を受けようとするときは、氏名その他厚生労働省令で定める事項を記載した付記申請書を、紛争解決手続代理業務試験に合格したことを証する書類を添付の上、厚生労働省令で定める社会保険労務士会を経由して、連合会に提出しなければならない。

（紛争解決手続代理業務の付記）

第14条の11の3　連合会は、前条の規定による申請を受けたときは、遅滞なく、当該社会保険労務士の登録に紛争解決手続代理業務の付記をしなければならない。

2　連合会は、前項の規定により社会保険労務士名簿に付記をしたときは、当該申請者に、その者が特定社会保険労務士である旨の付記をした社会保険労務士証票（以下「特定社会保険労務士証票」という。）を交付しなければならない。

3　前項の規定により特定社会保険労務士証票の交付を受けた社会保険労務士は、遅滞なく、社会保険労務士証票を連合会に返還しなければならない。

（紛争解決手続代理業務の付記の抹消）

第14条の11の4　連合会は、紛争解決手続代理業務の付記を受けた者が、偽りその他不正の手段により当該付記を受けたことが判明したときは、当該付記を抹消しなければならない。

2　第14条の9第2項の規定は、前項の規定による付記の抹消について準用する。

（紛争解決手続代理業務の付記の公告）

第14条の11の5　第14条の11の規定は、紛争解決手続代理業務の付記及びその付記の抹消について
準用する。

（特定社会保険労務士証票の返還）

第14条の11の6　特定社会保険労務士の紛争解決手続代理業務の付記が抹消されたときは、その者は、遅滞なく、特定社会保険労務士証票を連合会に返還しなければならない。

2　連合会は、前項の規定により特定社会保険労務士証票が返還されたときは、遅滞なく、社会保険労務士証票を同項の者に再交付しなければならない。

　第14条の12の見出しを「（社会保険労務士証票等の返還）」に改め、同条中「社会保険労務士証票」の下に「又は特定社会保険労務士証票」を加える。
　第14条の13中「登録の手続、社会保険労務士名簿、登録のまつ消、社会保険労務士証票その他」を「社会保険労務士の」に改める。
　第20条中「あつせん代理」を「紛争解決手続代理業務」に改める。
　第22条及び第23条を次のように改める。

（業務を行い得ない事件）

第22条　社会保険労務士は、国又は地方公共団体の公務員として職務上取り扱つた事件及び仲裁手続により仲裁人として取り扱つた事件については、その業務を行つてはならない。

2　特定社会保険労務士は、次に掲げる事件については、紛争解決手続代理

業務を行つてはならない。ただし、第3号に掲げる事件については、受任している事件の依頼者が同意した場合は、この限りでない。
1 　紛争解決手続代理業務に関するものとして、相手方の協議を受けて賛助し、又はその依頼を承諾した事件
2 　紛争解決手続代理業務に関するものとして相手方の協議を受けた事件で、その協議の程度及び方法が信頼関係に基づくと認められるもの
3 　紛争解決手続代理業務に関するものとして受任している事件の相手方からの依頼による他の事件
4 　開業社会保険労務士の使用人である社会保険労務士又は社会保険労務士法人の社員若しくは使用人である社会保険労務士としてその業務に従事していた期間内に、その開業社会保険労務士又は社会保険労務士法人が、紛争解決手続代理業務に関するものとして、相手方の協議を受けて賛助し、又はその依頼を承諾した事件であつて、自らこれに関与したもの
5 　開業社会保険労務士の使用人である社会保険労務士又は社会保険労務士法人の社員若しくは使用人である社会保険労務士としてその業務に従事していた期間内に、その開業社会保険労務士又は社会保険労務士法人が紛争解決手続代理業務に関するものとして相手方の協議を受けた事件で、その協議の程度及び方法が信頼関係に基づくと認められるものであつて、自らこれに関与したもの

第23条　削除
　第25条の2第1項中「あつせん代理をした」を「紛争解決手続代理業務を行つた」に改める。
　第25条の6中「第2条に規定する」を「第2条第1項第1号から第1号の3まで、第2号及び第3号
に掲げる」に改める。
　第25条の9を次のように改める。

（業務の範囲）

第25条の9　社会保険労務士法人は、第2条第1項第1号から第1号の3まで、第2号及び第3号に掲げる業務を行うほか、定款で定めるところにより、次に掲げる業務を行うことができる。
　1　第2条に規定する業務に準ずるものとして厚生労働省令で定める業務の全部又は一部
　2　紛争解決手続代理業務
2　紛争解決手続代理業務は、社員のうちに特定社会保険労務士がある社会保険労務士法人に限り、行うことができる。

第25条の15に次の1項を加える。

2　紛争解決手続代理業務を行うことを目的とする社会保険労務士法人における紛争解決手続代理業務については、前項の規定にかかわらず、特定社会保険労務士である社員（以下「特定社員」という。）のみが業務を執行する権利を有し、義務を負う。

第25条の15の次に次の2条を加える。

（法人の代表）
第25条の15の2　社会保険労務士法人の社員は、各自社会保険労務士法人を代表する。ただし、定款又は総社員の同意によつて、社員のうち特に社会保険労務士法人を代表すべきものを定めることを妨げない。
2　紛争解決手続代理業務を行うことを目的とする社会保険労務士法人における紛争解決手続代理業務については、前項本文の規定にかかわらず、特定社員のみが、各自社会保険労務士法人を代表する。ただし、当該特定社員の全員の同意によつて、当該特定社員のうち特に紛争解決手続代理業務について社会保険労務士法人を代表すべきものを定めることを妨げない。
（社員の責任）
第25条の15の3　社会保険労務士法人の財産をもつてその債務を完済することができないときは、各社員は、連帯して、その弁済の責任を負う。

2 社会保険労務士法人の財産に対する強制執行がその効を奏しなかつたときも、前項と同様とする。
3 前項の規定は、社員が社会保険労務士法人に資力があり、かつ、執行が容易であることを証明したときは、適用しない。
4 紛争解決手続代理業務を行うことを目的とする社会保険労務士法人が紛争解決手続代理業務に関し依頼者に対して負担することとなつた債務を当該社会保険労務士法人の財産をもつて完済することができないときは、第1項の規定にかかわらず、特定社員（当該社会保険労務士法人を脱退した特定社員を含む。以下この条において同じ。）が、連帯して、その弁済の責任を負う。ただし、当該社会保険労務士法人を脱については、当該債務が脱退後の事由により生じた債務であることを証明した場合は、こ退した特定社員の限りでない。
5 前項本文に規定する債務についての社会保険労務士法人の財産に対する強制執行がその効を奏しなかつたときは、第2項及び第3項の規定にかかわらず、特定社員が当該社会保険労務士法人に資力があり、かつ、執行が容易であることを証明した場合を除き、前項と同様とする。
6 商法第93条の規定は、社会保険労務士法人の社員の脱退について準用する。ただし、同条第1項及び第2項の規定は、第4項本文に規定する債務については、準用しない。

第25条の16の次に次の1条を加える。

（紛争解決手続代理業務の取扱い）
第25条の16の2　紛争解決手続代理業務を行うことを目的とする社会保険労務士法人は、特定社員が常駐していない事務所においては、紛争解決手続代理業務を取り扱うことができない。

第25条の17を次のように改める。

（特定の事件についての業務の制限）

第25条の17　紛争解決手続代理業務を行うことを目的とする社会保険労務士法人は、次に掲げる事件については、紛争解決手続代理業務を行つてはならない。ただし、第3号に掲げる事件については、受任している事件の依頼者が同意した場合は、この限りでない。
1　紛争解決手続代理業務に関するものとして、相手方の協議を受けて賛助し、又はその依頼を承諾した事件
2　紛争解決手続代理業務に関するものとして相手方の協議を受けた事件で、その協議の程度及び方法が信頼関係に基づくと認められるもの
3　紛争解決手続代理業務に関するものとして受任している事件の相手方からの依頼による他の事件
4　第22条第1項に規定する事件又は同条第2項各号に掲げる事件として社員の半数以上の者がその業務又は紛争解決手続代理業務を行つてはならないこととされる事件

第25条の19中「から第2号まで」を「から第1号の3まで及び第2号」に改め、同条に次の1項を加える。

2　紛争解決手続代理業務を行うことを目的とする社会保険労務士法人は、特定社会保険労務士でない者に紛争解決手続代理業務を行わせてはならない。

第25条の20中「、第23条」を削る。
第25条の25第4項中「第76条」を「第77条から第79条まで及び第81条」に改め、同条第5項中「第93条」を「第92条」に改める。
第25条の34第2項中「試験事務」の下に「及び代理業務試験事務」を加える。
第25条の45の次に次の1条を加える。

（代理業務試験事務への試験事務に関する規定の準用）
第25条の45の2　第25条の40から前条までの規定は、代理業務試験事

務について準用する。この場合において、第25条の41第1項中「社会保険労務士試験の」とあるのは「紛争解決手続代理業務試験の」と、「社会保険労務士試験委員」とあるのは「紛争解決手続代理業務試験委員」と読み替えるものとする。

第25条の49第2項中「試験事務」の下に「又は代理業務試験事務」を加え、第4章の3中同条の次に次の1条を加える。

（社会保険労務士会及び連合会に関する省令への委任）
第25条の50　この章に規定するもののほか、社会保険労務士会及び連合会に関し必要な事項は、厚生労働省令で定める。

第32条の2第1項第1号中「虚偽」を「偽り」に、「社会保険労務士の」を「第14条の2第1項の規定による」に改め、同項第5号中「第25条の42第1項」の下に「（第25条の45の2において準用する場合を含む。）」を加える。

別表第1第20号の19中「（昭和47年法律第113号）」を削る。

附　則
（施行期日）
第1条　この法律は、公布の日から起算して9月を超えない範囲内において政令で定める日から施行する。ただし、第2条第1項第1号の4の改正規定、同号の次に2号を加える改正規定、同条第1項の次に2項を加える改正規定（同条第3項に係る部分に限る。）、第20条、第22条、第25条の2第1項、第25条の6及び第25条の9の改正規定、第25条の15に1項を加える改正規定、同条の次に2条を加える改正規定、第25条の16の次に1条を加える改正規定並びに第25条の17、第25条の19、第25条の25及び別表第1第20号の19の改正規定並びに次条第2項の規定は、裁判外紛争解決手続の利用の促進に関する法律（平成16年法律第151号）の施行の日から施行する。

（経過措置）
第2条　前条ただし書に規定する規定の施行の日前に開業社会保険労務士又は社会保険労務士法人が受任した改正前の社会保険労務士法（次項において「旧法」という。）第2条第1項第1号の4に規定するあっせん代理であって、同日前に個別労働関係紛争の解決の促進に関する法律（平成13年法律第112号）第5条第1項の規定により申請されたあっせんに係るものについては、改正後の社会保険労務士法（以下「新法」という。）第2条第2項の規定にかかわらず、なお従前の例による。
2　前条ただし書に規定する規定の施行の日前に社会保険労務士又は社会保険労務士法人がその業務を行った事件で、旧法第22条各号（第4号を除く。）又は第25条の17各号に該当するものは、それぞれ新法第22条第2項各号又は第25条の17各号に該当する事件とみなす。

（政令への委任）
第3条　前条に定めるもののほか、この法律の施行に関し必要な経過措置は、政令で定める。

（検討）
第4条　政府は、この法律の施行後5年を経過した場合において、この法律の施行の状況等を勘案し、新法第2条第2項に規定する紛争解決手続代理業務に係る制度について検討を加え、必要があると認めるときは、その結果に基づいて所要の措置を講ずるものとする。

（登録免許税法の一部改正）
第5条　登録免許税法（昭和42年法律第35号）の一部を次のように改正する。
　別表第1第23号中
「23人の資格の登録若しくは認定又は技能証明」を
「23人の資格の登録若しくは認定又は技能証明
（注）社会保険労務士法（昭和43年法律第89号）第14条の11の3第1項（紛争解決手続代理業務の付記）の規定により社会保険労務士の登録にする紛争解決手続代理業務試験に合格した旨の付記は、新たな当該登録とみなす。」に改め、同号7の6を次のように改める。

7の6　社会保険労務士法による社会保険労務士名簿にする登録		
イ　社会保険労務士法第14条の2第1項（登録）の社会保険労務士の登録	登録件数	一件につき3万円
ロ　社会保険労務士法第2条第2項（社会保険労務士の業務）の紛争解決手続代理業務試験に合格した旨の付記	申請件数	一件につき5千円

（年金積立金管理運用独立行政法人法の一部改正）

第6条　年金積立金管理運用独立行政法人法（平成16年法律第105号）の一部を次のように改正する。

　附則第25条のうち社会保険労務士法別表第1第27号の改正規定中「附則第5条の2」を「第12条第1項第12号及び第13号並びに附則第5条の2」に改める。

　　　　　　　　　　　理　　由

　裁判外紛争解決手続の利用の促進に資するため、社会保険労務士について、個別労働関係紛争に関する裁判外紛争解決手続における代理業務を行うことができるようにする等所要の措置を講ずる必要がある。これが、この法律案を提出する理由である。

2　参考 URL

今回の法改正を理解するうえで、参考となる HP の URL を以下に紹介する。

（1）他士業の状況

・司法書士　平成 17 年度簡裁訴訟代理能力認定考査受験案内
(http://www.moj.go.jp/SHIKEN/NINTEI/annai.html)
・弁理士　平成 17 年度特定侵害訴訟代理業務試験公告
(http://www.jpo.go.jp/torikumi/benrishi/benrishi2/substitute_exam_info17.htm)

（2）国会議事録

（国会議事録検索システム　http://kokkai.ndl.go.jp/）

●第 142 回国会　参議院　労働・社会政策委員会　第 17 号
　平成十年四月二十三日
●第 142 回国会　衆議院　労働委員会　第 6 号
　平成十年四月八日
●第 142 回国会　衆議院　労働委員会　第 7 号
　平成十年四月十日
●第 154 回国会　衆議院　厚生労働委員会　第 25 号
　平成十四年七月十七日
●第 155 回国会　参議院　厚生労働委員会　第 4 号
　平成十四年十一月七日
●第 162 回国会　参議院　厚生労働委員会　第 12 号
　平成十七年四月七日
●第 162 回国会　衆議院　厚生労働委員会　第 26 号
　平成十七年六月八日

（3）第 1 回から第 7 回　「社会保険労務士裁判外紛争解決手続代理業務能力担保措置検討会議事録」(http://www.shakaihokenroumushi.jp/)

河野順一（こうの　じゅんいち）
　社会教育家　江戸川労務管理事務所所長、全国青年社会保険労務士連絡協議会代表、全国企業連盟（労働保険事務組合）専務、NPO法人個別労使紛争処理センター理事長。
　長年にわたる資格試験受験指導および独立開業指南の経験を活かし、社会教育家として多数に上る書物を出版。
　現在の司法制度に関する提言を行い、様々な機関紙上で論文を発表しているため、各省庁関係者とのパイプを持つ。最近では平成10年社労士法改正の原動力となり、規制改革に関する社労士会のオピニオンリーダーを務めている。
　また、各種研修会も精力的に行っており、その熱のこもった講演は実践的かつわかりやすいと評判である。とりわけ「就業規則の作成専門家」セミナーはつとに有名であり、毎回再受講を希望する人があとを絶たない。
　著書に、『司法の病巣　弁護士法72条を切る』（花伝社）、『ドキュメント社会保険労務士』（日本評論社）、『秘伝／弁護士に頼まない「少額訴訟の勝ち方」教えます』『労働災害・通勤災害認定の理論と実際』『労災トラブル解決の達人』『この一冊で特定社会保険労務士がまるごとわかる』（以上中央経済社）、『社会保険労務士の実際と理論』『是正勧告・事例とその対策』『社会保険労務士・終わりなき闘い』（以上DAI-X出版）、『民法案内（Ⅰ～Ⅲ）』『憲法案内（Ⅰ・Ⅱ）』『刑法案内Ⅰ（Ⅱ・Ⅲ近日発刊）』（以上、酒井書店）、『負けず嫌いの哲学』（実務教育出版）など、他多数がある。

特定社会保険労務士を切る

2006年2月6日　　初版第1刷発行

著者 ——— 河野順一
発行者 ——— 平田　勝
発行 ——— 花伝社
発売 ——— 共栄書房
〒101-0065　東京都千代田区西神田2-7-6 川合ビル
電話　　　03-3263-3813
FAX　　　03-3239-8272
E-mail　　kadensha@muf.biglobe.ne.jp
URL　　　http：//www1.biz.biglobe.ne.jp/~kadensha
振替 ——— 00140-6-59661
装幀 ——— 金子眞枝
印刷・製本 ——モリモト印刷株式会社

Ⓒ2006　河野順一
ISBN4-7634-0459-8 C0036

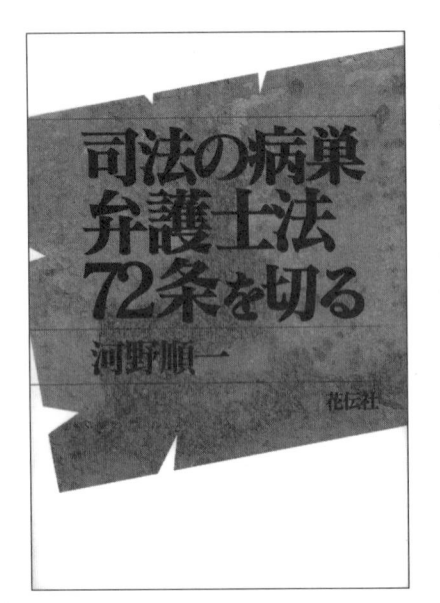

司法の病巣
弁護士法 72 条を切る

河野順一
（本体 3200 円 + 税）

司法のタブーに挑む
法的業務の弁護士独占を定めた弁護士法 72 条は、国民の利便性からみて時代遅れになっているのではないか？ 弁護士報酬は高すぎるのではないか？ 国民が利用しやすい司法制度とは？
社会保険労務士界の鬼才、河野順一が切り込む！

市民の司法は実現したか
―― 司法改革の全体像

共同通信記者　土屋美明
（本体 3200 円 + 税）

激変する日本の司法
司法改革で何がどう変わったか？
市民の視点からみた司法改革の全体像。司法改革の現場に立ち会ったジャーナリストが、司法改革の全体像に迫った労作。改革の到達点と今後の課題は何か。